NEW NORMAL

THE COMPLETE THEORIES OF CURRENT BUSINESS
AND MANAGEMENT BY WASEDA BUSINESS SCHOOL

淺羽茂
入山章栄
内田和成
大滝令嗣
川上智子
川本裕子
杉浦正和
鈴木一功
長谷川博和
平野正雄
堀江徹
米田隆

早稲田大学MBAの教授陣が考えた

ビジネスの新常識

KADOKAWA

本書の内容は、WBS（早稲田大学ビジネススクール）にて各著者による緊急講義が行われた2020年5 〜 7月時点の情報に基づくものである。ただし、執筆者によっては刊行に際し、近況を踏まえた加筆修正を行っている。

はじめに

早稲田大学ビジネススクール（WBS）教授
内田和成

　本書は、新型コロナウイルス感染拡大の第一波の渦中にあった2020年4月に企画され、5月30日より開講した特別講義「**WBS教授陣の考えるコロナ危機とその後の世界**」の内容を一部改稿し、一冊の書籍としてまとめたものです。WBSとは、早稲田大学ビジネススクールの略です。

　この特別講義を企画した頃、日本では初めて新型コロナの感染拡大による緊急事態宣言が出され、それとともに感染拡大防止のためにあらゆる「人の流動」が停止しました。これにより、多くの職場で出社停止やリモートワーク、飲食店などでは営業時間の短縮や休業・廃業といった措置が取られました。

　その後の日本のビジネス領域における大きな変化は、本書を手に取ったみなさんの多くがすでに経験ずみのことと推察します。

　この特別講義を開講した際、テーマである「新型コロナ禍におけるビジネスの変化」が普遍的なものになるかは、はっきりしませんでした。

　しかし講演から1年が経ち、あらためて講義の内容と日本の現状を振り返った今、多くのビジネスパーソンや学生に対して「**新たなキャリア像と新たな人生観**」を提案する内容だと確信し、本書の刊行に至りました。

「withコロナ」の日本に求められる「有事のリーダーシップ」

　本稿を執筆している2021年10月末現在、ワクチンの普及にともない新型コロナの感染拡大にようやく歯止めがかかり始めましたが、停滞したビジネスがこれからどうなるのか、先行きが不透明な状態が続いています。

　この状態から、なぜ日本経済は脱却できずにいるのか。その原因の1つが、企業をはじめとする**日本の組織の大多数が「非有事型のリーダー**

シップ」に**固執している**ことにあるといえます。

新型コロナウイルスの感染拡大によって、多くの企業は対面でのビジネスが困難となり、休業や大規模な業務縮小によって「今日、生き延びられるかどうか」という日々が続く危機的状況に陥りました。

これは、戦時下における状況と酷似しています。

しかし、戦時下において、リーダーは「今日の勝利や生存」という短期的な目標だけでなく、「明日をつくること」についても考えなくてはいけません。

「今日の勝利」を導く施策が成功したとしても、国土が焼け野原になり国民に多大な犠牲が出れば、結局はその国の繁栄や存続は不可能となってしまうからです。

今後の世界、すなわち「ポスト2020」においては、国のリーダーだけでなく企業のリーダー、部門のリーダー、そして家族のリーダーといったさまざまなグループのリーダーは「今日を生き抜くこと」と「明日をつくること」を同時に考えなくてはならなくなりました。

わかりやすい一例として、「ポスト2020のレストラン経営」という観点で考えてみましょう。

コロナ禍による飲食店の営業自粛や企業の在宅ワークの拡大といった社会の変化に対応するため、多くの飲食店がテイクアウトサービスを開始しました。

ここで、新たに始めた「テイクアウト」を「今日を生き抜く施策」とするか「明日をつくる施策」とするかで、この飲食店という組織の運営に大きな違いが生まれます。

テイクアウトを「今日を生き抜く施策」と考えた場合、この店の目標は、インダイニング（店内利用）による顧客が激減したことを受け、「店舗の存続を確保できる売上を立てる」こととなります。

このように考えた場合、テイクアウトの商品は近隣の競合他店に合わせた価格設定にしなくてはなりません。この飲食店がお酒を出すディナーを中心とした比較的高価格帯のお店であれば、昼食時のテイクアウ

トランチ（弁当）でも利益が出るように、原価率やスタッフの人件費を考えながらメニューをつくらなくてはいけません。

一方、テイクアウトを「明日をつくる施策」として捉えると、それは「新たな投資」という意味を持ちます。

コロナ禍の収束の見通しがつかない現状から、「今後も元のビジネス形態には戻れないかもしれない」という仮説を立てたとすると、「テイクアウトをメインにしたビジネス形態への転換」という可能性を考える必要が生じます。

すると、テイクアウトの商品は「今日を生き抜く利益のため」ではなく「将来のビジネスのため」の商品開発と捉えることができます。すると、価格帯の設定だけでなく、「店舗でピックアップしてもらう形式にするか、宅配形式にするか」、「SNSマーケティングはどうするか」といった、さまざまな視点を考慮して取り組む必要が出てきます。

さらに、この場合におけるテイクアウト商品は「先行投資」であり、今後大きな利益を生み出すための挑戦と捉えることができます。

このように、**「今日を生き抜く」という視点と「明日をつくる」という視点の両側面からビジネスを捉える**ことで、テイクアウト商品に対する考え方が大きく変わってくるのです。

この2つを軸とする考え方は、政府の政策や企業経営についても同じことがいえます。

2020年春頃から始まった新型コロナウイルスの感染拡大から1年を経て、政府でも多くの企業でも、「今日を生き抜く施策」をある程度構築することができるようになりました。

その一方で、日本はいまだに**「コロナ後にどのような世界をつくるのか」**というビジョンを打ち出せずにいます。

今こそ、**「明日をつくるビジョン」を考えなくてはいけないフェーズ**だといえます。

本書にまとめられたWBS教授陣の講義には、「明日をつくる」ための具体的な考え方やデータ、施策が数多く紹介されています。

本書を読むことで、**コロナ禍という「出口の見えないトンネルの向こう側に何があるのか」を明示できる、真のリーダーとなるヒントが得られる**でしょう。

コロナが暴いた「脱・キャリア」という生き方

もう一つ、このコロナ禍は「個人とキャリア」の関係においても大きなターニングポイントになりました。

本書を手に取った読者のみなさんも同様と推察しますが、WBS ではこれまで「いかに努力し、自分の市場価値を高めるか」という視点でキャリアを考える在校生や卒業生が主流でした。

しかし、コロナ禍によって多くの企業で在宅ワークが広がり、これまでよりも私的な空間で過ごす時間が圧倒的に増えたことにより、「いかに会社に貢献するか」よりも「家族や友人、身近な人を大切にしたい」「世の中に貢献したい」と思うようになったという声が増えています。

これは、コロナ禍によって「自分」を主軸とする新しい価値観がもたらされたということができます。

日本の経済成長は、戦後の高度経済成長期によるところが大きいといえますが、その時代においては「国・企業・個人」の三者の利害関係が一致していました。個人の努力によって企業が成長し、企業が成長することで国が潤い、それが個人の所得増という形で返ってくる、というWIN-WIN-WIN の関係性です。

しかし、90年代に起きたバブル崩壊によって、企業は国に見切りをつけ、自助努力による収益改善を行いました。一方で、日本経済は停滞し、多くの社員がリストラによって切り捨てられていきました。

それでもなお個々人は企業に頼り、「キャリア第一」の人生を模索し続けたといえます。しかし、コロナ禍によって在宅ワークが拡大し、これまでよりも家族や自分の人生と向き合う時間を手にした結果、**「キャリアよりも自分の人生が大切だ」という、大きな気づきを得るチャンスを得た**のです。

かつて企業が国に見切りをつけた時期があったとすれば、今度は個人

が企業から自分を切り離し、**一個の自分として生きていく意識**を持ち始めたといえます。

　高齢化社会を生きる現代の日本人にとって、人生は100年に及びます。会社の定年は65歳から70歳で終わるかもしれませんが、実際に働く年齢は80歳から90歳程度に延びます。となると、**「90歳まで働く生き方」から逆算し、長く幸せに働ける新たな形のキャリア形成を考えることが大切**です。

　「国のため」「企業のため」と思ってキャリア形成に努めたとしても、国や企業はあなたを裏切るかもしれません。

　自分を主人公として、しっかりとした台本をつくり、その道具として企業や国と対峙しなくては、自分の人生を犠牲にしてしまうことになりかねません。

　今回の新型コロナウイルスの感染拡大は、多くの人が一度立ち止まり、**「キャリアの成功」という従来の固定観念から脱し、「幸せな人生」を選択し始めるきっかけ**となったのです。

　今こそ、「ビジネスの明日」と「自分の明日」を見直し、明日をつくるための行動を起こさなくてはいけません。

WBS教授陣とともに「明日の日本をつくる知恵」を

　本書のベースとなった特別講義は、2020年の緊急事態宣言下において、今後を心配する在校生や卒業生を勇気づける目的で、WBS教授陣のみなさんの協力のもと発足した企画です。非常に好評だったため、2021年も開催する運びとなりました。

　東京五輪が一定の成功を得て閉会した現在も、新型コロナウイルスの脅威はいまだに日本経済を停滞させています。

　本書に結集されたWBS教授陣の知識が、日本経済を好転させるヒントになるとともに、手に取っていただいたビジネスパーソンのみなさんにとって「人生の軸」を発見する一助になれば、これ以上の喜びはありません。

CONTENTS

LECTURE

2 ポストコロナの経営戦略

| 入山章栄 |

LECTURE
3 コロナ危機の
グローバルビジネスへの影響

| 平野正雄 |

LECTURE
5 コロナ危機の財政・金融政策と
リスクマネジメント

| 川本裕子 |

LECTURE
7 新型コロナはマーケティングを どう変えたのか?

———| 川上智子 |

PART 1

PART 2 | 対談

本書の執筆陣

はじめに

内田和成（うちだ・かずなり）

早稲田大学ビジネススクール教授。東京大学工学部卒業。慶應義塾大学大学院経営管理研究科修了（MBA）。日本航空を経て、ボストン・コンサルティング・グループ（BCG）へ。2000年6月から04年12月までBCG日本代表。2006年、「世界で最も有力なコンサルタントのトップ25人」（米コンサルティング・マガジン）選出。同年から現職。『仮説思考』『論点思考』『右脳思考』（東洋経済新報社）、『異業種競争戦略』『ゲーム・チェンジャーの競争戦略』『リーダーの戦い方』（日本経済新聞出版社）など著書多数。

LECTURE 1　危機下の意思決定　スピード、平等、優位性

淺羽 茂（あさば・しげる）

博士（東京大学、経済学）、Ph.D.（UCLA, management）取得。組織学会会長（2015～2017年）、早稲田大学大学院経営管理研究科長（2016～2020年）歴任。日本甜菜製糖、沖電気工業の社外取締役。専門は経営戦略、産業組織。研究テーマは競争と協調、ファミリービジネス、イノベーション・システムなど。2013年より早稲田大学ビジネススクール教授。

LECTURE 2　ポストコロナの経営戦略

入山章栄（いりやま・あきえ）

慶應義塾大学経済学部卒業、同大学院経済学研究科修士課程修了。三菱総合研究所でコンサルティング業務に従事後、2008年に米ピッツバーグ大学経営大学院よりPh.D.取得。同年より米ニューヨーク州立大学バッファロー校ビジネススクール助教授。2013年より早稲田大学ビジネススクール准教授。2019年より教授。

LECTURE 3　コロナ危機のグローバルビジネスへの影響

平野正雄（ひらの・まさお）

工学博士（東京大学）。早稲田大学ビジネススクール教授。1987年から20年間、マッキンゼー・アンド・カンパニーにて経営コンサルティングに従事。この間、1998年から2006年までマッキンゼー日本支社長。その後、プライベート・エクイティー大手のカーライルにおいてマネージメントバイアウト（MBO）投資に参画。2012年より現職。専門は、経営戦略、グローバル経営、M&Aなど。多くの企業の社外役員、アドバイザー、政府委員（経産省、文科省）を兼任。

LECTURE 4　新規事業の創造　コロナとビジネスチャンス

長谷川博和（はせがわ・ひろかず）

早稲田大学大学院アジア太平洋研究科博士課程修了。学術博士・公認会計士・日本証券アナリスト協会検定会員。国際ファミリービジネス総合研究所所長。野村総合研究所、ジャフコを経てグローバルベンチャーキャピタル（株）を設立し、社長、会長を歴任。2012年から早稲田大学ビジネススクール教授。著書に『ベンチャー経営論』（東洋経済新報社）、『アントレプレナーシップ入門』（有斐閣）、『日本のファミリービジネス』『ファミリービジネス 賢明なる成長への条件』（以上、中央経済社）ほか多数。

米田 隆（よねだ・たかし）

早稲田大学法学部卒業後、旧日本興業銀行入行。同行の行費留学生として米国フレッチャー法律外交大学院卒業。同行退職後はベンチャーキャピタルや証券会社の経営を経て、2012年より証券アナリスト協会プライベートバンキング教育委員会委員長に就任（現職）。早稲田大学ビジネス・ファイナンス研究センター上級研究員（研究院教授）。

LECTURE 5　コロナ危機の財政・金融政策とリスクマネジメント

川本裕子（かわもと・ゆうこ）

東京大学文学部社会心理学科卒業。オックスフォード大学院経済学修士（開発経済学）。東京銀行（現三菱UFJ銀行）、マッキンゼー・アンド・カンパニーを経て、2004年より早稲田大学大学院ファイナンス研究科教授、2021年6月まで経営管理研究科教授ならびに早稲田大学ガバナンス＆サステナビリティ研究所所長。

LECTURE 6　企業と株主、コーポレートガバナンス

鈴木一功（すずき・かずのり）

東京大学法学部卒業、欧州経営大学院MBA、ロンドン大学（ロンドン・ビジネススクール）Ph.D. (Finance)。専門はコーポレート・ファイナンス、コーポレートガバナンス、企業価値評価。富士銀行（現みずほ銀行）にてM&Aの企業価値評価モデル開発等を担当。中央大学国際会計研究科を経て、2012年より早稲田大学ビジネススクール教授。日本ファイナンス学会理事、証券アナリストジャーナル編集委員、みずほ銀行コーポレート・アドバイザリー部外部アドバイザー。

LECTURE 7　新型コロナはマーケティングをどう変えたのか？

川上智子（かわかみ・ともこ）

神戸大学で博士号取得。関西大学教授を経て、2015年より早稲田大学ビジネススクール教授。早稲田大学マーケティング国際研究所（MII）所長。ワシントン大学連携教授、INSEADブルー・オーシャン戦略研究所客員研究員ほかを歴任。Journal of Product Innovation Management 編集委員ほか、国際学会の理事職も多数。日本マーケティング学会理事、日本商業学会学会誌副編集長。2017年、「アジア・マーケティング研究者トップ100」に選出。

LECTURE 8　これからのリーダーシップ

大滝令嗣（おおたき・れいじ）

東北大学工学部卒業、カリフォルニア大学電子工学科博士課程修了。東芝半導体技術研究所、ヘイコンサルティング・コンサルタント、マーサージャパン・シニアコンサルタント等を経て、1988年にマーサージャパン代表取締役社長、2000年より代表取締役会長兼アジア地域代表。2005年にヘイコンサルティング・アジア地域代表、2008年にエーオンヒューイットジャパン代表取締役社長、2009年より同社の会長を務める。早稲田大学では2006年より客員教授として教鞭をとり、2011年から教授。ほかにシンガポール経済開発庁ボードメンバー等を歴任。

堀江徹（ほりえ・てつ）

早稲田ビジネススクール非常勤講師。住友商事、マーサー、ヘイコンサルティング、エーオンヒューイットジャパン代表取締役社長、EYパートナー歴任。グローバルリーダー育成、エグゼクティブコーチングに従事。イギリス、中国、シンガポール、タイに十数年駐在。早稲田大学商学部卒業、シンガポール南洋理工大学（NTU）でMBA取得。著書に『海外駐在の極意』（幻冬舎）、共著に『グローバル・マネジャーの育成と評価』（早稲田大学出版部）などがある。

LECTURE 9　アフターコロナのキャリア開発

杉浦正和（すぎうら・まさかず）

京都大学を卒業後、日産自動車・海外企画部でマーケティング等を担当。スタンフォード大学ビジネススクールにてMBAを取得。ベイン＆カンパニー、マーサーを経て、シティバンクでリーダーシップ開発責任者、シュローダーで人事部長等を歴任。2005年より早稲田大学ビジネススクールで教鞭を執る。2019年より国立音楽大学理事（経営戦略担当）を兼務。人材育成学会常任理事および多数の企業研修を通して、実践と学術の橋渡しを行っている。著書に『「つまるところ人と組織だ」と思うあなたへ』（同友館）、『入社10年分のリーダー学が3時間で学べる』『幸運学』（以上、日経BP）ほか。

危機下の意思決定

スピード、平等、優位性

ここではWBSという
ビジネスの実践をケーススタディとして
明らかになった有効な意思決定法について紹介する。
危機的状況を切り抜けるため、
さらにはイノベーションを成功させるために
不可欠な要素をひもとく。

淺羽 茂

博士（東京大学、経済学）、Ph.D.（UCLA, management）取得。組織学会会長、早稲田大学大学院経営管理研究科長歴任。日本甜菜製糖、沖電気工業の社外取締役。専門は経営戦略、産業組織。研究テーマは競争と協調、ファミリービジネス、イノベーション・システムなど。

| 淺羽 茂 |

WBSをケーススタディとして
意思決定のポイントをつかむ

WBSのコロナ第一波への対応から見えてくるもの

新型コロナウイルスの影響によって、「アフターコロナ」や「ニューノーマル」といったワードのついた研究会やセミナーがさかんに行われ、コロナ後のビジネスをテーマにした議論が活発化しています。

新型コロナウイルスが私たちの社会や経済、ビジネスに与えたインパクトについては、今後も引き続きさまざまな研究が行われるでしょう。本書においても、さまざまな先生方による多彩な角度からの論点が紹介されます。

本稿では、2020年春に私が研究科長として、早稲田大学ビジネススクール（以降、WBS）で行った、主にオンライン授業についての意思決定を題材に、「大学の危機管理体制の中で、どのような意思決定が行われたのか」について振り返ります。

そして、以下の3つの問題について考えてみたいと思います。

1つは、新型コロナウイルスの感染拡大のように、**誰も先行きが見通せない不確実な危機的状況に置かれたとき、いかに意思決定をしたらよいか**という問題です。

次に、コロナ禍によって、「社会の分断」がクローズアップされてきました。そこで、**「格差」や「平等」ついてどのように考えたらよいか**という問題を考えます。

3つ目の問題は、今後、感染拡大が収束した後、**教育や働き方はどのように変わるのか、変えていったらよいのか**ということです。

早稲田大学の初期のコロナ対策

まず、WBSや早稲田大学が、コロナ禍の序盤である2020年2〜5月

までの間に、どのような意思決定を行ってきたのか振り返ってみましょう。それを時系列にまとめたものが下図です。

　WBSに関わることでも、式典の開催、学年暦、授業形態といった教務に関わる基本的なことは大学の了承なしには実行できません。ゆえに、下図にあげた事項はすべて大学（総長）の意思決定です。

　すでに対応をとり始めていた海外の大学の動向をウォッチしていたこともあり、総じていうと、かなり早めに、安全性の確保を見越して意思決定がなされています。2月27日には3月20日の卒業式や4月初頭の入学式の中止を発表し、3月6日には授業開始日を4月20日以降に繰り下げる決定が行われました。

　政府から全国の小・中・高等学校に休校要請が出されたのも2月27日ですが、これは3月に入ってから春休みまでの休校を要請したものですから、わずか数日前に意思決定が発表されたことになります。

大学・WBSの意思決定の流れ

2020年

2月	27日	卒業式、入学式の中止を発表
3月	6日	授業開始日を4/20以降に繰り下げると発表
	24日	授業開始日を5/11に繰り下げると発表
		WBSは授業開始を4/20に決定
4月	1日	「春セメスターは原則オンライン授業とする」ことを発表
	6日	4/8からのキャンパス立入禁止を発表
		履修登録のために職員の入構を認めてもらう
	7日	（緊急事態宣言が東京ほか7都府県に発令される）
	24日	総額5億円の学生緊急支援策を発表
5月	7日	キャンパス立入禁止を5/31まで延長
	26日	キャンパス立入禁止を6/1から段階的に解除することを決定

それに比べて早稲田大学は1カ月以上も前から、新学期の授業開始時期を変えるという決定をしていたのです。

「人事」と「システム」というボトルネックを解消する

　多くの教員が卒業式に代わるイベントの企画やオンライン授業の準備に忙しかったとき、私はいくつかのことに不安を感じていました。

　1つは、学生や教員の側のオンライン授業の準備が整ったとしても、授業を始めるために必要な履修科目の登録、割り振りができるのかということです。学生がどの科目を履修したいか希望を出した後、職員はそれぞれの学生を希望した科目に登録したり、ほかの科目に割り振ったりする必要があります。しかし、キャンパスへの立ち入りが禁止された状態では、職員も在宅勤務せざるをえず、自宅からでは学生の履修データにアクセスできないため、登録や割り振りができないのです。

　世間でも、リモートワークが始まってから、書類にハンコを押してもらうためだけに出社するといった事例が取り上げられたり、セキュリティのために「会社のパソコン以外では業務システムにアクセスできない」状況などが報じられたりしていましたが、それと同じ問題です。

　3月の大学全体の会議で私がこれに対して質問をすると、総長から「それはよくわかっている。学内からしかアクセスできないという条件を外すというのは難しいが、何か別の手立てを考える」という返事をもらいました。

　もう1つは、例年6月に行われる職員の人事異動についてです。この非常事態に、WBSの業務に精通した人がほかへ移り、代わりに何も知らない職員が新たにWBSに異動してくれば、大混乱に陥るだろうと考えたのです。

　そこで、人事異動を半年か1年延期できないかと提案しようとしたのですが、WBSの職員に「そんな提案をしたら大学全体が大混乱になる」と諭され、提案はしませんでした。

　ところが、大学本部も同じように考えていたのか、半年まではいかないものの、人事異動が1カ月延びました。総長・大学本部もきちんと考

えていることがわかり、少しほっとしました。

大学内部での意思決定は？

しかし、私は総長の決定に反抗したこともありました。それが、先の表にもある WBS の授業開始の時期についてです。

大学側はまず、「授業開始を3月6日から4月20日以降に遅らせる」という意思決定を行いました。しかし、その後の感染状況などの影響もあって、3月24日の時点で「授業開始を5月11日に繰り下げる」と発表しました。大学側によると、繰り下げた最大の理由は、「オンライン教育を始めるには準備時間が必要だ」ということでした。

しかし、すでに世界中のビジネススクールは学期中で、オンライン教育に移行しています。そこで、授業開始の繰り下げが総長から提案された大学全体の会議で、少し強い調子で「それはありえない。ほかの国の学校でできているのに、なぜ日本の学校ができないのか。海外のビジネススクールがすでにオンライン授業に移行しているのに、WBS が遅れればレピュテーション（評判）が下がり、競争上不利にもなる。WBS は4月20日から授業をやらせてもらいます」といいました。何人かの大学の理事の先生方からもサポートしてもらい、WBS は当初の予定通り4月20日に、ほかよりも早く授業を始めることを認めてもらったのです。

完璧さよりもスピードを重視する

どうして WBS は、ほかの学部や研究科よりも短い準備期間でオンライン教育に移行できたのでしょうか。

ほかの学部や研究科では執行部が「オンライン教育に移行する」と決めても、それに反対する教員がおり、説得しなければならなかったようです。それに対して WBS では、反対はまったくありませんでした。

むしろ、内田和成先生をはじめ何人かの先生方が自主的に Zoom の勉強会を開いたり、チームコミュニケーションのツールである slack で情報交換をしたりと、早くから準備が始まっていました。

一部の先生による自主的な勉強会ではなく、全教員に対して研究科と

して正式な勉強会をすべきだという意見もありましたが、私は自主的にどんどん動いてもらい、後でそれを共有するかたちで研究科として研修会を行えばよいと考えました。つまり、非公式ながら準備はかなり早い段階から行われていたのであり、その後に川上智子先生（LECTURE 7）や職員による研究科としての正式な研修会が行われるといった流れになったのです。

それでも、オンライン教育をするには設備や機器がそろっていない、オンライン教育に抵抗がある教員や学生もいるといった問題があることも予想できました。それに対して私は、**「完璧を目指しすぎず、とにかくスタートすることが大事だ」**と考えました。完璧を目指すと、いろいろな問題が気になり、初動が遅くなってしまうからです。

ちょうどその頃、ハーバードビジネススクールが遠隔教育のウェビナーを開講しました。視聴してみると、いかにも「オンライン教育のプロ」といった感じの講師が、「私はこんなのでやっています」と、段ボール箱にノートパソコンを置いて配信している状態を紹介していました。

もちろん機器や設備は整っているほうがいいに決まっています。しかし、まずは「オンライン教育を始めること」が重要で、そのためには設備が整っていなくてかまわないということがわかったのです。

さらに、当時は非常事態なので、「授業ができるだけで素晴らしい。多少の不都合があっても、ある程度は許容される」という雰囲気がありました。私は、「教員も学生も、うまくいかないことがあっても不満を持つのはやめよう。思いやりを持ち、許し合って、授業にのぞもう」と繰り返し伝えました。最初から完璧を目指すよりも、ソフトウェアやシステムのアジャイル開発のように、とにかく早くスタートし、やりながら課題や不満を浮かび上がらせ、それらを解消・改善していくほうが、結果的によりよい教育の提供に近づくと考えたからです。

私が会った学生の中には、「ビジネススクールには個性の強い先生が多いので、大変だったのではないですか」と聞く人もいました。

しかし、そんなことはまったくありませんでした。WBS の先生方は

好奇心が旺盛で、新しいことにチャレンジすることが好きな人が多く、さらにいえば、「できるだけ早く、いい授業を学生に提供したい」と学生の利益を一番に考える先生方が多かったからでしょう。オンライン授業の開講について WBS の先生方はきわめて協力的でした。

　まとめると、以下のようなことが重要だったといえるでしょう。

非常事態への対応の3つの基本原則

① 次の展開を予想し、早めにボトルネックを発見し、解消しておく。

② アジャイル：完璧を目指すより、早く開始し、改良していく。

③ 常にミッション（誰のために・どうすべき）に基づいて意思決定を行う。

02

優先すべきは
「早期チャレンジ」か?「平等」か?

オンライン教育が生む「格差」問題

前項のような経緯で、WBSでは2020年4月20日からオンライン授業がスタートしましたが、ほかの学部や研究科より一足先に授業を始めることで、さまざまな反対意見をいただきました。

「ビジネススクールはいいかもしれないが、うちは対応できる先生ばかりじゃない」
「オンライン授業ができる科目はいいが、できない科目もあるんだ」
「オンライン授業を受けられない環境にいる学生のことをよく考えるべきだ」

こうした意見です。早稲田大学は、新型コロナウイルス感染症拡大に対する政策・方針として、**SDGsの「誰一人取り残さない」の精神にそって、「しなやかな感性」を発揮して自分とは異なる環境にいる人のことを配慮する**という方針を打ち出しているのでなおさらですが、このような意見は、前例にないことを決める際や、変化・イノベーションを起こすときによく耳にする反応と同じだと思います。

オンライン授業で開講を早めること自体は大きなイノベーションではありませんが、何か従来とは違ったことをやろうとすると、必ず取り残される人が生まれます。つまり、**「変化についていける人」と「ついていけない人」**の間に格差が生まれるのです。

格差をめぐる2つの主要な意見

このように、格差が生まれそうな場合、基本的な対応としては2つの

考え方があります。

> ① 平等派：誰も取り残されないように格差を拡大しない・格差を生
> まないようにすることを重視し、スピードは犠牲にする
> ② スピード派：スピードを重視し、ある程度の格差は容認する

ここでは、このような「2項対立」にどう対処すればよいのかについて考えていきましょう。

まず、この会場でも調査してみましょう。「置いていかれる人が生じても、早期に変化を始めるほうがいい」という「スピード重視・格差容認派」の人はリモコンの上のボタン、「変化を始めるのが遅くなってもいいから誰も取り残さないほうがいい」という「平等重視派」の人は下のボタンを押してください。

「スピード重視・格差容認派」が92%、「平等重視派」が8%という結果になりました。

次に「平等派」と「スピード派」、それぞれの意見を聞いてみましょう。

①「平等派」の意見

まず、「格差はダメだ。誰一人取り残さないことが大事なんだ」と考える学生の意見には、次のようなものがありました。

「グローバル競争のもとでは、『富を持つものが先行し、取り残されるものが出てもしかたない』という考え方が主流である。しかし、差が生まれることによって生じるメリットより、デメリットのほうが大きいと感じる」

「スピード重視にはメリットもあるが、平等をないがしろにすることには違和感がある。置いていかれるほうのフォローもするべきではないかと思う」

「多様な人が参加できる状態のほうが、授業の場としてはメリットが大きいと考える」

「WBS は平等を無視する組織であると世の中に発信することになり、それはデメリットになると思う」

② 「スピード派」の意見
　一方で、「スピード重視・格差容認派」の意見としては、次のようなものがあがりました。

「全員の機会の平等化を待っていたら、何事も進まない」
「平等を重視していると、全員でゆっくり衰退していってしまう。ついてこられない人に対するフォローは必須だが、動ける人がまず動き、ほかの人を引っ張り上げるほうが衰退を防げる」
「新しいこと、つまりイノベーションは、こういう形でしか生まれないだろうなと思う。イノベーションのためには、まずスピードを優先させるべきだ」

　まとめると、「変化やイノベーションのためにはスピードが優先されるべきであり、そのために格差が生まれてもある程度はしかたがない」という考え方です。
　平等主義にこだわると、先に走り出しそうな人に「待った」をかける必要が生じます。そして、待たせるということは「先に動けた人」、この場合では教育を受けられたはずの人がそのアドバンテージを受けられないことになり、ある種のダメージを受けることになります。
　他人よりも先に進める人は、それまでいろいろ努力をしてきたから早く動けるのかもしれません。だとすると、努力を重ねてきてせっかく先行できるだけの力を得たにもかかわらず、「ほかに遅れている人がいるのだから先に行ってはダメ」とストップをかけられてしまうと、長期的には誰も努力しなくなってしまうかもしれません。

「早期チャレンジ」　VS.　「平等・公平」

意見

「オンラインで早く授業を始めるべき」という意見に対して

≫「オンライン授業をやれる先生はいいが、やれない先生はどうするのか?」

≫「オンラインで授業ができる科目はいいが、できない科目もある」

≫「オンライン授業を受けられない環境にいる学生がいないか、先に調べるべきだ」

▼

変化やイノベーションを起こすときには、
「取り残される者」が生まれ、格差が拡大しうる

▼

論点

格差には目をつむり、早期に変化を起こすことが大事なのか?
それとも、格差を拡大しないように、
スピードを犠牲にしたほうがよいのか?

イノベーションや変化には「2項対立」がともなう

　変化やイノベーションをめぐる「スピード重視派」と「平等派」の対立関係は、今回のオンライン授業導入にも当てはまります。今回の場合は、解決策として、「講義の収録動画をオンデマンドで配信する」といった施策によって、ある程度の平等が確保されるようになりました。

　このように最低限の「平等と公平性」を確保することによって、スピード感を持った行動に正当性を見出すことも可能だといえます。

　また、機会の平等が与えられていても、本人が「デジタル化」あるいはZoomなどになじもうとしない場合もあるでしょう。その場合は、「結果の平等は得られていないかもしれないが、機会の平等は担保されているので問題ない」とする考え方もあります。

　先に述べたように、早稲田大学は「SDGsの『誰一人取り残さない』の精神をそって対応する」と政策方針を定めており、格差を生むのはよくないという考え方をとっています。ゆえに、WBSでのアンケート結

果で圧倒的に「スピード重視」の意見が多かったのは、少し意外な結果ではありました。

　別の例で、この「2項対立」について考えてみましょう。

　2020年5月、夏に予定されていた東京オリンピックの開催時期を1年順延することが決定されましたが、新型コロナウイルスの感染拡大が続く中、参加できる国とできない国に分かれることが予想されました。つまり、たとえば「日本やアジア各国からは選手が参加可能です。アメリカも派遣できます。だけど、ヨーロッパのいくつかの国やアフリカ、南米の各国は派遣できません」といった状況です。そうした中で、「オリンピックには、準備できた国の選手だけが参加すればいい」という意見もありました。

　このように、「まったくやらないよりは、一部の国しか参加できないかもしれなくても、やったほうがいい」という意見が想定される一方で、「オリンピックは世界中の国々のコミュニケーションの場であるため、参加することに意義がある。参加できる国だけでやるのでは、オリンピックの意義が果たせない」という意見も想定されます。

　やはり、変化が起きた場合の意思決定の基準は、**「変化への迅速な適応を優先する」**のか、**「みんなが適応するまで待つことを優先する」**のかという対立に、どのように対処するかに帰着することになるのです。

03

イノベーションにともなう
ジレンマを解決する手法とは？

「2項対立」を解消する「パレート最適」

前項で述べたような「2項対立」が起きた場合、どのように意思決定を行えばよいのでしょうか。

解決策につながる1つの考え方を紹介しましょう。

「パレート最適（パレート効率性）」という考え方です。ミクロ経済学でよく使われる考え方で、**「他者の効用を減らさないと、誰の効用も増加できない状態」**を指します。

つまり、「他の事象が一定であれば、誰かの効用の増加は望ましいという、弱い価値基準」といえます。「オンライン授業を早期に開始する」という例でいえば、とにかく「先に始める」ことで早く教育を受けられるため、「教育時間を長くできる人」が存在するようになります。その一方で、オンライン授業の開始日に準備ができておらず、「教育を受けられない人」も出てきます。しかし、オンライン授業を開始しようとしまいと、後者が教育を受けられないことに変わりはありません。つまり、その人の効用は変わりません。

したがって、オンライン授業を開始した場合、「準備ができている人」の効用は増加し、ほかの人の効用は変わらないので、効率的であり、「オンライン授業の開始を選ぶべきだ」と考えることが可能になります。

そのような考え方から、「早期に（4月20日から）オンライン授業を開始する」という意思決定を行うことができます。実際に私は、そのように考えながら、早期の授業開始を訴えたのでした。

経済学から見た「平等」と「効率」のジレンマ

ただし、「効率」と「平等」、どちらを優先するかを判断することは、

非常に難しい問題だと考えられてきました。

　経済学では歴史的に、どちらかといえば「公平性」よりも「効率性」が重視されてきました。しかし、同時にこの2つの間のトレードオフについても議論されてきました。このことについてわかりやすく表したのが、アメリカの経済学者A.M. オーカンの著書 "Equality and Efficiency（平等か効率か）" です。まさにタイトルそのものに対立が表されています。本書は1970年代に書かれ、翻訳書も出版されているので、気になる方はぜひご一読ください（『平等か効率か─ 現代資本主義のジレンマ』新開陽一訳　日経新書）。

　私も学部生のときに、ゼミで最初に読みました。同書には Big Tradeoff（大きなトレードオフ）という表現が登場し、「平等と効率の間には、重大なトレードオフがある。経済的な効率を重んじるあまり、さまざまな側面で平等が失われ、平等を追求するあまり、効率が損なわれる」ということが書かれています。

　同書の内容を少し紹介しましょう。

　たとえば、現代の政治・社会制度では、多くの人に平等に権利を配分するようにしています。しかし、その一方で経済の制度では、「効率を追求したか。競争に勝ったか」を重視してきたことにより、生活水準や物価による格差を生んでしまう結果となりました。

　実際に、**「格差を生む制度」こそが、人々が努力することに対するインセンティブになっている**と考えることもできます。つまり、努力を投入してうまくやった人は、他の人よりも多い「収入」というリワード（褒美、報酬）によって豊かな生活を手にできるのです。

　それに対して、効率的に仕事を達成できなかった人は、「貧しさ」というペナルティ（罰金）を与えられる結果となります。

「報酬と罰金」があるので、当然ながらみんな、報酬を得ようと努力して効率性を追求します。その結果として、より効率的な社会が実現すると考えられるのです。

　その一方で、効率的な人が富を得ると、その富を用いてさらなる権利

を入手できるため、その社会では格差が拡大し、結果として大きな不平等が生まれます。

完全な形の「平等確保」は不可能だが…

　一方、市場で罰金を払った（貧しくなった）人は、それにより人間の尊厳、あるいは権利といったものを失ったり行使できなくなったりしてしまうかもしれません。これは大問題です。

　この問題を解消するために、競争に参加できる「機会の平等」を担保すべきだという意見が登場します。いいかえると、努力による結果の差は本人次第なので、「機会の均等こそが大事だ」という理屈です。

　ただ、これもなかなか簡単な話ではありません。"Equality and Efficiency" の中でも多くの人が議論をしていますが、古くからあるたとえで **「銀のスプーンをくわえて生まれる」** という表現があります。経済的に豊かな家に生まれることで、労せずしてさまざまな利点を享受できることを意味したたとえですね。

　たとえば、胎児のときに栄養状態がよければ、それだけでも心身の発育に恵まれやすくなるでしょう。また、家庭が裕福だったり親が有力者だったりすれば、高い教育を受けたり、コネクションでいい企業に就職

現代資本主義のジレンマ　～「平等か効率か？」

The Big Tradeoff

経済的な効率を重んじるあまり、さまざまな側面で平等が失われ、平等を追求するあまり、効率が損なわれる

市場における不平等な「報酬」と「罰金」

報酬（＝富裕層が得る特権）はいいが、罰金（＝貧困ゆえに失う権利）はつらい

機会の平等

担保すればよいのか？

できたり、あるいは巨額の財産を相続したりするため富が拡大しやすいという面があります。

　一般的に、多くの場合、「胎児・幼児期の要素などはどうしようもないが、機会の平等が確保されていれば、後は個人の努力次第だろう」と考えられます。しかし、上記のようなことを考慮すると、単純に「機会均等を担保すればよい」とは片づけられません。

「機会の均等」とひと言で表していますが、オーカンは「機会とは何か」、そして「その均等性とは何か」を定義することの難しさについても同書の中で指摘しています。

「セーフティネット」の大切さ

　次に、均等性を担保するための「セーフティネット」について考えてみたいと思います。

　2項対立を解消するためには、効率性・スピードなどによって生じる格差を容認しつつ、「ついてこられなかった人」にはセーフティネットを用意する、という解決策が考えられます。

「ついてこられなかった人」を切り捨てていいかと問われれば、多くの人は「それはよくない」と考えるでしょう。

　オンライン授業の例でいえば、視聴環境がととのっていない学生には「十分に授業に参加できない」というデメリットが生じます。

　そのため、オンライン授業を企画する際には、仮に環境のせいで参加できなかったとしても、それによって授業の単位を落とすことはないように先生方にお願いする、という救済措置をとりました。

　あるいは、「オンライン授業なんかではちゃんとした授業はできない」という先生もいるかもしれません。そこで、通常と同じような授業ができなくても「罰則などはないので、気楽に始めてください」という、「精神的な」セーフティネットを確保しました。

　このように、効率性を重視して進歩を確保しながら、ついてこられない人にも、なんらかの形でセーフティネットを用意することが重要といえます。

　しかし、セーフティネットさえ確保すれば、「社会全体で競争するべき」といってもよいのでしょうか。

　次の項目では、その点について考えていきましょう。

04

「社会的共通資本」
～真に豊かな生活を実現する考え方を学ぶ

競争やセーフティネットだけでは、社会は豊かにならない

　資源配分をすべて市場に任せたり、効率性だけでいろいろな意思決定をしたりすることによって、深刻な問題が発生する場合があります。

　そのことについて考察したものに、**効率性だけで資源配分を決めると、「社会的共通資本」が破壊され、多くの問題が生じる**という考え方があります。社会的共通資本は、東京大学の数理経済学者・宇沢弘文先生が提唱した考え方です。順を追って説明していきましょう。

　宇沢先生は、自身もノーベル経済学賞の候補者でしたが、アメリカで教鞭をとっていたときには、後にノーベル経済学賞を受賞するジョージ・アカロフやジョセフ・スティグリッツといった教え子を育てました。

　1970年代に帰国してからは、理論経済学あるいは数理経済学のトッププランナーとして活躍する一方、公害問題に取り組み、『自動車の社会的費用』（岩波新書）といった本を著します。きっかけの1つは、帰国後、子どもを自宅前の道路で遊ばせようと思ったら、突然、車がビューンと入ってきてとんでもなく危険だと感じたことだそうです。自動車は交通事故を引き起こすし、排ガスは公害にもなる。そこで、自動車の**「社会的費用」**を考えようというのが執筆の動機だったといいます。

　また、成田空港建設の際には、建設に反対する成田闘争に加わって農民・地主側に協力しました。このように、さまざまな市場の外部性・社会問題に関心を持ち、**どうしたら人々が受けられる財・サービスを損なうことなく経済を発展させることができるだろうか**と考えたのです。

　宇沢先生は、自然環境、社会インフラ、教育や医療といった諸制度を「社会的共通資本」と呼び、これはある場所に住んでいる人なら**等し**

く受けられるべきサービスなので、**市場メカニズムで資源配分を行ったり、効率性を基準にしてどこへの配分を増やすのか・やめるのか、といったことを決めたりしてはいけない**と主張しました。

競争が社会の発展を阻害するとき

　世界的に新型コロナウイルスの感染拡大が始まった初期のころ、ヨーロッパのいくつかの国で、多くの感染者が亡くなったことが報じられました。これは、その国では医療予算が削られ、医療体制が脆弱化していたところにこの感染症が拡大したため、早期に医療崩壊が起こったからだと指摘されていました。

　医療は非常に重要な、典型的な社会的共通資本といえます。それゆえ、国の財政状況、「誰がどれくらい医療費を払うのか」といった効率化や競争原理だけで医療予算を決めてしまうのは危険だということでしょう。

「社会的共通資本」とは？

『社会的共通資本』 宇沢弘文著（岩波新書）

① **約50年前に「社会的共通資本」を着想**

　　「社会的共通資本」とは？

　　＝特定の地域に住むすべての人々が、豊かな経済生活を営み、
　　　優れた文化を展開し、人間的に魅力ある社会を持続的、
　　　安定的に維持することを可能にするような社会的装置
　　➡国連がSDGsを唱え始める約45年前から提唱！

② **社会的共通資本の重要な構成要素**

　　自然環境、社会的インフラ、制度資本（教育、医療…）

③ **社会的共通資本の重要性**

　　例：医療的最適性と経営的最適性との乖離
　　　➡社会的共通資本としての医療の弱体化

近年、世の中に広まってきた SDGS の中のいくつかのゴールでも公平・平等といった表現が使われていますが、宇沢先生は50年以上も前に社会的共通資本を提唱しました。

　参考にすべきことがたくさんあるのではないかと思い、現在私も勉強中です。みなさんも、著作でしか会えないですけれども勉強してみてください。意思決定問題についても、より深いレベルで考察できるのではないかと思います。

意思決定の基準

① **効率 vs. 平等**

② **パレート最適（パレート効率性）**
　・他者の効用を減らさないと、誰の効用も増加できない状態
　・「他の事情が一定ならば、任意の個人の効用の増加は望ましい」という、弱い価値基準

③ **セーフティネットの整備**
　・「ついてこられなかった人」を救う仕組み（失業者の再教育など）

④ **社会的共通資本**

05

コロナ後、教育やビジネスはどう変えていけばよいのか？

コロナが気づかせてくれたもの

2020年5月26日の日本経済新聞に、「『アフターコロナを考える』ウェブセミナーの参加者調査」というデータが掲載されていました。

ここで私が注目したのは、まず、「アフターコロナではどんな変化が起きるか」という問いに対して、上位2番目と4番目の回答がそれぞれ「格差社会が進む」、「社会的課題に関心が高まる」というものだったことです。

これは前述の意思決定の話と符合すると考えることができます。

もう1つ気になった点は、「在宅勤務を通じて気づいたことは何か」という問いに対して、「テレワークの使い勝手のよさ」、「対面でないとできない仕事の多さ」という答えが多かったことです。

これらの答えは、**「今後、自分の所属する組織（学校や会社）でどのような働き方をすればよいか」**という問題を考える際の方向性を示しているでしょう。

リモートでの仕事にはメリット・デメリットがあり、向いている業務と不向きな業務とがあります。それが今回、はっきりしたのでしょう。であれば、「メリットを十分に発揮できる業務、向いている業務をリモートでやっていけばよい」と考えることができます。

しかし、それだけでよいのでしょうか。

WBSは「オンライン教育」に後ろ向きだった

たとえば、WBSにおけるオンライン教育を例に考えてみましょう。

実は、新型コロナウイルスの感染拡大が起きる前まで、WBSはオンライン教育に対してどちらかというと後ろ向きでした。理由は、WBS

のミッションの1つである「ラーニング・コミュニティ」と関係しています。

　ラーニング・コミュニティの典型的な例がゼミです。少人数からなるゼミでは、教員と学生、学生同士が濃密な関係を築き、ディスカッションします。感染防止の観点からは厳禁とされる「濃厚接触」です。

　新型コロナウイルスの感染拡大が始まるまで、この方針は、特に海外のビジネススクールからもユニークだと高評価を得ていました。当時は、教育面でのイノベーション、あるいはテクノロジーを使った教育の導入状況について尋ねられると、「WBSの強みは緊密なコミュニケーションにあるので、対面で行う。オンライン教育は重要視していない」と回答していました。

コロナ禍を契機として強制的に前向きに

　しかし、コロナ禍をきっかけとして強制的にオンライン授業をやってみた結果、多くの先生や学生から「やってよかった」という感想が出てきました。また、よい面とともに、問題点もだんだんと明らかになり、「これからオンライン教育をどのように取り入れていくべきか」という議論が始まったのです。

　こういったことはWBSのみならず、社会のいたるところで起こっただろうと想像できます。たとえば働き方改革でも、DX（デジタルトランスフォーメーション）やイノベーション、データサイエンスなどでも、以前からずっと「こういうことを実行したらいいよね」といわれながら、あまり進展してこなかったという面があります。既存のやり方への慣れが強くて、あるいは「今の方法がよい」という思い込みが強くて、なかなか変革に踏み出せなかったというものは数限りなくあるでしょう。

　これまで、多くの団体や企業で、いろいろいいわけをすることで変革を実行しなかったため、大きな可能性が見逃されてきたのです。

　それが、今回のコロナの騒動がきっかけになって、踏み切らざるをえなくなりました。いわば強制的にやらされることによって、新たにメリットもデメリットも確認することができたのです。そして、その両面

が確認できたため、次の段階として「どのように取り入れたらいいのか」という議論を始められたのです。

先ほど述べたように、リモートワークもオンライン教育も実際にやってみてメリット・デメリット、向いている領域・不向きな領域がわかってきました。その結果、「メリットを追求できる領域、向いている領域についてはどんどん取り入れよう」となっていくでしょう。

しかし、それではみんなが同じことをすることになります。どの会社、どの学校も同じように考えてしまいます。

どの組織も、オンライン教育を実際にやってみれば、「まあ、だいたいできるよね」と思えるでしょう。そして、オンライン教育に向いている領域にはリソースが投入され、いっそうオンライン教育が進んでいきます。

どの組織もそうするので、そのような領域におけるオンライン教育の競争は激しくなっていくでしょう。もちろんそれは結構なことですが、ここで**「オンライン教育にプラスアルファして差別化を図り、競争優位性を発揮するにはどうしたらいいか」**も考えていく必要があると思うのです。これについて WBS でも現在、いろいろと議論を進めているところです。

先に述べたように、WBS の本来の強みは「濃厚接触」です。そこで今、定義矛盾となってしまうかもしれませんが、オンライン教育の中で「濃厚接触」を取り入れることはできないか、ということも議論しています。

オンライン教育を実施している学校はたくさんありますが、WBS 独自の強みを取り入れ、「オンラインでの濃厚接触教育」を行うことができれば、大きな差別化となるのではないかと考えています。

「向いていない」を克服することで差別化ができる

多くのビジネスでも同じでしょう。コロナ禍で、非接触型のビジネスやリモートワークが試され、新しいやり方の向き不向きが明らかになりました。多くの組織では、向いている領域では変化を取り入れますが、

一見向いていないと思われる領域では以前のやり方に戻ってしまう場合が多いでしょう。

しかし、「向いていないからやらない」と思考停止してしまうのはもったいないと思います。**「このビジネス／業務は非接触には向いていないが、なぜ向いていないのか。どうすれば、その問題をクリアできるのか」**と考えることが重要ではないでしょうか。

なぜなら、ほかの多くの組織が以前のやり方に戻ってしまっているなか、テクノロジーの活用や発想の転換でその問題を克服できれば、自分たちだけは変化を実現していくことができるからです。つまり、**「向いていない領域」を「機会」と捉えて、そこに目を向けることによって、差別的優位性を確立し、新しい時代において競争を有利に展開する**ことができるかもしれないのです。

WBSに見る今後の「オンライン教育」

従来	後ろ向き

▼

コロナ禍	いわば強制的にオンライン教育をスタート

オンライン教育のよさ・問題点が判明
「どのように取り入れていくか?」を議論
・オンライン教育のメリット・デメリット
・オンライン教育が向いている領域・不向きな領域

▼

向いている領域はみんながやる ➡ 競争激化

▼

差別的な優位性を発揮するためには?
≫ WBSの強み（濃厚接触）をオンライン教育の中で両立させる
≫ 問題、障害を発見し、テクノロジーや発想の転換で克服する

▼

ビジネスでも同じこと!

06

LECTURE 1のまとめ

　本章のメッセージは、大きく次の3つです。

　まず、不確実で危機的な状況では、完璧を追求しすぎずに、迅速な対応を優先すべき場合があるということ。そのときには、**考えられる限りのボトルネックを次々に解消していく**ことが重要であり、**パレート効率性を考えて判断する**ことも役に立ちます。

　ただし、常に効率性を考えて意思決定すればよいとは限りません。効率性を重視しすぎると、格差の問題を生んでしまいます。また、**社会的共通資本（医療や教育など）は効率性を基準にして意思決定すべきではない**とも考えられます。「効率」対「平等」の2項対立は、解決するのが難しい問題だということが2つ目のメッセージです。

　最後に、新型コロナウイルスの感染拡大でいろいろと新しいことにチャレンジし、新しいやり方の向き不向きが明らかになりました。感染収束後の教育や仕事の仕方を考えるときには、向き不向きを検討することが役に立つでしょう。ただし、「向いていないから」といって**思考を停止するのではなく、新しいやり方の問題や障害を克服できないかを考える**ことが大事だということが3つ目のメッセージです。

ポストコロナの経営戦略

新型コロナの流行は
社会に多大なインパクトを与え、企業は変化を余儀なくされた。
しかし、実はその変化は「方向転換」などではなく、
「もともと進むべき方向」への進化が加速しただけだという。
今、私たちはどこへ向かっているのか?
今後、企業が目指すべき方向とは? 施策とは?
世界標準となっている経営理論から、ひもとく。

入山章栄

慶應義塾大学大学院経済学研究科修士課程修了。三菱総合研究所でコンサルティング業務に従事後、米ピッツバーグ大学経営大学院よりPh.D.取得。米ニューヨーク州立大学バッファロー校ビジネススクール助教授を経て、早稲田大学ビジネススクール教授。

現代のビジネスにおける
最適な「意思決定」とは?

「正解がない」中でどう意思決定するか?

本稿では、「ポストコロナの経営戦略」というテーマで話していきます。

まずコロナというテーマに入る前に、みなさんには**「思考の軸を持つ」**
ということを意識していただきたいと思います。

現代の社会は、今回のコロナ禍もそうですが、非常に不確実性が高い
といえます。特に、昨今のビジネス分野は非常に複雑であり、いろいろ
な要素がからまって相互に影響を与え合っています。

つまり、ビジネスにおいて「正解」は存在しないということです。大
胆にいえば、「"正解を求める"ということは、すでにオワコンだ」と
考えなくてはいけません。

正解がないため、ビジネスは非常に変化が激しく、意思決定が難しく
なります。しかし、ビジネスに関わるみなさんは、答えがない中で意思
決定をしていかないといけません。

これは現代のビジネスにおいて非常に重要なポイントであり、2020年
に始まった新型コロナウイルス拡大の有無にかかわらず、もともと意識
しなくてはいけないものでした。

とはいえ、新型コロナによるパンデミックは、ビジネスにおける不確
実性を非常に高めた出来事です。その結果、経営陣はさらに難しい意思
決定を迫られることになりました。

このように**「答えがない世界の中で、たった1つのことを決めなくて
はいけない」**のが、**これからのビジネスリーダー**なのです。

これからのリーダーに最も必要なもの

答えがない中で、どのように決断を行うことができるのでしょうか。

　私自身、毎日のようにさまざまな経営者にお会いし、お話を聞いてきましたが、**優れた経営者に共通しているのが「考え続けている」ということ**です。最終的な決断をする際に、「結果はわからないが、とにかく決める」というスタンスで意思決定を行っているのです。

　つまり、「よい経営者になるためには、考え続けなくてはいけない。そして最後は、正解がない中で決めなくてはいけない」といえるでしょう。

　そこで問題となるのは、「何を思考の軸とするか」です。もし経営者としての経験が豊富であれば、自身の経験を軸として考えることもできます。

　では、そこまでの経験がない場合には、何を思考の軸として設定することができるでしょうか。

　それは、みなさんが尊敬する先輩の言葉でもいいでしょう。たとえば、京セラや第二電電（現・KDDI）の創業者である稲盛和夫さん、ソフトバンクの孫正義さんの言葉でもいいと思います。

世界標準の経営理論を指針にする

　ただ、経営学、特に世界の経営学では、世界中の優秀な研究者たちによって科学的な解析が進められています。

　経営学をひもとくことで、絶対の正解ではないにしろ、「企業がこういう戦略をとると、こういう人間のこういう行動原理に基づいて、こういう結果になりやすい」、「こういうことをするリーダーは、こういうふうに部下をモチベートしやすい」といった、一定の法則性のようなものが明らかになっています。

　この経営学の世界標準について、おそらく世界で初めてまとめたのが2019年に上梓した『世界標準の経営理論』（ダイヤモンド社）です。おかげさまで10万部近いベストセラーになっています。

　本稿では、「世界標準の経営理論」に基づいて、これから迎えるポストコロナ時代がどのようになるかを述べたいと思います。

「ニューノーマル」を見据えて何をすべきか?

　コロナ禍のような危機的状況では、危機が落ち着いた後を見据えて、どうやって攻めたり守ったりするかが、その後の企業の発展を左右する重要なポイントになります。

　そのため、**現代のビジネスリーダーにとっては思考の軸として「世界標準の経営理論」を身につけておくことが必須**となります。

　私は新型コロナウイルスの感染拡大前から、さまざまな講演やメディアで日本社会の課題について申し上げてきましたが、「コロナ後」について考えてみたときも、その結論が変わることはありませんでした。

　なぜなら、近年の時代背景にある「不確実性の高まり」が、より大きくなっているからです。ビジネス領域では、コロナ以前から、AI、IoT、仮想通貨といった未知の領域がどんどん開拓され、業界の垣根がなくなり、異業種間で競争が起きる時代に入ってきていました。

　そのように不確実性が高い時代には、当然ながら、変化やイノベーションなくして生き残れません。単純な戦略に頼るのではなく、常に新しいことに挑戦し変化する、一言でいえば**「いかにイノベーションを起こすか」が勝負を分ける時代となってきた**のです。現代のビジネスにおいては、「戦略＝イノベーション」だということです。

「ニューノーマル」を見据えて何をすべきか?

「世界標準の経営理論」を思考の軸とすれば、
コロナ前も後も、

本質は変わらない

▼

不確実性の高まり

▼

変化・イノベーション
が勝負を分ける

　ここでいう戦略とはもちろん、本来、競争戦略や企業戦略のことですが、現在の戦略においては、変化して新しいことに挑戦する、つまりイノベーションがなくては競争に負けてしまうでしょう。

日本企業の変化を阻む「経路依存性」

　なぜ、今まで多くの日本企業がイノベーションや変化を起こせなかったのでしょうか。

　これもさまざまな理由がありますが、特に重要な**経営学的な理由として、「経路依存性」と呼ばれる考え方**があります。

　私が大学で受け持つ授業に「ゲーム理論の経済学」というものがありますが、経営をゲーム理論で説明することで、私たちの社会や企業のさまざまな要素が合理的にかみ合っていることがわかります。

　つまり、全体のシステムがかみ合ってしまっているため、1カ所だけ変えようとしても変えることができない状態になっているのです。

　わかりやすい例として、**「ダイバーシティ経営」**があります。

　ダイバーシティ経営という考え方は、コロナ前からさんざん大事だといわれてきたものですが、日本ではいっこうに進みませんでした。

　理由は簡単で、ダイバーシティという「部分」だけ変えようとしても変わらないのは当たり前なのです。もともとダイバーシティを進めるには、たとえば「新卒一括採用・終身雇用」という従来のシステムから変えなくてはいけないからです。

　多様な人材を雇用するには、当然、中途採用を増やさなくてはいけません。しかし、日本の会社の多くはいまだに新卒一括採用で、さらに終身雇用というケースが多い状況が残ったままです。しかも、その多くがメンバーシップ型雇用です。

　さらにいえば、社員の評価制度についても、多様な人材を評価するためには評価方法も多様でなくてはいけません。ところが、日本企業の多くは、同質の社員しか存在しないため、一括の評価制度しか行ってきていないのです。

　また、多様な人がいる場合、働き方も多様にしなくてはいけません。そ

うなると、今度は働き方改革が重要になります。ある人は会社に来るけれど、ある人は在宅でリモートワークを行うといった形式にする必要があります。

このように、全体的に企業体制を変えないと、ダイバーシティはまったく進みません。

これが「経路依存性」というものです。ダイバーシティだけを変えようとしても、まったく何も変わらないということです。

コロナ禍によって生まれた「大きな変化」

「経路依存性」では、さまざまな要素がかみ合って、互いの変化を阻害しています。そのため、今見てきたダイバーシティのように、1カ所だけを変えようとしても実現できません。

しかし、新型コロナウイルスの感染拡大によって、まず働き方改革が強制的に進むことになりました。これによってDXも進み始めています。

また、リモートワークの普及によって、評価制度の見直しも見込めると考えられます。

つまり、コロナ禍によって、これまでかみ合って動かなかった構造が、同時に大きく変化することになったのです。このような背景があって、今まで日本の社会や企業が変えられなかった「経路依存性」が強制的に一新されつつあります。

つまり、**ある意味でコロナ禍によってビッグチャンスが生まれた**のだということができます。このような変革は平成以降、かつてない状態です。

ここで変われた企業はおそらく、コロナ禍を生き残ることができると思いますが、変えられなかった企業は確実に淘汰されていくでしょう。

ぜひ、日本企業のリーダーの方々には、そういうことを考えていただきたいと思います。

02

コロナ後に勝つための「世界標準の経営戦略」とは？

コロナ禍で勝つ企業が知っていること

ここまで見てきたような変化に対応するにはどうすればよいのでしょうか。

前述の通り、この変化についてはこれまで拙著などで述べてきましたが、本書でも改めて考察したいと思います。

そもそも「イノベーション」とは？

そもそも、「イノベーション」とはどのようにして生み出すことができるのでしょうか。

「イノベーションの本質」というのは、これまで多くの方によって語られ、世界の経営学においても大量の研究があるテーマです。

その本質、つまりイノベーションの第一歩は「新しいアイデアを出すこと」にあります。もちろん、それ自体は皆さんもご存知だと思います。

新しいアイデアを見いだせなければ、当然、新しいことはできません。

では、「新しいアイデアを見いだすために必要なこと」とは何でしょうか。

ここには大きな法則性があります。すなわち、世の中のイノベーションというものは、

「今ある既存の知」と「別の今ある既存の知」の新しい組み合わせ

から起きているのです。

人間は、ゼロからは何も生み出せません。ゼロは何回掛け算してもゼロですから、生み出すときは常に、存在するものを組み合わせているわけです。

たとえば、「この企画、途中で頓挫したけれど、今度はこういうお客さんと、新しい要素を組み合わせてみたらどうだろう」という流れや、「この素材の開発は途中で止まっちゃったけど、今度はこういう最終製品のアイデアと組み合わせてみたらどうだろう」といったように、「新しい組み合わせ」がイノベーションにつながるのです。

　そのため、イノベーションを起こすためには、まずこの「新しい組み合わせ」を生み出す**「組み合わせ力」**を養わなくてはいけません。

　これは「イノベーションの父」と呼ばれる経済学者ヨーゼフ・シュンペーターが、「ニューコンビネーション（neue Kombination)」、新結合という言葉で今から80年以上前に提唱した理論です。

　これは現在でも、世界のイノベーション研究における最も根本的な考え方となっています。

　そのため、**現在のビジネスにおいても「知と知を組み合わせる」ということがイノベーションの出発点となる**のです。

なぜ日本人はイノベーションが苦手なのか？

　イノベーションが起きない根本的な問題は、認知心理学で解き明かすことができます。

　世界の経営学では認知心理学が頻繁に活用されるのですが、人間というのはどんなに優秀な人でも認知に限界があります。つまり、「頭脳には限界がある」ということです。

　そのため、どうしても目の前にある「認知できる知」の組み合わせだけで考えてしまいがちです。人間、あるいは組織には、そういった認知限界があります。

　大手や中堅といった歴史の長い会社ほどイノベーションや変化に悩む傾向があるのは、実はここに原因があります。

　特定の業界で何十年も実績を出している日本企業の多くは、新卒一括採用と終身雇用という雇用方法が主流です。そうすると、その何十年の歴史の中で、ほとんど同じ採用基準で採用された、同じような人ばかりが社内に存在することになります。

　何十年もずっと同じ業界で、同じ社内で同じような人にかこまれて仕事をしていると、その時間軸の中でずっと「同様の知と知」を組み合わせていることになります。

　これを何十年もやっているため、「新しい知と知の組み合わせ」を使い切ってしまっているのです。

　そして、ふと横にいる同業他社を見てみても、その多くも同じように「知と知の組み合わせ」を使い切ってしまっています。

　このような状況になると、もうイノベーションは出てこなくなってしまうのです。

「知の探索」がイノベーションを生む

　このように、「目の前の知と知」の組み合わせは、終わってしまっています。

　そのため、これからイノベーション起こすためには、

> **なるべく遠くの知を得るために、できるだけ遠くに探索へ行き、知を幅広くたくさん見て、それを持ち帰り、新たな組み合わせを探す**

という行為が、何よりも決定的に重要となります。

　このような行為を経営学では「Exploration（エクスプロレーション）」といいます。私はこれを**「知の探索」**と呼んでいます。

　知の探索は、世界の経営学ではもう「常識」といわれているくらい知られた概念です。そのため、基本的に日本で、「イノベーションの第一歩は、知の探索から始まる」といっても、間違いありません。

　そのわかりやすい例が、トヨタの生産システムです。これは大野耐一さんという伝説のエンジニアが、当時は日本になかったアメリカのスーパーマーケットのフォーマットを自動車製造と組み合わせたことで、世界に冠たる「トヨタ生産システム」として生み出したといわれています。

　ここでは、「アメリカのスーパーマーケットと日本車の生産」という、一見するとまったく関係ないものが組み合わされています。

　このように、業界外にある「遠くの知」を見るということは、イノベー

ションを起こす上で何より重要となります。

　いろいろ組み合わせてみて、「ここは儲かりそうだ」と思ったら、次は深掘りをして磨き込み、収益化する必要があります。

　これを「Exploitation（エクスプロイテーション）」、つまり**「知の深化」**といいます。

　なるべく遠くの知を幅広く見て、知と知を組み合わせるという「知の探索」と、いっぱい組み合わせてみて儲かりそうな組み合わせを徹底して深掘りして磨き込む「知の深化」。**この知の探索と進化を高いレベルでバランスよくできる企業、組織、ビジネスパーソンが、イノベーションを起こせる確率が高い**というのは、世界標準の経営学では、ほぼ学者のコンセンサスとなっており、それは「Ambidexterity（アンビデキシテリティ）」といいます。

イノベーションを生み出す「両利きの経営」

　この「アンビデキシテリティ」は、私が2011年に初めて本を出した当時は日本では誰も語っていなかったため、「両利きの経営」と名付けました。ありがたいことに「両利きの経営」という言葉は今とても広まっており、いろいろな経営者にも使っていただいていています。最近は日本政府も多く使っているようです。

　ところが、企業、組織というのはどうしても、知識を深掘りする知の深化だけに偏ってしまいがちです。

　なぜこういうことが起こるのかというと、それが組織の本質ともいえるものだからです。

　知の探索は、いうのは簡単ですが実際には非常に大変な作業です。遠くに行って、幅広い知を見るためには、時間も費用もかかり、人材も必要です。

　そして、知と知の新しい組み合わせには、失敗がつきものです。多くの失敗を重ねる必要があるため、どうしてもモチベーションが下がってしまうのです。

　そして何より会社というものには、特に上場企業になると、予算とい

う概念があり、予実管理の話がつきまといます。そうなると、どうしても、「今、儲かっているところ」を深掘りして予算を達成しようとし、現状の組み合わせによる知の深化に傾いてしまいます。

知の深化は、短期的には効果があります。つまり、すでに一定の利益が出ている組み合わせで行うため、ある程度、儲かってしまうのです。

しかしこれに傾いてしまうと、長い目で見たイノベーションのために本質的に重要な知の探索がなおざりになってしまうため、結果的に中長期的なイノベーションが枯渇するという問題が起こります。

これを、「**コンピテンシー・トラップ**」「**サクセス・トラップ**」などといいます。

これが、**日本でイノベーションが起きない、最も大きな本質的なメカニズム**です。

現在、表面上は多くのイノベーションが起きないといわれていますが、もしそうであれば、それは多くの日本企業が知の深化に偏りすぎて

イノベーションの理論：両利きの経営（Ambidexterity）

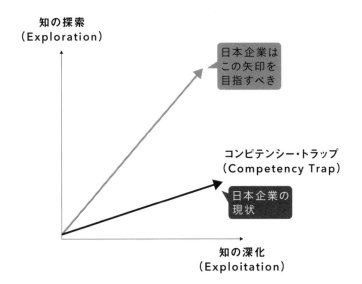

いるためだといえます。経営理論的な表現を使うと、「コンピテンシー・トラップに陥っている」状態です。

　そしてこのままでは、前述の理由で日本の会社組織はなくなってしまうでしょう。残された道は、知の探索への割合を高め、先の図で知の深化に偏っている直線を上方に修正しなくてはいけません。ポストコロナの時代においては、何とかしてこのグラフを縦側に起こす必要があるのです。

03

イノベーションのための「知の探索」

ここまで、「知の探索」を促す施策こそが、何よりも決定的に重要であるということをお伝えしてきました。

では、そのためには何をすればよいのでしょうか。これは、いくつかのレベルに分けると理解しやすくなります。

知の探索その① 個人レベル 〜失敗できる仕組みづくり

まず個人レベルで重要なのは、**企業内の個人が失敗できる、あるいは失敗が許容される仕組みをつくること**です。

みなさん、スティーブ・ジョブズは、実は "大失敗王" でもあったことをご存知でしょうか。実は彼は、ものすごい数の失敗をしているのです。

しかし、これは経営学的に非常に重要な一例で、ジョブズが典型的な "知の探索人間" だったことがわかります。

私自身、個人的にアップル製品を好んで使用していますが、大きな特徴として、デザインがよい、何より字のフォントがきれいという点があり、デザイナーなどに好まれています。

アップル製品のフォントについては、実はジョブズがもともと、カリグラフィー（文字を美しく書く技法）に興味があったことから来ているといわれています。

このように彼は、自分のビジネスに一見関係ない、遠くのことに幅広く興味があり、それをどんどん持って帰ってきては自社製品に組み合わせるという、まさに知の探索をやっていたのです。

そして、足の速いIT業界であるため、組み合わせたらとりあえずローンチしていくので、結果的に大量の失敗作も出てくるのです。

つまり、**知の探索を行う上では、失敗がつきもの**だということです。

このように、**イノベーションを生み出す企業に必要な姿勢として、「いかに失敗を受け入れられる組織になるか」というのが、ものすごく重要**です。

ところが、これは日本の会社組織にとっては、ものすごく苦手なことでもあります。

知の探索に必要な人事制度とは?

ここで重要になってくるのが、企業の評価制度です。会社というのは人で構成されていますから、イノベーション起こす上で人事は非常に重要な要素となります。

現在、だいたいの日本の会社がいまだに、「その期の成功・失敗」で人事評価を行っています。成功と失敗を基準に5段階で評価するという方法は、企業に限らず日本のいたるところに存在すると思います。

ここで想像していただきたいのですが、「成功か失敗か」という紋切り型で評価されるとわかれば、その瞬間から人間は失敗が怖くなってしまいます。

このような状況に陥れば、当然、知の探索を行うことをやめてしまうでしょう。そのため、**イノベーションを生み出す上では「評価制度の見直し」が非常に重要**です。

たとえばメルカリでは、Google の業績管理制度「OKR（Objectives and Key Results（目標とそれに関する結果））」という仕組みを取り入れていますが、これは「成功か失敗か」という紋切り型の評価手法ではありません。

それから、ドイツの基幹システム大手 SAP も現在は評価制度を「ノーレイティング」にしました。ノーレイティングとは、「評価しない」という意味ではなく、「成功か失敗か」という紋切り型の評価をやめるという意味です。

これは、いうのは簡単ですが、実際に行うのは非常に大変です。なぜなら、評価方式が定量的ではなく、定性的になるからです。

「彼はあの件では失敗したけど、あそこでは事業の種をまいていたよね」とか、「彼女はあそこでちょっとうまくいかなかったけど、ここで

部下をうまくモチベートできているよね」といったように、定性的に評価することになります。

OKRにしてもノーレイティングにしても、面倒なシステムです。しかし、やはりそれを乗り越えていかないとイノベーションは起きません。これは必要なプロセスだということです。

知の探索その② 戦略レベル ～オープンイノベーションの促進

2つ目の知の探索は、「戦略レベル」です。これは間違いなく「オープンイノベーション」です。

オープンイノベーションとは、一般の企業が、異業種の企業とアライアンスを組んだり、あるいはCVC（コーポレート・ベンチャーキャピタル）**などと提携したりして、一緒に新しいモノを生み出していくこと**を指します。

当然ながら、異業種やベンチャー企業は、自分たちとは異なる知を持っているため、これらと組んでいくこと自体が典型的な知の探索となります。

実際、海外の多くの経営学研究では、統計解析をした結果、**「オープンイノベーションに取り組む企業のほうが、事後的なパフォーマンスやイノベーション成果が高い」**ことが知られており、ほぼコンセンサスをとっているといえます。

もちろん、いろいろな条件はありますが、日本の場合、もともと非常に自前型の組織が多く、最近になってようやくCVCが定着してきたところです。ぜひこのまま続けていただきたいと思います。

多くのいわゆる専業のベンチャーキャピタル企業は、コロナ禍において投資を増やしています。なぜなら、よいベンチャー企業においては逆に資金難のため、アセットを安く購入できるからです。

その一方で、いわゆる大企業が持っているCVCは、投資を大幅に減らす傾向があったようです。このような傾向は、僭越ながら「ゆゆしき事態」だと考えています。この事態において、なぜ大手企業がCVCをやらなくなるのかといえば、それは「本業ではないから」だと考えられ

ます。

　コロナによって、「本業」のほうが危なくなったため、CVCを減らして本業に専念する、ということですね。

　しかし、本業というのはあやふやな言葉でもあります。将来を見据えてイノベーションを生み出すために本気でCVCをやっていれば、そちらも本業だといえるはずです。

　つまり、このコロナ禍において、いわば「なんちゃってオープンイノベーション」をやっていた企業があぶり出された、といえます。この不況期にCVCを大幅に減らしている企業は、CVCを「本業ではない」と考えている、ということです。

　もっとシンプルにいえば、「イノベーションを起こすことは本業ではない」といっているのに等しいでしょう。少しえらそうなものいいになるかもしれませんが、そうした企業は将来的に苦しくなるのではないか、と思います。

「知の探索」の進め方

① 個人レベル

≫ 失敗が受け入れられる組織づくり
≫ 人事評価制度の見直し

　　✕ 「成功か失敗か」という従来型の人事評価制度

　　〇 OKR（目標と主な成果）、ノーレイティングなど

② 戦略レベル

≫「オープンイノベーション」の促進

　　〇 アライアンス、CVC、M&A

　　　・CVCは「知の探索」型の投資
　　　・投資企業にメリット

　不況期だからこそ、本気でオープンイノベーションをやる。もちろん、予算を増やせとはいいませんが、本気で投資しているところには、しっかりと投資していきましょうということです。

オープンイノベーションのヒント

　オープンイノベーションを考える上で参考になるのが、ヘンリー・チェスブロウです。彼はカリフォルニア大学バークレー校の有名な経営学者で、オープンイノベーションという概念をつくった人物です。

　チェスブロウは、リーマンショック直後の2009年、『ハーバード・ビジネス・レビュー』誌にこのような論文を載せています（日本語版もあるので、ぜひ探して読んでみてください）。

　「Use Open Innovation to Cope in a Downturn（**不景気なときほど、オープンイノベーションを使いなさい**）」という論文です。コロナ禍、そしてこれからも当面、不景気が見込まれています。こういうときこそ、オープンイノベーションを使いなさいということです。

　「ピンチなのに、どうして？」と思われるかもしれませんが、まず1つに、前述の通り不景気のときはアセットが安いため、オープンイノベーションをやるチャンスだということです。

　もう1つは、「インサイドアウト型のオープンイノベーション」が有効だと語っています。

　インサイドアウト型とは何かというと、不景気の際にコストをある程度削減したとすると、企業の中には十分に生かしきれてないリソース（予算がつかなくなった技術・アイデア・人材など）がある場合があります。それらを中から外に切り出して、外部のベンチャーなどとパートナーを組み、新しいビジネスを行うということです。

　つまり、外に取りに行くのではなく、中から切り出して、いろいろなプレーヤーと組むという考え方が効く、ということです。そうすると、自分たちのコストは抑えられながら、いろいろなところとオープンイノベーションができるため、一石二鳥となります。

　簡単なイメージでは、社内で持っていたプロジェクトで、「ちょっと

これは社内でやるのはどうかな」というものを社外に出すといった考え方です。

また、優先度の低い事業をスピンアウトするのもよくある手法です。スピンアウトして多少資本を入れることで、いろいろな連携をしていく方法ですね。

また、IP（知的財産）の活用も考えられます。IPがいっぱいたまっていながらも使いこなしていないような企業では、それを外に出すことで、ライセンスフィーによる収益化が可能になります。

日本企業は長い間自前主義できたので、このようなインサイドアウト型が苦手なことが多い傾向があります。

たとえば、デロイトトーマツベンチャーサポートでは、大企業とスタートアップを組むことで合弁事業（ジョイントベンチャー）をつくることに取り組んでいます。ジョイントベンチャーをつくることで、その大企業の優秀な人材を、関連会社である合弁事業の社長にするというプロジェクトです。

このようなインサイドアウト型は、日本企業の多くが苦手としている

「インサイドアウト型」のオープンイノベーションとは？

> **"Use Open Innovation to Cope in a Downturn"**
> **「不景気なときほどオープンイノベーションを使いなさい」**
>
> (Chesbrough & Garman, Harvard Business Review, 2009)

① 社内プロジェクトを社外プロジェクトに

② 社内で優先度の低い事業のスピンアウト

③ 社内に蓄積するIPの開放

④ 潜在パートナーとのエコシステム形成など

傾向がありますが、厳しい時期だからこそ、考えていただけたらと思います。

知の探索その③　組織レベル

3つ目の知の探索は「組織レベル」です。

知の探索は当然ながら、遠くの幅広い知を取ってきて組み合わせるということが極意です。つまり、知というのはわれわれ人間が持っているものなので、組織レベルでいえば「多様な人間がいる」ことで、より達成に近づけるといえます。

人材の多様化について、下の図にまとめてみましたが、図の左側のような組織ではなく、右側のように多様な人が同じ組織に入ることが、組織レベルの知の探索に必要となります。

つまり、経営理論的にいえば、**ダイバーシティは知の探索、つまりイノベーションを起こすためにある**のです。

組織レベルの「知の探索」

「知」は人材が持っている

▼

人材の多様化 ＝ 知の探索 ≫ イノベーション達成に近づく

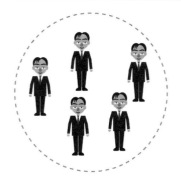

ところが、日本では、このあたりが全然腹落ちされておらず、「ダイバーシティ＝女性の管理職比率が30％（政府が掲げている目標値）」だと思っていたりします。

　私は、そのような数値目標は重要だと思っている立場です。でも、より重要なポイントは、「なぜその数値目標が必要なのか」です。ところが、それが腹落ちされずに数値だけが先にあるため、いっこうに進展せず、どの会社も10％未満にとどまっているのが現状です。

　しかし、ダイバーシティは、組織レベルでの知の探索につながるために不可欠なものです。

　組織のダイバーシティ化は、社会のためというよりも、あくまでイノベーションのために必須なのだと考えて進めていただけたらと思います。

知の探索その④　人脈レベル

　次は、「人脈レベル」の知の探索です。

　本書を読まれているみなさんも、人脈は大事にされていると思います。世界の経営学でも、人脈に関する研究は大量に行われています。

　人と人の間の人脈のデータを大量に取ってデータ解析することで、「どういう人脈を持ったら、どのようにパフォーマンスが上がるのか」という研究は「ソーシャルネットワーク研究」という分野で、さまざまな成果が発表されています。

　その中で、今でも確実に非常に重要な考え方の1つといわれているのが、右図の「強い結びつき」と「弱い結びつき」です。
「強い結びつき」というのは、たとえば親友同士をイメージしてください。「弱い結びつき」は、ただの知り合いというイメージです。

　強い結びつきと弱い結びつきを比較したとき、どちらの人脈のほうが知の探索に結びつくでしょうか。

　たとえば、A、B、Cという3人がいたとします。

　仮に、AとBが親友、AとCも親友、つまり「強い結びつき」を持っていたとします。このとき、AとB、AとCは関係性が近いですから、それぞれ頻繁に会うでしょう。その結果、確率的にBとCもつながり

やすくなります。そうなると、A、B、Cという強く完成された閉じた三角形が形成される可能性が高まります。

それに対して、AとB、AとCがそれぞれ、ただの知り合いだった場合はどうでしょうか。この場合、それぞれが「弱い結びつき」となります。それぞれが知り合い程度の付き合いなので、なかなかBとCはつながりません。そのため、1点が欠けたままの不完全な三角形のままになる可能性が高くなります。

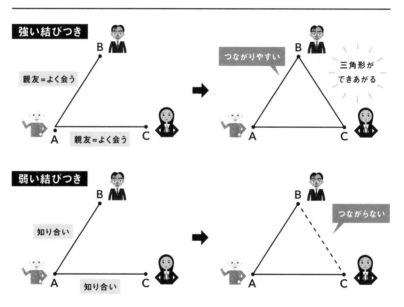

「強い結びつき」と「弱い結びつき」

ここで、「強い結びつき」と「弱い結びつき」の関係性を多人数に拡張してみましょう（次ページの図）。1つ1つの点を人だとすると、**「強い結びつき」では、重層的なネットワーク**になります。それに対して**「弱い結びつき」では、三角形が不完全な弱いネットワーク**となります。

では、どちらがイノベーションのための知の探索にとって優位性が高いといえるでしょうか。

強い結びつき　vs.　弱い結びつき

ネットワークが
重層的に積み重なっていく

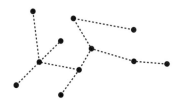

三角形が不完全なままなので、
弱いネットワークとなる

▼

どちらが有利なのか？

　実は、「強い結びつきのネットワーク」よりも、「弱い結びつきのネットワーク」のほうが優位だと考えられています。

　人脈についてはいろいろな考え方がありますが、ソーシャルネットワーク研究においては、ビジネス上の人脈は「情報を得る」ために必要なもの、という考え方があります。

　つまり、「強い結びつきのネットワーク」の場合、同じ量の情報を流した場合は「ルートに無駄が多い」と見ることができるのです。ネットワーク上の全員にすみずみまで情報が渡る際に、線が多すぎるため重複してしまい、非効率的なコミュニケーションが発生してしまうのです。

　それに対して「弱い結びつきのネットワーク」では、少ないルートですみずみまで情報が行き渡るため、効率がよいと考えることができます。

「弱い結びつき」こそが強い

　さらに、上図の右側のような弱い結びつきは、簡単につくることがで

きます。

　誰かと親友になるのは難しいですが、とりあえず知り合いになるのは比較的簡単です。名刺交換したり、Zoomなどでちょっとつながって、「これからやり取りでもしようよ」みたいな関係なら、簡単につくることができます。

　つまり、弱い結びつきのほうが簡単につくれるため、より遠くのネットワークに延びていきやすいというメリットがあります。

　そして、より遠くに延びやすいと、そこには自分だけでは知ることができない、より多様な知見や経験や情報を持っている人たちに出会えるチャンスが増えます。遠くに存在する幅広い知見や経験を持っている人が発信する情報が、自分のところに流れてくるわけです。

　知の探索では、遠くの知を幅広く取ってくることが大切です。その観点から見ると、弱い結びつきからなるネットワークのほうが圧倒的に優位だといえるのです。

　このような考え方を、専門用語で「Strength of Weak Ties（弱い紐帯の強さ）」と呼ばれています。左の図式モデルは、スタンフォード大学の社会学者マーク・グラノヴェターが1973年に出した論文で提示して以来、いまだに世界標準のイノベーション研究、ソーシャルネットワーク研究におけるもっとも重要な考え方の1つとなっています。

　つまり、弱い結びつきを広く形成することが、イノベーションを起こす上では重要だということで、その後もさまざまな研究成果が得られています。

　たとえば、エモリー大学のジル・ペリー‐スミスが発表した研究では、やはり、**弱い結びつきを持っている人のほうが創造性が高い**という、統計解析の結果となっています。日本でわかりやすいイメージでいえば、いわゆる「チャラ男」と「チャラ子」という感じです。

　つまり、弱く広い結びつきをつくるためには、チャラチャラする必要があるということです。

　ところが、日本の会社ではチャラ男とチャラ子が疎まれるカルチャーが根強く、「あいつは、こんな忙しいのにチャラチャラ出歩いて」「無駄

に異業種交流会に行っている」といったように、マイナスのイメージで語られる傾向があります。

でも実は、そのように一見チャラチャラしている人のほうが、会議で斬新な視点のアイデアを出すことがあるのは、多くの方が経験されていることではないでしょうか。それでさらに周りから疎まれたりするのですが、しかし、その「チャラ男・チャラ子のほうが創造性が高い可能性」があることについては、経営学的なしっかりとした根拠があるのです。

もし、「うちの会社、創造性が足りないな」と感じた場合は、「チャラ男・チャラ子が足りていないのかも」と考えてみてください。

創造性が足りない企業は、社員がもっとチャラチャラして、弱い人脈をつくる必要があるということなのです。

知の探索その⑤　センスメイキング理論

最後に、**知の探索を押し進めるためにはどうすればよいか**について、もう少しお話ししたいと思います。

繰り返しになりますが、知の探索は、いうのは簡単ですが、実際には非常に大変な作業です。遠くのものも幅広く見て、失敗も受け止めながらやっていくというのは、簡単にできることではありません。そのため、日本の会社ではどうしても、知の探求ではなく知の深化のほうに行ってしまいがちです。

しかし**ポストコロナ戦略を考えたときに、イノベーションに向けた知の探求の重要性はさらに加速する**と考えています。

日本企業におそらく一番足りていないのは、**「センスメイキング理論」**だと考えています。詳しくは拙著『世界標準の経営理論』を読んでいただきたいのですが、センスメイキング理論は、カール・ワイクというミシガン大学の先生が提示した、今なお重要な組織管理学の考え方です。

この理論によると、変化が激しく不確実性が高い現代において、つまり先が読めない時代に最もやってはいけないこと、それは「正確な分析に基づいた将来予想」です。

なぜなら、不確実性が高い時代に「正確な分析」をしたところで、す

ぐに前提条件が変わってしまい、分析が不正確になってしまうからです。

ところが、日本企業の中には、「正確な分析」が大好きな会社が比較的多く見られます。もちろん、正確な分析をするのが悪いというわけではありません。分析も大事な側面です。しかし、それだけに頼るのは危険だという指摘です。

それに対して、センスメイキング理論が主張しているのは、**これからの不確実性が高い時代、先が読めない時代に必要なのは、「Accuracy（正確性）ではなくて、Plausibility（納得性）である」**ということです。

この「納得性」とは何かというと、いわゆる「腹落ち」です。センスメイクというのは、つまり日本語でいうところの「腹落ちする」「腹落ちさせる」という意味です。

残念ながら、日本の多くの伝統的企業に一番足りないのが、この腹落ちだと思います。つまり、**「自分の会社の方向性はこうで、こういう存在意義がある。10年後20年後、理想的には30年後の遠い未来は、ザックリとこの方向感で進んでいく」**という共通認識を持つことが、なかなかできないのです。

しかし、これがある組織は前に進むことができるのです。

「うちの会社の祖業はこうで、従業員はこういう思いで、こういう経営資源でやる。そして遠い未来については、正確なことは誰にもわからないけど、大まかにこういう方向感で前に進んで、社会に貢献していこうよ。納得するでしょ？　ワクワクするでしょ？」という具合に、部下や従業員、顧客や銀行、ステークホルダーなどに納得してもらい、彼らを巻き込んで一緒に前に進むということが何より重要なのです。

そして、それができると知の探索を続けることができるのです。なぜなら、繰り返しとなりますが、知の探索には失敗がつきもので、手間がかかります。いくつか投資が焦げているような状況のときにも、前に進むことがイノベーションのためには必要です。

「今、いくつか失敗しているけど、当社のつくりたい方向感はこっちで間違いない」と納得していれば、そこに向けて「めげずに前に進んでいこう」となり、知の探索が続けられます。

しかし、ビジョンがない企業、または、かろうじてビジョンがあっても社員が知らないような企業、また社員が知っていても腹落ちしていないといった企業では、ちょっと失敗すると「はい、失敗。無駄な投資でしたね」という話になりがちです。

センスメイキングの極意

　実は、グローバル企業では、こういうやり方を仕掛けで入れている、と私は理解しています。たとえば、アメリカの化学企業デュポンには「100年委員会」とでもいうものがあり、**経営陣が真剣に「これから100年先の未来はどうなるのか」と遠くの未来を考えて、腹落ちさせながら進めていくという仕組み**があります。

　ドイツのシーメンスにも「メガトレンド」というものがあって、30年先くらいの先を見ている。だから、シーメンスでも徹底的に腹落ちさせています。そういう仕組みがあるから、同社は20年近く前からIoTに投資し、IoTの世界でも勝てているのです。つまり、20年の間にたくさん失敗も重ねているといえます。世界最大の食品メーカーであるネスレにも、「ニューリアリティ」という仕組みがあります。

　「知の探索」を長年コツコツと続けて、失敗しても止めずに続けて、その中で今花開いている1つがIoT、というだけの話なのです。

　このような作業は一見青くさく感じられるかもしれませんが、実は、グローバル企業は積極的に行っています。ということは、社員一人ひとりのビジョンも重要となります。

　先日、ボストン・コンサルティング・グループ（BCG）の前日本代表の杉田浩章さん（現早稲田大学ビジネススクール教授）にお話を伺ったところ、コロナ禍の第2フェーズ、すなわち急場の対応（第1フェーズ）がすんだ次の段階で柔軟に変化できている企業は、中期事業計画（中計）という発想を捨て始めているそうです。ちなみに、第2フェーズの後には第3フェーズが続きますが、これは危機的状況を経て変化した新たな状況をいいます。新型コロナの場合であれば、いわゆるアフターコロナ、すなわち「ニューノーマル」と呼ばれる新しい常識の段階です。

　中計も悪くはないのですが、最も腹落ちしにくいため、長期と短期でメリハリをつけるようになってきているそうです。つまり、「長期の正確なことはわからないけれど、こっちの方向に行きたいよね」という、納得感を持たせる方向感にそって、それを実現するために短期の1〜2年で、1年分ずつだけ予算に落としてぐるぐる回していく企業が出てきているといいます。

グローバル企業の強さの源泉

長期ビジョンの策定

デュポン	100年委員会
シーメンス	メガトレンド
ネスレ	ニューリアリティ

▼

イノベーション

▲

社員一人ひとりのビジョン

04

アフターコロナを
どう生き抜くか？

アフターコロナの世界で大事になること

　最後に、コロナ後はどうなるのかについてお話ししたいと思います。

　ニューノーマルの時代になっても、おそらく確実に残ることは、2つあると思います。

　1つは、**リモートワーク**です。なぜなら、もうみんなが「できる」とわかっているからです。昨年、早稲田会議というオンラインイベントにファシリテーターとして参加させていただいたのですが、大手企業の社長や会長は口をそろえて「リモートワークは、基本的にはある程度は絶対に残る」とおっしゃっていました。

　リモートワークをするには、当然のことながら DX が必要です。

　実際に、現在の日本で一番伸びているデジタル系企業のビジネスの1つは、B to B の SaaS（Software as a Service：サービスとしてのソフトウエア）です。現在、いろいろなスタートアップがありますが、インバウンド系を始め、苦しいところは非常に苦しんでいると思います。

　大手や中堅の企業で今まで DX をやってこなかった場合は、今さら巨大な SI（システム統合）企業に依頼している場合ではありません。

　より安くクラウドサービスでやってくれる SaaS 型のスタートアップに発注するというトレンドが来ていますから、そのようなサービスの利用を検討するべきだと思います。

　知の探索は非常に手間がかかります。無駄に見える失敗も多いため、腹落ちが不可欠です。

　一方、知の深化というのは、同じことを繰り返し行って磨き込む作業なので、一見すると効率的に見えるわけです。それが、どうしても会社が知の深化に偏ってしまう理由です。

しかし、この知の探索は、人間以外にはできない作業です。なぜなら、無駄に見えることは、機械にはできないからです。失敗が多くても、それを受け止めて続けるというのは、人間でなくてはつとまりません。もちろん、腹落ちも人間でなくてはできません。

　つまり、**知の探索というのはすべて、「人でなければ、できないこと」**だといえるのです。

　それに対して、知の深化は、無駄なく、確実にこなしていくことです。したがって、**知の深化の多くの部分は、RPA（ロボティック・プロセス・オートメーション）や AI で代替可能**です。AI は、失敗しないために活用するものです。つまり、いかに効率よくデータ分析を行って失敗を回避するのかが、機械学習の正しい使い方だといえるのです。つまり、SaaS では知の探索はできないといえます。

　逆にいえば、今までわれわれ人間が知の深化でやっていた仕事のうち、かなりの部分をデジタルに、つまり AI や RPA に回すべきだということです。そうすることで、今まで人が無駄にやっていた部分を省き、本当に人にしかできない、知の探索によるイノベーションを起こすために必要なことにリソースを回せるのです。

　つまり、経営学的にいえば、**「DX は知の探索のために、非常に重要だ」**ということです。

DXは「知の探索」のためにある

知の探索	無駄に見える失敗も多い 腹落ちが必要	>>	**人でないとできない**
知の深化	ムダを省く・確実にこなす	>>	**RPAやAIで代替できる**

DXが「知の探索」を強化する

　これまでお話ししてきた知の探索やダイバーシティ、弱い結びつきといったキーワードを実践するにあたっては、コロナ禍においてリアルで会えないという難しさがあります。しかし一方で、デジタルをうまく使いこなすことで、これらを拡張させる人が出てきているという一面もあります。

　たとえば、ぼくの知人にサンフランシスコのベンチャーキャピタル、スクラムベンチャーズの代表をしている宮田拓弥さんがいます。彼はコロナ前から、いろいろなスタートアップと投資案件で会う際、初見の場合は必ずZoomで会っていたそうです。

　この話を聞いたとき、私はちょっと驚きました。シリコンバレーのベンチャーキャピタリストなどからは、「最初は絶対に顔と顔、目と目を合わせて投資を決める」といった話をよく聞いていたからです。

　では、なぜ宮田さんがZoomを使うかというと、「断りやすいため」だそうです。だいたいにおいて、話をすれば、10分程度で可能性の有無がわかります。しかし、リアルで会った場合だと、なかなか断りづらく1時間くらいすぐ過ぎてしまいます。

　しかしデジタルならば、「可能性がない」と思ったら、クリック1つで消せる、というわけです。

　そのため、結果的に短い時間でいろいろな人に会うことができ、しかも場所を選ばないため、非常に多くの弱い人脈を広げることができたそうです。つまり、知の探索になっているのです。

　さらにいうと、サンフランシスコ近辺には、デジタルアゴラ（アゴラとは「人の集まるところ」の意）というようなものがあり、そのZoomの場所などに毎週1回、大学教授、弁護士、医師など多様な職種の人たちが集まって、話をする場ができているといいます。

　今後はさらに、デジタルをうまく活用することで、知の探索や多様性、弱い結びつきをつくれる人・組織と、そうではない人・組織とで大きな差がついてくるでしょう。

　問題は、そのメリハリをどうつけるかです。そこを考えるときに重要

になってくるのがセンスメイキング、つまり「腹落ち」だろうと思っています。

つまり、問題は、知の探索や多様性、弱い結びつきはデジタルで伸ばせる部分があり、あとはどこでどううまくリアルを活用するかということです。

センスメイキングも同様に、「デジタルな手段で、どのくらい共感・腹落ちをさせられるか」というメリハリがポイントになってきます。このあたりが、リモートワークになり、デジタルでつながっている中で難しくなってきている部分かもしれません。

現場を見る、暗黙知を伝える、偶然の出会い、感情の伝達といった部分を、デジタルによってどこまで代替できるか。これはまだわかりませんが、いずれにしてもやはり最大のポイントとなるのは「腹落ち」だと考えています。

なぜかというと、**共感・腹落ちができてない組織は、これからリモート化が進むほど、より共感できなくなる**からです。これは感覚的におわかりになるかと思いますが、毎日パソコンの前に座って、誰とも直接会わず、ずっと黙々と仕事していると、「あれ？ なんでこの会社で働いているんだっけ」と思うことがあります。そういうときに、もともと「腹

今後のデジタル化の課題

リアルの価値

・現場を見る
・暗黙知を伝える
・雑談をする
・偶然の出会い
・感情を伝える
・共感・腹落ちする

日進月歩のデジタル変革で
リアルの価値を
どこまで置き換えられるか？

落ち感」がなければ、そこで目的を見失ってしまう人が高い確率で出てきます。

今後はさらに「センスメイキング・共感・腹落ち」というキーワードが、非常に重要になってくるでしょう。

逆にいえば、そもそも「両利きの経営」という観点で見たとき、共感・腹落ちがない企業というのは、リモートワーク＆DXの時代に、こうした課題がさらに顕在化するといえそうです。

そこで、次のマトリックスを見てみましょう。右図は、リモートワーク＆DXの度合いと、共感・腹落ち度合いをもとに、今後の経営がどのようになっていくのかを仕分けしたものです。

昨年、日本で緊急事態宣言が出された際に、すごいスピードでリモートワークへの移行に対応できた会社があります。たとえばGMOインターネットグループやGoogle、Twitterといった企業は、すぐに「当面ずっとリモートワークにする」と発表しました。

日本では、たとえばコロナ前から、孫泰蔵さん（Mistletoe Japan 代表）の会社のようにもともとずっとリモートワークをしていて、オフィスがないという企業もあります。

イノベーションに欠かせない要素

今後、さらにカギになるのは、
センスメイキング（共感・腹落ち）があるか？

・「両利きの経営」は、センスメイキングが前提にないとできない

・DX時代は、この課題がさらに顕在化する

　では、なぜ、こうした企業が容易にリモートワークやDXができるのかというと、共感があるからです。**働いている企業のビジョンにみんなが共感しているから、ある程度離れることができ、DXが成立する**のです。これが、**図の②**の企業です。この分類の企業は、まったく問題ないといえるでしょう。

　一方で、**図の①**は「共感・腹落ちはあるけれど、リモートワークやDXを進められていなかった企業」です。このような企業は、これからは進めていこうと決めれば、比較的スムーズに進められるはずです。

　しかし、日本企業の場合、「DXも進んでおらず、働き方変革も進んでいない」、さらに「共感・腹落ちもない」という、**図の③**場合がほとんどです。このような場合は、これから頑張りましょう。まず共感性を高めた後に、リモートワークやDXへと進むルートがよいでしょう。

　一番危ぶまれるのは、**図の④**の企業です。つまり、「ほかの会社がやっているから」、「世の流れだから」といった理由で、とりあえずリモートワークやDXをやり出しているものの、ビジョンがなく腹落ちもないと

企業の4分類

共感・腹落ち度 高	① DXを進められる可能性がある企業	② 欧米グローバル企業、優れたスタートアップ企業など
共感・腹落ち度 低	③ 多くの従来型の日本企業	④ 混乱が起きる企業
	低	高

リモートワーク&DXの導入度合

いう企業です。この場合、みんながバラバラになるので、現場に混乱が起きてしまう可能性が非常に高いといえます。

つまり、ルートとしては、まず共感・腹落ち度を高める、それからリモートワーク&DXへ向かうほうがよいと考えられます。逆に、リモートワーク&DXを先行すると、組織の危機につながるかもしれません。

現代の経営において正解はありませんが、これからの「思考の軸」として、以上のことを頭に入れておいていただけたらと思います。

今のような状況下だからこそ、とにかくイノベーションに力を注ぎ、しっかり攻められるかが、今後につながる戦略として非常に重要です。

変化に対応するためには、知の探索が重要であり、そのためには「両利きの経営」がキーポイントとなります。

そのためには、次のような点を押さえておいてください。

> ☑ **失敗を受け止められるか？**
> ☑ **インサイドアウト型のオープンイノベーションができるか？**
> ☑ **オープンイノベーションを続けられるか？**
> ☑ **ダイバーシティは知の探索の手段であり、**
>   **チャラ男・チャラ子をもっと増やす必要がある**
> ☑ **リモートワーク&DXの時代は、そのバランスが重要**
> ☑ **DXで知の探索や弱い人脈が拡大し得る**

そして、最後はやはり、「センスメイキング・共感・腹落ち」が一番の軸になると考えています。これができない企業はおそらく、これからのアフターコロナの時代は、本当に厳しくなってくるでしょう。

一方で、この腹落ちがある会社は、DXで知の探索を進め、どんどん変革できると考えています。

コロナ危機の グローバル ビジネスへの 影響

世界各国に政治的・経済的に
甚大なダメージを与えた新型コロナウイルス。
その過程で社会や産業が抱える課題が次々にあらわにもなった。
今後、日本企業が生き残り、成功していくために
押さえておくべきポイントとは?
多様な観点から分析し、グローバルビジネスの今後に迫る。

平野正雄

工学博士(東京大学)。1987年からマッキンゼー・アンド・カンパニーにて経営コンサルティングに従事。1998〜2006年、同社日本支社長。その後、プライベート・エクイティー大手のカーライルでMBO投資に参画。2012年より早稲田大学ビジネススクール教授。多くの企業の社外役員、アドバイザー、政府委員(経産省、文科省)を兼任。

| 平野正雄 |

各国のコロナ対策から
見えてくる今後のビジネス

各国の新型コロナの状況と対策

　本章では、今後のグローバルビジネスの行く末について考えていきたいと思います。その前提としてまず、各国が新型コロナに対してどのような対策を取ったのかを見ていきましょう。

　2020年初頭から世界的に新型コロナウイルスの感染が拡大し、多くのビジネスに多大な影響がありました。ウイルスは次第に世界に波及し、1年経った現在では普及してきたワクチン接種によって世界経済が今後どうなるのかが注目されています。

　新型コロナウイルスは、時間差はありましたが、世界中に蔓延していきました。しかし、その拡大度合いには大きな地域差があり、当初中国の武漢で拡大し、それがアメリカ、ヨーロッパ、南アメリカへと広く蔓延していきました。そして2020年序盤には、アジア地域などでは比較的早く感染者が収まり始めたという具合です。

　興味深かったのは、各国で新型コロナ感染症に対してまったく異なるアプローチがとられ、感染者や死亡者の数の面でも大きな差異が生じたことです。

　これは、ビジネススクールのテーマとして、戦略モデルを形成する上でも新しい議論となるのではないでしょうか。

感染者数と死亡者数の比較

　右図は、2020年1月から11月の新規感染者数の推移です。1月後半から2月にかけて感染者数が急増したのが中国、続いて大きく増加したのがアメリカです。イタリアでも急増、その後、ブラジルで拡大していきました。

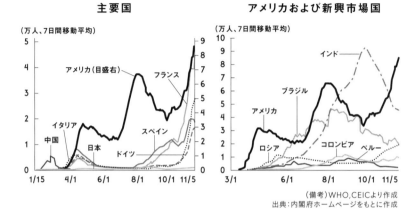

世界各国の新型コロナウイルス感染症の新規感染者数

主要国　　　　　　　　アメリカおよび新興市場国

（備考）WHO,CEICより作成
出典：内閣府ホームページをもとに作成

　現在はワクチンが開発され、世界的に接種が進んでいますが、特に2020〜21年にかけて国境を越えた人の移動などには大きな制約がかかりました。ワクチン接種の効果などで沈静化しなければ、今後もやはり制約がついてまわる可能性は捨てきれません。

　その場合、なかなかグローバルな人の動きは戻らないと思われます。現状でも変異株による感染やワクチン確保の問題などもあり、厄介な状況が続いています。

　次ページの図は、『フィナンシャル・タイムズ』紙から引用したものです。面積は、その時点での死亡者数を表しています。

　下から2層目がアジア、下のほう約半分はヨーロッパの状況を表しており、特にスペイン、イタリア、イギリスなどで多数の死亡者が出る事態となっていたことがわかります。

　上から3〜5層目は北米です。中央（4層目）がニューヨーク、その上（3層目）はニューヨークを除くアメリカ、下（5層目）はカナダなどです。

　当時は、アメリカやブラジルなどで死亡者数が増大しており、その後に南米やアフリカなどで拡大することが懸念されていました。

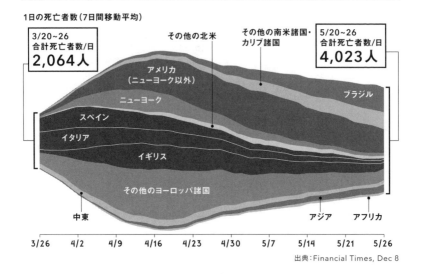

各国の新型コロナウイルスによる死亡者数①

1日の死亡者数（7日間移動平均）

3/20~26
合計死亡者数/日
2,064人

その他の北米

その他の南米諸国・
カリブ諸国

5/20~26
合計死亡者数/日
4,023人

アメリカ
（ニューヨーク以外）

ニューヨーク

スペイン

イタリア

イギリス

その他のヨーロッパ諸国

ブラジル

中東

アジア

アフリカ

3/26　4/2　4/9　4/16　4/23　4/30　5/7　5/14　5/21　5/26

出典：Financial Times, Dec 8

各国の被害状況から比較できること

　右のグラフは、スタート時点をそろえた場合の新型コロナウイルスによる死亡者数の推移です。スタート時点をそろえることで、国ごとの拡大状況を比較することができます。

　厳密には、死亡者の数え方や超過死亡率（本来想定される死亡率を超過した割合）、また縦軸が対数であることなどにも注意する必要があります。

　このデータで見ると、アメリカはピークアウトしたとはいっても横ばいとなっている状況で、そこまで収まっているわけではないことがわかります。またブラジルやロシアで増加し始めており、それに隠れているのがインドです。最初の段階で急増したものの、比較的抑え込んだ形になっているのが中国です。

　日本だけを見てみると、対数なので誇張されて出ていますが、死亡者数の推移という意味においては、完全に抑え込んだといえる状況にはなっていないことがわかります。

各国の新型コロナウイルスによる死亡者数②

1日の死亡者数（7日間移動平均）

出典：FT analysis data from the European Centre for Disease Prevention and Control and the Covid Tracking Project. Data updated May 27 2020 5.08pm BST

　それぞれ国ごとに新型コロナウイルス対策が異なっており、その結果として感染者数や死亡者数の推移やピークに違いが出ていると考えられます。私は感染症の専門家ではありませんが、各国の施策とコロナ感染の抑え込み状況を比較してみたいと思います。

　一例として、スウェーデンはヨーロッパで唯一、厳密なロックダウン（都市封鎖）などを実施せず、人の移動を管理しない方針をとりました。これは集団免疫を獲得することがねらいでしたが、やはり多くの死者を出したという一面があります。

　少なくともこれによって、集団免疫を獲得するという試みの結果がデータとして出たため、その方法に対する議論を進めることが可能になりました。

　一方で、スウェーデンがそのように感染が収まらない状況にあったとき、ノルウェーやデンマークなどある程度抑え込みに成功した隣国同士では早期に人の行き来が再開されましたが、スウェーデンは引き続き往来の停止措置が継続される憂き目にあっています。これはスウェーデン

国民にとって、少なくないインパクトが発生したようです。

　やはり感染者が多い状態のままにある国では、かつてのような完全にグローバルな流動性を取り戻すことは非常に難しいと考えられます。

国ごとの感染状況を判断する4つの要素

　では、なぜ国ごとに感染状況が違ったのか、あえて経営学的に分析してみましょう。

　ここで、国による感染症対策は、右図のように4つの要素に分類し、それらを掛け算でつなげたものと考えてみます。

　1つめの要素は、それぞれの国の**「政策」**です。

　まず、新型コロナウイルスの感染拡大防止のためにどれくらい厳しいロックダウンを行ったのか、日本のようにソフトな形でやるのか、あるいは全然やらないのか、といった視点で分類します。

　それから国境管理、つまり国境封鎖をどの程度行ったかという要素です。

　また、PCR検査など医療的な対策の徹底度合いについても見ていく必要があります。

　さらに、その国の政府がイニシアティブを取り、どのような経済対策をどのようなメッセージで発信し、自治体などと協力をしながらやっていたのか、ということも含めて検討します。

　次に重要なのが**「医療」**です。

　ここではその国の医療体制の充実度、医療のクオリティ、それから保険制度などを見ていきます。保険制度はややもすると見落とされがちですが、実は大きい要素です。日本は国民皆保険であることが今回の抑制にも効いているのではないか、ともいわれています。

　3番目は、その国の**「社会」**という要素です。

　実は、この要素が非常に大きな違いを生じさせているのではないかといわれています。特に日本の場合は、均質で協調的な国民気質によって

感染が抑制されているという面が顕著ですが、国民性や協調性、忍耐力、同調性、社会構成、格差といったことを含めた状況を判断します。

アメリカやシンガポールなどで明らかになっていることとして、ウイルスというのは平等に誰でも攻撃するといわれながら、比率的には比較的所得の低い人々、要するに衛生環境があまりよくない所に居住している人々のなかで感染が広がっているといえます。

このように、実はコロナ禍によって格差問題が再び浮かび上がってきたという指摘もあります。

また、当初は高齢者の死亡率が高いといわれていましたが、これはやはり基礎疾患がある人が相対的に多いためです。そのため、人口構成上、高齢者が多い社会では、死亡者数や死亡率が上がりやすいともいわれていました。

各国の感染症対策と感染の実態（死亡者数）

	結果*	政策 ・方針（ハード・ソフト） ・タイミングと徹底度合い** ・政府の説明力 ・経済対策・規模と速度	医療 ・医療体制充実度 ・医療品質 ・院内感染対策 ・保険制度	社会 ・国民性（協調性、忍耐力、etc.） ・社会構成・格差 ・デモグラフィー*** ・IT実装度	その他 ・季節性？ ・ウイルス変異？ ・体質（免疫）差？ ・BCG？
中国	3.3	△ 隠ぺいの疑義あり	△	○	
韓国	5.1	◎ 合理的な対策を徹底	○	◎	
台湾	0.3	◎ 同上	○	◎	
ニュージーランド	4.3	○	○	○	
ベトナム	0	◎	△	◎	**?**
ドイツ	99	○	◎	○	
イギリス	540	× 初動の遅れ	△	△	
イタリア	540	× 同上	× 医療崩壊発生	△	
スウェーデン	385	△ 集団免疫志向	○	○	
アメリカ	293	×	× 医療崩壊発生	△	
ブラジル	100	△ 集団免疫志向	△	△	
日本	6.3	△ 全体に遅く、無意味な政策も	○	○ IT実装に遅れ	

*人口100万人当たりの死亡者数（2020年5月20日）
**水際対策、検査体制、感染者特定隔離、行動対策（ロックダウンなど）
***高齢化率、世帯構成、所得格差、住宅事情など
出典：ジョンズ・ホプキンス大学資料をもとに作成

しかし、日本は世界でも類を見ない超高齢社会でありながら、他国と比べて感染者数や死亡者数を抑えてきたという実績があります。イタリアでは大規模な拡大が見られた一方で、ドイツではそこまでの拡大には至らなかったという結果もあります。その背景には、政策や医療の充実度といった要素の違いがあげられています。

また、ヨーロッパでは国によって家族制度、あるいは文化が違っていることも要因としてあげられます。イタリアでは大家族で世帯を組むことが多く、3世代がひとつ屋根の下で一緒に暮らすことも多いのですが、ドイツでは核家族が主流で、祖父母と若い夫婦が一緒に住むことはまれです。まして、その下の子どもは一緒に住まないという文化的な違いがあり、このような点も効果があったといわれています。

最後に、**「その他」**の要因があります。後に「ファクターX」と呼ばれるようになったものです。地域や国によって感染症の拡大度合いが異なる理由として、俗説で「BCGの効果だ」や「アジア人の特殊なDNAのおかげだ」といったことがまことしやかに話されていました。このような俗説の流布は、エイズが流行し始めた1980年代に「エイズはゲイの病気だ」といった誤った認識を多くの人が信じていたことと符合します。このようなあやしげな話は科学的な研究によって真偽が明らかになるのですが、先ほどのデータを出した時点では判断がつかなかった要素として記録しておきます。

もう一度、前ページの比較表に戻って見てみましょう。

左側の「結果」欄にあるのは、当時の100万人当たりの新型コロナウイルスによる死亡者数です。たとえば、中国3.3人、韓国5.1人、台湾0.3人となっています。医療制度については、私は中国に△をつけましたが、台湾や韓国は悪くない水準でした。ベトナムにも私の主観で△をつけていますが、政府の方針によく従って互いに感染抑止に協力し合うという国民性や、ITの実装度の高さなどが功を奏して少なかったのではないか、といわれています。

　一方で、イギリス、イタリア、スウェーデン、アメリカ、ブラジルで
は、100万人当たりの死亡者数を見ると、当時でアジア圏よりも2桁も多
い結果が出ていました。

　これについては、初動の遅れが影響したのでしょう。特にスウェーデ
ンは集団免疫志向のため、あえてその道を歩んでいるという構図もあり
ます。イギリスでも、最初は集団免疫の道を選びましたが、途中で方針
転換し、ロックダウンへと切り替えました。

　アメリカでも2020年は大規模な感染拡大が起きました。ブラジルで
は、明らかに大統領が新型コロナウイルスを軽視し、ほとんど対策をと
らない政策を貫きました。ブラジルをはじめ、対策をあまりとらなかっ
た国々では大規模な医療崩壊が発生し、大量の死者を出す結果となって
しまいました。

　では、この新型コロナウイルスの影響によって、世界の経済はどうな
るのでしょうか。その視点で、アジア、ヨーロッパ、アメリカなどの関
係性についても考えていきたいと思います。

コロナ対策が経済に与える影響は？

　新型コロナウイルスによるインパクトだけを見ても、アジアと欧米で
は顕著な差が出ており、経済回復や人の往来の緩和の速度に大きな違い
が表れるだろうと予測できます。

　そして、それが**経済力の差、成長力の差にも顕著につながってくる**可
能性は非常に高いといえます。

　87ページの比較表で、日本の「政策」については△としました。日本
のコロナ対策は、医療や保健現場の奮闘により、感染の爆発的拡大を起
こさせないという取り組みは一定の功を奏したといえるでしょう。しか
し一方で、政策的に医療資源を集中的に動員できるようにするような医
療行政はできていません。現場の力で乗り切るところが、なんとも日本
的といえるかもしれません。

　国民という要素、これは間違いなく抑制に貢献したと判断できます。
しかし、ITを活用した感染予防、医療行為、教育、行政などにおいて、

日本のIT実装の遅れがあらわになったことも間違いありません。そのため、国民の要素としては高い評価をすべきではないと考えます。

　結果的に死亡者数の割合が6.3人で収まったことで、安倍晋三首相（当時）は「日本モデルの勝利」のようにいっていましたが、よく見ると他のアジアの国々よりは多いのが事実です。

　世界的に見て低い水準に抑制できたのにもかかわらず、なぜ、日本は世界からあまり評価されなかったのでしょうか。それは、日本が感染拡大抑制のメカニズムについて十分に説明できていないためです。そういう意味では、政府の説明力に問題があると指摘せざるをえないでしょう。もっといえば、そもそも「モデル」と呼べるような明確な戦略や政策は日本からは打ち出されていないのです。

　このような**日本のコロナ対策を経営という目線で考えると、いわゆる日本的経営と類似している面が多い**といえます。

　現場の力で大衆や集団を動員する手法は非常に優れています。また、やはり医療の現場の奮闘という、現場の職人たちによる仕事に頼るという手法も優れた点だといえるでしょう。

　特に、保健所のクラスター対策として現場の職員が徹底的に電話をして感染者の行動をトレースバックするという手法も効果を成しました。

　その意味でも、日本的な「職人技と集団行動」という手法で乗り切りを図っているといえます。

　つまり、組織的まとまりと現場力で局面を乗り切っていく日本的経営という、共通点がそこに見られます。逆にいえば、**リーダーシップと責任の所在があいまいで、戦略が必ずしも明確ではない**という意味でも、国のコロナ対策と日本的経営の間にある種のアナロジー（類似性）があるように見えます。

02

アフターコロナの経済は
どうなるのか？

コロナ対策から考える今後のビジネス

　下図は、マッキンゼー・アンド・カンパニーが公開した資料です。この分析によれば、**今回のコロナ禍は、第二次世界大戦後、最大の経済的ショックとなる**可能性があるというのです。

　この資料では、悲観的なシナリオとしてアメリカ経済の13％の落ち込みと、比較的楽観視した8％のショックの2つのケースを想定しています。

　ちなみに、2010年に5％弱の落ち込みがありますが、これがリーマンショックによる経済の落ち込みです。つまり、少なくともリーマンショックよりもはるかに深い経済的な落ち込みになると予測されていることがわかります。これに対して各国共に盛大な財政と金融政策により経済の浮上を図っており、それが功を奏すことも考えられます。

アメリカ経済の落ち込み

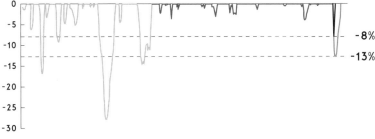

アメリカの実質GDP
％（以前のピークからの減退の合計）

出典：マッキンゼー・アンド・カンパニー資料をもとに作成

どれくらい沈み、どう復活するのか?

　では、経済が落ち込んだ後、どのようなシナリオが待っていると予測できるでしょうか。

　下のグラフはIMF(国際通貨基金)による各国の成長率予測の変化です。

　これを見ると、ゆるやかにU字回復すると予測されていますが、コロナ拡大前に予測されていた成長曲線よりも低くなっており、もとのカーブにはなかなか戻らない、下手をすると逆J字回復気味になるという見通しが出ています。

　IMFの見立てでは、やはりなかなか楽観視できないということです。

各国のコロナ後の回復は?

　次に、各国の経済のダメージと回復予測について、IMFによる別の分析、予想を見てみましょう。

　右の表は、2020年から2021年までの各国の経済成長率の予測です。

　2020年は、新型コロナウイルスの影響により、すべての国でGDPが

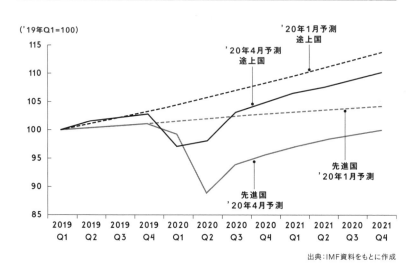

先進国、途上国の成長率予測の変化

出典:IMF資料をもとに作成

沈むという予想を立てています。そして2021年には、やはりそれなりに強いリバウンドが来るという見立てがされています。

　2020年初頭から、各国政府は盛大な経済対策を行い、中央銀行が大規模な金融緩和を行っていることもあり、翌21年には相当強い経済成長が期待できるということがこの表に表れています。

　実際に、2021年現在ではアメリカなどでもファイザー社などが提供する新型コロナウイルスのワクチン接種がほぼ完了し、それにより経済がもとに戻るかについては、たとえば表の「先進国・地域」を見ても、2020年に6.1ポイント沈み、4.5ポイント戻すだけという見立てです。2019年が1.7ポイントという試算だったので、トータルで見ると3.3ポイント程度の下落となる計算でした。

　同じように計算して各国の数字を見ると、ある程度、経済的なダメージを比較することができます。

　つまりアメリカが -3.5ポイント、ユーロ圏もやはり傷が深く -4.0ポイントという見立てです。特にスペインは傷が深く、-5.7ポイントと予想

各国の経済成長率の予測

（実質 GDP、年間の増減率、％）	2019	2020	2021	
世界全体	2.9	-3.0	5.8	-0.1
先進国・地域	1.7	-6.1	4.5	-3.3
アメリカ	2.3	-5.9	4.7	-3.5
EU	1.2	-7.5	4.7	-4.0
ドイツ	0.6	-7.0	5.2	-2.4
フランス	1.3	-7.2	4.5	-4.0
イタリア	0.3	-9.1	4.8	-4.6
スペイン	2.0	-8.0	4.3	-5.7
日本	0.7	-5.2	3.0	-2.9
イギリス	1.4	-6.5	4.0	-3.9
カナダ	1.6	-6.2	4.2	-3.6
その他の先進国・地域	1.7	-4.6	4.5	-1.8
新興市場国と発展途上国	3.7	-1.0	6.6	+1.9
アジアの市場新興国と発展途上国	5.5	1.0	8.5	+4.0
中国	6.1	1.2	9.2	+4.3
インド	4.2	1.9	7.4	+5.1
ASEAN 原加盟国5カ国	4.8	-0.6	7.8	+2.4

傷が深い ↑

↓ リバウンドが強い

出典：IMF 資料をもとに作成

されています。

　そして日本はというと、-2.9ポイントで、比較的傷は浅いと予想されています。

　一方、下段の**「新興市場国と発展途上国」では、バウンスバックが高く、むしろプラスに転じる**と見立てられています。特に中国は4.3ポイント、インドが5.1ポイントとなっており、傷が深い各国、特にヨーロッパ諸国と比べ、比較的強いリバウンドが予想されています。

　以上の結果、コロナ後の経済には大きな地域差が出てくることが予想されています。もっとも、これらには今後のワクチンの普及度合いや経済対策の有効性が大きく関与します。その点は先進国のほうが有利といえるので、今後の推移によってこの見通しは変わってくるでしょう。

コロナ後の貿易の変化

　次に、貿易について見ていきましょう。これはグローバル化と直結した要素です。右のグラフは、2022年までの世界貿易量の予測を表しています。

　グラフからわかるように、2000年から貿易量は力強く増えてきましたが、2008年のリーマンショックにより大きな落ち込みが生じます。実はここからカーブがゆるやかになっていることがわかります。貿易におけるグローバル化は、実はリーマンショック後、ペースダウンしていたわけです。

　グラフには楽観シナリオと悲観シナリオの2つが示されていますが、いずれにせよ、貿易量が2020年の下落後に回復したとしても、成長カーブがコロナ前と比較して力強さを増すことはなく、**むしろ成長力はさらに鈍化する**可能性を示唆しています。これはコロナ禍で寸断されたサプライチェーンの見直しや、米中間の地政学的な緊張の高まりにより、貿易という意味における**経済のグローバル化は、ピークアウトがより鮮明になる**可能性もあるということです。

世界貿易量の予測

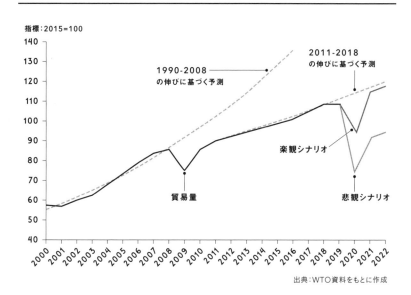

出典：WTO資料をもとに作成

コロナ前から貿易成長は鈍化していた

　実際、世界貿易額の伸びもコロナ以前から鈍化していました。これを表したのが、次ページのグラフです。この黒い線が世界のGDP成長率、灰色の線が世界の貿易量の成長率を表しています。

　このグラフで、灰色の線が黒い線よりも上にあるときは、世界全体の経済成長よりも、貿易の成長の割合が高いことを意味します。

　◆の数字が1を超えているときは、貿易の伸びのほうが経済成長の伸びより高いということです。

　反対にこの数値が1を割り込んでいるときは、貿易の伸びが経済成長よりも劣っていると判断できます。

　このグラフからわかるのは、1990年代から2000年代を通して、9・11やITバブルの崩壊といったネガティブなイベントでの落ち込みがあっ

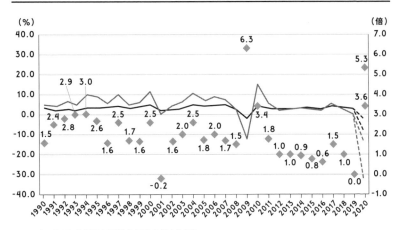

世界の貿易量の成長率と実質GDP成長率

- ◆ GDP成長率と貿易成長率の比（右軸）
- —— 世界の貿易量の成長率（左軸）
- —— 世界のGDP成長率（左軸）

出典：WTO資料をもとに作成

たこと、実は BRICs ブーム（ブラジル、ロシア、インド、中国の著しい経済成長）が訪れた2000年代は、強烈にグローバル化が進んだ時代だといえることなどです。

　そして、リーマンショックによる沈下とバウンスバックを経た後は、経済成長と貿易の成長は、ほとんど同じような数字に収まっています。

　つまり、**グローバル化による経済成長において、貿易が牽引するステージはすでに終わっていた**と考えられます。

　その主な原因としては、1990年代から2000年代にかけて製造業における国際分業が大きく進行した一方で、現地の経済成長や保護貿易政策により地産地消モデルが定着していったことが考えられます。したがって、今回のコロナ禍に対応して企業によるサプライチェーンの組み換えがさらに進むことがあれば、世界貿易の数字が変化していく可能性は相応にあります。

　右のグラフは、それをさらにわかりやすく示したものです。

　世界の貿易額を対GDP比で見ると、1970年以降、バブル崩壊などを経験しながらも着実に上昇してきましたが、リーマンショックでいったん大きく低下し、その後は成長が鈍化していったことがわかります。

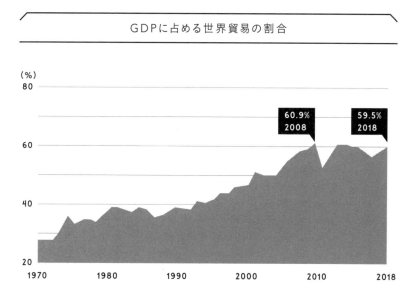

GDPに占める世界貿易の割合

03

ダメージから
復活する国・しない国

突出する日本の財政出動の影響は?

「コロナ後」には、どのような経済が待っているのでしょうか。

経済の専門家の見立てでは、相当なリバウンド、バウンスバックが来るといわれています。

各国がどれくらいの財政支出をしたかについては、新聞などでもよく論じられていますが、2020年度の第1四半期の段階で、日本は2回の特別補正予算を決め、「真水」といわれている部分がそれぞれ50兆円ほどとなる100兆円の予算が組まれました。これは、日本のGDPの約20%にあたります。

アメリカはGDPの約14%。ドイツは約11%、イギリスは約5%、といった具合で算出されています。

日本に関していえば、すでにこれまでも財政出動のために国債を盛大に増発してきた経緯があり、国の財政赤字が恒常化していますが、そのことによる円への信認の低下や国家経済の破綻などの兆候が顕著に表れていないために、もはや財政出動に対する規律は麻痺している観があります。実は、国が資金調達のために債権を大量に発行して、中央銀行が支える構造は他国でも見られるもので、それを正当化する経済理論も提出されています。しかし、はたして**このような財政金融政策に超長期的な持続可能性があるかはわからない**というのが事実です。

とはいえ、各国ともコロナ対策として、財政と金融政策を総動員して経済を下支えしています。こうしたきわめて積極的な経済政策の妥当性は、アメリカにおけるリーマンショック時に相当の効果を示したこともあり、もはやその是非が議論されることはありません。しかし、一方で、金融緩和が行き過ぎると**株や不動産価格の高騰や通貨価値の下落などの**

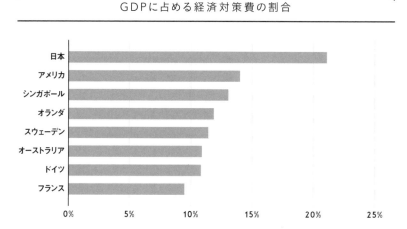

GDPに占める経済対策費の割合

出典：BBC資料（コロンビア大学セイハン・エルジンの調査）をもとに作成

長期的な副作用が懸念されるところです。

コロナ対策から考える今後のビジネス

　このような財政出動が経済を支えているという側面に加え、株価についても見ていきましょう。

　次ページの図で考えたいのは、2020年の財政出動の折からいわれていることですが、**株価が実体経済から乖離（かいり）しているのではないか、という懸念**についてです。

　これは2020年2月24日から約3カ月間のデータで、灰色の線がアメリカのナスダック市場の推移、黒い線が日経225の推移です。

　この表では5月20日までを表示していますが、その後も日経平均の値は切り上がってきていますし、アメリカのナスダックはより強く数字を上げてきています。

　つまり、株価に関していえば、2月の水準をすでに上回るほど回復し、コロナ禍以前より高い水準になってきています。

　このような状況は、先述した政府の盛大な財政出動と中央銀行による

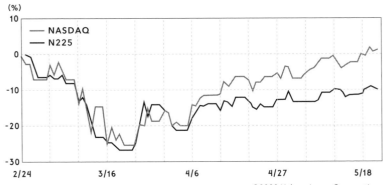

日本とアメリカの株価動向

過剰流動性の供給がもたらしたものであり、いずれ反動が来るという見方が強いです。

　一方で、過剰流動性の問題はありながらも、コロナ禍により経済や社会はデジタル化などの構造変化が加速しており、その結果テクノロジー系企業の成長が一段と加速し、多くのテック系企業で構成されているアメリカのナスダック市場が高騰しているとも考えられます。

　それに対して日本では世界のテクノロジー革命をリードするような企業が少なく、そのために日本市場の株価の上昇には力強さが欠けるといえます。確かに電子部品や素材領域で高い競争力を有する日本企業は多いですが、デジタル時代におけるリーディングインダストリーが日本には育っていないのが事実です。

　もっといえば、デジタル化の遅れは産業界だけではなく、日本社会の構造問題ともいえます。コロナ禍によって、その遅れがより鮮明に浮かび上がっており、これが日本経済や日系企業の長期的成長に対する大きな懸念の1つになってきていることも事実です。この問題があるために、日本市場の株価の回復に力強さがないともいえるでしょう。

　このように日米の株価の推移の違いは、両国の産業界と社会経済構造の違いを反映しているともいえます。株式市場はあらゆる投資家が参加して企業の値踏みをしている場であり、投資家のコンセンサスが個々の企業の株価となります。そこからすると、コロナ後の世界における日本企業や日本経済の成長力に関して、投資家たちはあまり高い期待をしていないといえるのです。

04

グローバルビジネスへの
インパクトを考える

各産業へのダメージ

次に、産業ごとのコロナ禍のインパクトの違いを見ていきましょう。国によってコロナ禍のダメージや経済回復に差があるように、産業界内でもやはり差があります。

産業界にとっては特にサプライチェーン寸断の影響は甚大で、コロナ禍のロックダウンによって、多くの産業で需要と供給の両方が止まってしまう事態が発生しました。つまり川下、川上の両方がダメージを受けてしまったということです。

異なるインパクト

右のグラフでは、業界ごとのインパクトの差を見ることができます。

想像に難くないことですが、空運、海運、造船、鉱業、石油といった分野はコロナの影響に直撃された産業だといえます。もちろん、石油価格の下落あるいは暴落で、資産が大幅に下がったという側面もあります。同様に、特にそのような時価評価を受けてしまったのは、保険をはじめとする金融産業であることも見てとれます。

その一方で、逆に株価が上昇した分野は、ガス、輸送用機器、医薬品、サービス、陸運、小売業だと考えられます。小売ではデパートなどが大きな損害を受けたと報じられていますが、その一方で地元密着型のスーパーなどは業績を伸ばしています。

そのほか、商社、食品、電気機器、精密機器、水産などが比較的順調に伸長しているといわれています。自動車・自動車部品も下がっていますが、これは工場の稼働が停止しているなどの状況からモノがつくれないのと、輸出先の国で販売活動が止まっているためにモノが売れないと

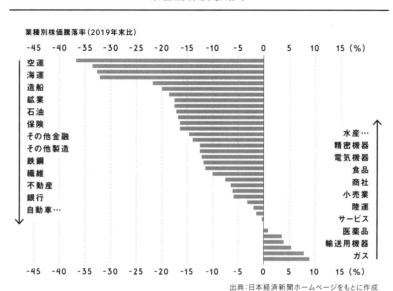

業種別株価暴落率

業種別株価騰落率（2019年末比）

出典：日本経済新聞ホームページをもとに作成

いう両方の側面があるでしょう。また、サプライチェーンが寸断されて部品の流通が滞っているために、川中のOEMの生産も大きな影響を受けているはずです。

コロナ禍における輸出入の変化

　次に、我が国の輸出入の状況を見てみましょう。次ページのグラフを見ると、輸出という意味においては、自動車産業は4月がかなりどん底であったと判断できそうです。

　その一方で、半導体・電気・電子部品の動きは比較的活発で、この業界ではモノが流れていることがわかります。要因の1つとして考えられるのは、最終商品のパソコンやタブレットなどが、リモートワークの普及などで世界的に需要が高まったことです。

　当時は中国が米中問題の深刻化により高度部品の調達が難しくなることを見込んで日本企業に前倒しして発注をかけていた側面も含めて、中

国経済のひと足早い回復に引っ張られて商流が活発化しているという見方もあります。一方で、自動車などは中国国内で製造しているため、この輸出入統計に表れてこないという面もあるでしょう。

つまり、**「サプライチェーンのローカル化がどこまで進んでいるのか」という点の影響も、輸出の数字に出ている**ともいえそうです。

輸入のほうを見ると繊維が伸びていますが、これはマスクの特需などの要因がありそうです。一方で、石油は経済減速にともなうエネルギー価格の暴落の影響が見られます。

モノの動き 〜輸出入額の推移

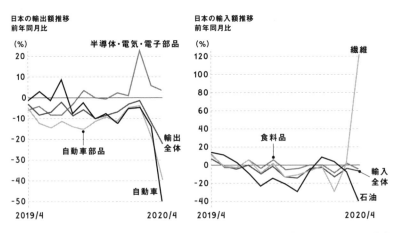

出典：日本経済新聞ホームページをもとに作成

各産業からのコメント

ここで、各産業からの生の声を、WBS の卒業生も含めて聞いてみたものを紹介したいと思います。

まず自動車関連産業からは、「OEM に関しては、コロナの発生はまったくの想定外だったが、サプライチェーンについては従前から中国への

一極集中回避を行っていた」というコメントがありました。後ほどもお話ししますが、やはり**サプライチェーンの強靭化という観点では、キーワードとして、製造拠点を中国以外の国にも置く「チャイナ・プラスワン戦略」というものが産業界では強く指向されている**ことがあります。地政学的なリスク対応も含めて、生産立地の中国への過剰依存を回避する動きは以前から見られますが、コロナ禍を機にさらに加速する可能性があります。

　一方、需要国としての中国の存在感は一段と増しており、個別企業にとっての成長市場ということでは中国がきわめて重大であることは間違いありません。しかし、地政学的な問題に加えて、以前から指摘されている技術流出のリスクも含めて、どの企業にとっても中国市場への対応はきわめてセンシティブな問題となっています。

　川中にある部品メーカーへの影響はどうでしょうか。
　グローバル部品会社の方のコメントです。
「4月は特にOEMの工場が欧米を中心に完全にストップしたため、部品も動かず大変だった」
　グローバルサプライチェーンが高度に発達した結果、今回のように各地でモノの生産や物流が止まってしまう事態が発生すると、サプライチェーンが完全に機能不全に陥るということです。
　この問題については、これまでの最適立地や供給確保の観点から世界中にサプライチェーンを張り巡らせる動きに対して、ポストコロナに向けて広範な地域を対象にした**グローバルなサプライチェーンの構造を見直し、もう少し地域内に閉じたコンパクトなサプライチェーンへの組み替えを進めていく**ことになるかもしれません。
　コロナショックによる自動車OEM関連のサプライチェーン上のダメージは大きいものでした。その回復は、各国のコロナ対策の効果や企業による生産流通回復の努力に依存するでしょう。また、自動車の最終需要がどこまで回復していくかにも依存します。
　加えて自動車産業には環境対応の問題もあり、世界の勢力図が大きく

変わる可能性があります。特に技術基盤が大きく変化すれば、サプライヤーの勢力図が一変することも考えられます。**自動車産業は、いずれにしても世界的に大きく変容していく**ことになるでしょう。

　一方、電気・電子産業は先ほど述べたように、コロナ禍でパソコンやスマートフォンなどの電子機器の需要が一段と高まっており、中国における生産がいち早く回復していることもあり、むしろ活況を呈している様相にあります。

　地政学的なリスクの高まりに応じてサプライチェーンの組み換えが進むことはすでに述べたとおりですが、加えて中国や韓国などでは高度部品の国産化の流れも加速していることを付け加えておきたいと思います。コロナ禍はこうした動きを加速させており、サプライチェーン上の必須部品や材料については、さらにローカル化、国産化が進む印象です。

　繊維産業からのコメントでは、まず「川下のダメージがすさまじい」との声が多く上がりました。特に、「Eコマース以外は、完全にアパレル系の需要が蒸発した」というコメントが寄せられました。

　その結果モノが売れないので、在庫の山が縫製工場に残ってしまっているようです。これはバングラデシュや中国の縫製工場でも同様で、在庫が滞留して工場が動いていません。これが影響して、そのさらに上流の綿花も在庫が積み上がっているようです。

　この問題はインドのほか、綿花の最大輸出国であるアメリカでも起きています。綿花の最大の輸入国は中国ですが、ここでも米中間の緊張が影を落とし、中国では国産化政策としてウイグル地区で綿花の生産を進めています。ところが、今度はウイグル地区の人権問題が国際的に指摘されているために、同地区産の綿花を使った製品の生産に対しては国際社会から厳しい目が向けられています。その結果、ファーストリテイリング（ユニクロ）など、中国からの購買に大きく依存している国際的なアパレルメーカーは、こうした人権問題への対応の観点からサプライチェーンの組み換えを迫られています。

　このように、これまで大きく発展してきた「国際分業」というビジネスモデルは、モノづくりのコスト面などで大きなメリットをもたらしてきましたが、パンデミック（感染症の世界的な大流行）に対する脆弱性や地政学的なリスクの高まり、あるいは基幹となるテクノロジーの変化などにより、**グローバルサプライチェーンは大きな見直しを迫られていることが、各産業で顕著に見えてきている**のです。

これからのサプライチェーン

　今後、どのようにサプライチェーンが変化していくのか、次の2つの図から見ていきましょう。

　これらの図では、サプライチェーンを簡単に川上から「原産国」、「生産国」、「消費国」と分けています。もちろん、実際にはこれらが一体化している国や産業もあり、完全に分離されている場合もあります。

　これらの表で、バクダンマークのある部分が「新型コロナによって被

複雑なサプライチェーンの動向

害を受けたところ」です。見ての通り、ほとんどの箇所を新型コロナが攻撃していったことがわかります。

先述したように、繊維産業などからは「完全に需要が蒸発した」というコメントがありました。また、車も売れない、つくれないとなれば、部品会社も動けません。つまり、川下から川上にコロナ禍の影響が波及していったと見ることができます。

結局、こういう**複雑なサプライチェーンを組んでいること自体にリスクがある、あるいはそうしたリスクが今回のコロナ禍により顕在化した**、ということがいえます。

アメリカの産業界では、中国との経済摩擦の高まりによって、地政学的な対応や経済保護主義の動きにより生産立地を自国に戻す動きが活発化しています。

日本は、図では一番上の先進国に分類されますが、この地域のメーカーの多くは海外の生産拠点を国内に戻したり、ヨーロッパの国々であ

サプライチェーン見直しの動きと「リショアリング」の進展

シフト・動向

	原産国 （原料・部品）	生産国 （組立・縫製）	消費国
先進国	リショアリング		
	チャイナ・プラスワン		
新興市場国			
中国	国産化		一帯一路
アメリカ		保護主義	

ればヨーロッパに閉じた形にサプライチェーンを再編したりする**リショアリング（海外の生産拠点を自国へ戻すこと）へ向かう**可能性があります。

また、先ほど述べたように中国一極集中を回避する**「チャイナ・プラスワン戦略」も進展していく**ことになるでしょう。中国は、リスクはあるものの重要市場なので残しますが、保険としてもう1つ別に拠点を確保していこうという動きです。

一方、中国では高度部品や綿花のような原材料の国産化を相当進めていくことにより、サプライチェーンのローカル化を推進していくと考えられます。

市場の変化とサプライチェーン

さらに、中国では政治的問題からとりわけ西側諸国とのビジネスが制限されていくことも見込んで、戦略的にパートナー国を増やしていく**「一帯一路」政策**を推し進めることで、原材料の調達に加えて、川下の市場確保の囲い込みをしていく動きが加速すると考えられます。

その結果として、今まで縦横無尽に結ばれてきたグローバルサプライチェーンが、ある程度地域単位で固まるブロック化が進むでしょう。

それを表すのが、左図で示したように、**サプライチェーンが各地域ブロック内で閉じてくる**という動きです。

グローバルサプライチェーン組み換えの動きは、コロナ禍以前から、各国における保護主義の台頭や地政学的なリスクの高まりにより進行していたものが加速していると見ることもできます。しかし、コロナ禍によるチェーンの寸断によるダメージが、サプライチェーン全体の強靭性向上への強い動機付けとなり、加えてデジタル化を強く推し進める要因にもなっているのも事実でしょう。

コロナによって表面化した新たなリスクとは？

次に、リスク管理という観点からコロナ禍の影響を考えてみましょう。

グローバル化が進めば進むほど、企業が抱え込むリスクは増大します。自然災害や紛争などのカタストロフィーリスク、サプライチェーン

上の突発的な事故による生産や物流の断絶などのオペレーションリスク、相手国の政治および経済要因によって取引が遮断されるカントリーリスク、さらには為替や国際商品価格の変動などの市場金融リスクなど、**事業のグローバル化が進むほど、企業が抱え込むリスクは飛躍的に増大していく**のです。

右図はマッキンゼー・アンド・カンパニーによるリスク分類ですが、わかりやすくするために単純にリスクを4分類にしています。ダメージの大きさを横軸、そのリスクが顕在化する可能性や予見可能性を縦軸において定性的に分析しています。

たとえば、「規制の変更（緩和・強化）」や「顧客ニーズの変化」などは、その地域における動向であり、ある程度予見できるため、通常の企業対応ですむビジネスリスクと分類されます。

今回のコロナ禍では、「サプライヤーの破綻」、つまり製造者の破産や倒産といったことは一部発生しましたが、これも想定できないまでも対応できるリスクとして「管理可能な問題」と分類されます。

問題は図の右側の、ダメージがより大きな領域です。

たとえば、下段の「予見される嵐（Brewing Storm）」とは、文字通り嵐の兆候があるということです。たとえば、「ブレグジット（イギリスのEU離脱）」が実現して実際にヨーロッパのサプライチェーンにインパクトを与えましたが、長期的に予見されていた出来事でした。また、アメリカや中国の経済や政治的対立の動向も、ある程度は予測できています。実際に顕在化した場合のダメージは甚大ですが、ある程度見通せることで、先述した「チャイナ・プラスワン戦略」のように、あらかじめ対策を施すことが可能です。

ここで難しいのが、予見可能性が低くダメージが大きいリスク、すなわち「ブラックスワン」です。最たるものは「洪水」や「大震災」といった自然災害リスクや今回のような「パンデミック」、さらに「戦争」の勃発も含まれます。

そして、環境問題の深刻化が原因なのかは断定できませんが、パンデミックも含めて世界的に自然災害リスクが高まっていることは事実で

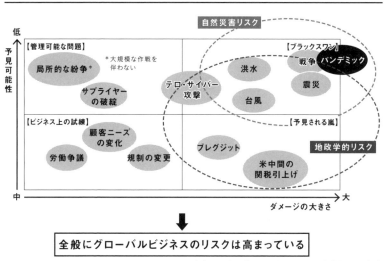

グローバルビジネスのリスクマップ

全般にグローバルビジネスのリスクは高まっている

出典：マッキンゼー・アンド・カンパニー資料をもとに作成

す。また、**地政学的な問題も深刻化しており、グローバル経営のリスク
は増大している**といえるでしょう。

　当然、企業経営者には、こうしたリスクの顕在化にそなえて、リスク
マネジメント体制を強化することが求められています。それには**サプラ
イチェーンなどのオペレーションの強靭化に加え、危機に耐えられる財
務体質の強化や社員の安全確保力の担保などを通して、企業全体のレジ
リエンスを強化していくこと**です。こうしたことが、ポストコロナの課
題として一段と明確になったといえます。

グローバル化におけるリスクマネジメント

　以上のようなリスクマネジメントの観点も含めて、ポストコロナを見
通して、企業はいかなる変革を目指すべきでしょうか。

　113ページの図はコロナ禍で顕在化した各種のリスクや変化をリスト
アップしたものです。これにそって見ていくと、まずコロナ禍の直接的
なインパクトは、当然のように景気後退です。これはもちろん深刻なダ

メージであり、それに対して先述したように各国とも財政金融政策を総動員して下支えしていますが、今後**実体経済がどのように自律的な回復を見せるかは不透明**です。これについては、今後のワクチン接種の普及ペースや医療システムの強靭度などにより、経済回復の速度は国ごとに異なることになるでしょう。

また、過剰ともいえる財政金融政策の影響が今後どのように表れるかも現時点では見通せません。

次に、いわゆる「ニューノーマル」として、人々の生活や消費様式が構造的に変わった結果、感染症が抑制されたとしても以前の需要は戻ってこないということは十分に想定されます。かつて SARS（重症急性呼吸器症候群）や MERS（中東呼吸器症候群）の感染拡大が見られた際は、1～2年ほど人の動きが抑制され、特に海外旅行などの需要が減じたものの、その後人々の行動様式は回復していきました。今回のコロナ禍のインパクトはそれよりもはるかに大きいものですが、移動、食事、そして何よりも集いといった行動は根源的な人のニーズですから、コロナの抑制ペースにはよるものの、その種の需要は徐々に回復してくるという見通しが一般的です。

一方で、人々はリモートワークやオンライン会議といった働き方を経験したことで通勤の苦痛から解放され、また、必ずしも出張しなくてもリモートで対応できることもわかってきました。こうした変化は多くのワーカーに歓迎されているだけでなく、企業にとっても移動交通費の抑制などにつながることから定着するのではないかといわれています。

一方で、このようなリモートワークが本当に企業の生産性向上に結び付くのか、また人々の交流による創発、つまりイノベーションを抑制することにならないのかなど、企業経営におけるオンライン化の定着については多くの論点が残っています。これらは今後、検証されていくことになります。

また、業務のオンライン化の進展により、オフィススペースの需要や住環境のニーズに変化が生じていることから、中期的には不動産の価値に構造的な影響が出てくると考えられます。

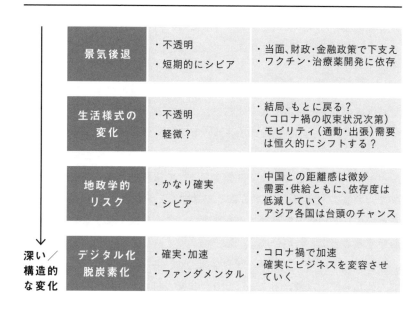

コロナ後のビジネスを見通すことは現時点では困難だが…

景気後退	・不透明 ・短期的にシビア	・当面、財政・金融政策で下支え ・ワクチン・治療薬開発に依存
生活様式の変化	・不透明 ・軽微？	・結局、もとに戻る？ （コロナ禍の収束状況次第） ・モビリティ（通勤・出張）需要は恒久的にシフトする？
地政学的リスク	・かなり確実 ・シビア	・中国との距離感は微妙 ・需要・供給ともに、依存度は低減していく ・アジア各国は台頭のチャンス
デジタル化脱炭素化	・確実・加速 ・ファンダメンタル	・コロナ禍で加速 ・確実にビジネスを変容させていく

深い／構造的な変化

　以上より「生活様式の変化」への影響については、個人レベルでは**移動する、会う、集まる、食べるなどは人間としての本源的なニーズであることから、新型コロナ感染症の収束にともない需要が復活してくる**ことが想定されます。

　一方で、先に述べたように、リモートワークなどは特に就業者にとってメリットが大きく、また出張・通勤の抑制などは企業サイドにも経済合理性があることから一定量定着すると考えられます。しかし、生産性や人材育成、あるいはイノベーションの創発などの面では、オンライン化により失われてしまう価値があることも考えられるため、どの程度、企業業務のオンライン移行が進み、定着するかは未知数です。

　総じて、**生活様式の変化が短期的に経済に与える影響は軽微**かもしれませんが、**中長期的には働き方の多様化やオフィスや住宅需要の変化など、大きな影響をもたらす**可能性があります。

地政学的なリスクについては、新型コロナ感染症と直接的な因果関係は薄いものの、今後の経済や事業運営に重大な影響を与え得るという前提で経営は考えておくべきでしょう。そのためには、サプライチェーンの組み換えや経営全般のリスクマネジメント力を高めておくことは重要です。

　「デジタル化」については、新型コロナ感染症の蔓延がきっかけとなって、日本の企業や社会の取り組みが非常に遅れていることが如実に見えてきました。これは企業競争力上重大なリスクです。デジタル対応が遅れることにより、企業の開発・生産・物流・販売のあらゆる機能において生産性が停滞することになります。ここで**重要なのは、企業内のこれまでの業務のIT化を推進することではなく、デジタル技術やインフラを前提にして企業の業務や組織を抜本的につくり直すような取り組みに着手すること**です。いわゆるDXの推進です。

　しかし、このような業務の劇的な変化は、従前の企業競争力を支えてきた仕組みを組み替えることになり、また人材の大きな再配置をともなうことにもなるため、その推進・徹底のハードルは高いと考えられます。はたして日本企業は果敢にDXを推進できるのか。楽観はできませんが、仮にデジタル対応が不十分なままでいるとすれば、競争力はさらに後退していくことになるでしょう。つまり、今回のコロナ禍はデジタル対応という21世紀の必須課題に関して、取り組みの遅れに対する警鐘を日本の企業や社会に図らずも与え、はたしてその警鐘に対して的確・果敢に対応できるかが問われているのです。

　また、これもコロナ禍がもたらしたものとはいえませんが、環境意識の高まりにより、脱炭素化の動きも世界的に加速していくことでしょう。このことも今後の企業経営に大きな影響を与えていくことになります。

05

企業がとるべき
新たなアクションとは?

　ここまで論じてきた、今回のコロナ禍で企業がとるべきアクションについてまとめてみたいと思います。

　まず当初のアクションとして求められるのは、いうまでもなくサバイバル、生き抜くことです。そのために会社によっては資金調達や思い切ったコストカット、人件費の抑制などを通して、**企業が生存できる状態を確保することが重要**です。それはコスト管理だけではなく、新型コロナ感染症のもとでも安全な事業運営体制を構築することも含まれます。

　次に重要なことは、**リバウンド需要の獲得**です。実際にリーマンショックの際には、危機下でコスト最適化を進めるとともに、弱体化した企業の買収や業界再編をしかけて企業体質の強化を果たし、経済回復の局面で大きく企業価値を高めた企業群が存在します。今回の危機においても、生存のために身を縮めるだけではなく、機を見てM&Aや産業再編などもしかけながら、改めて企業を成長カーブに乗せていくことが重要と考えられます。

　次いで、**オペレーションの強靭化の推進**をあげておきます。これはすでに述べてきたようなグローバルサプライチェーンの組み換えやBCP（事業継続計画）など、緊急時における事業継続のための備えを進めておくことです。

　こうしたことと並行して、IoTやAIなどを活用し、徹底的にデジタル化、すなわちDXを加速させていくことでオペレーションの効率化や強靭化をさらに推進するとともに、企業体質を抜本的に強化するチャンスともできます。

　一方、組織運営について見ると、今回のパンデミックでは、海外に駐

在している日本人スタッフを急遽帰国させなければならない事態となりました。これは社員の安全対策上、重要であることは明らかですが、そこであらわになったのは、ローカルの業務運営はローカル人材で管理することの重要性です。

ローカルの経営人材の育成の重要性については、これまでも各企業で認識されてきましたが、実際には、派遣した日本人を中心にグローバルな経営管理やオペレーションを行ってきたのが事実です。しかし、今回のコロナ禍により、強制的に現地人によるマネジメントを実施せざるを得ない事態になりました。結果として多くの企業で聞こえてくる声は、「思い切ってローカル人材に拠点のマネジメントを任せてみると、きちんと機能した」、「オンラインを活用してリモートでガイダンスすることで、海外のオペレーションも指導・管理できる」といったポジティブな体験についてです。今後はさらに**現地の市場や規制の変化に対しても、ローカルで判断して機敏に対応できる分権型のグローバル組織モデルを定着させていくことが重要**になります。

このような組織体制のフラット化・分権化は、これまでもその必要性やメリットが論じられてきましたが、日本企業ではなかなか進展してこなかったものの1つです。今回のグローバルな新型コロナ感染症の蔓延をきっかけとして、そうした改革も加速していくべき項目の1つであるといえます。

最後の重要な要素として、地政学的リスクや自然災害リスク下においては、SDGs（持続可能な開発目標）や ESG（環境・社会・ガバナンス）への取り組みの重要性がハイライトされたことです。今回のコロナ禍でも、国内企業では比較的しっかりと心がけられていたと思います。マスクなどの衣料品や衛生用品といった必需品などの超過需要が生じた際にも値上げなどせずに、あらゆる方法で商品の出荷を早めるような企業行動が多く見られました。また、これまで衛生用品や医療と関連性の薄かった食品メーカーや化粧品メーカーなどでも、既存の設備を利用して不足するアルコールの生産・出荷を行うといった動きもありました。

このように**社会が危機的状況に陥ったときに、企業が社会倫理的に優**

れた行動をとれるかどうかが問われることになりました。しかし、企業の社会倫理的な行動は何も危機的状況においてのみ問われるのではなく、地球環境問題への対応も含めて、企業経営の恒常的かつ重要な営みとして求められるようになってきています。したがって、この流れは新型コロナ感染症の収束後も変わらず定着していくことになり、**21世紀の企業経営の中枢を占めるテーマになる**ことでしょう。

企業がとるべきアクション

コロナ禍で、企業が短・中期的にとるべきアクションは多い

レジリエント化 の推進

短期

- まず生き残ること（コスト最適化など）
- そしてリバウンド需要の獲得、M&A・投資の加速
- サプライチェーンの強靭化・組み換え、リショアリング
- デジタル化の加速、省力化の推進、ビジネスモデルの見直し
- 分権化・フラット化の推進、ローカル人材の育成
- 全般的なリスクマネジメント・BCP（事業継続計画）の強化
- SDGs（持続可能な開発目標）／ESG（環境・社会・ガバナンス）への取り組みの本格化

中期

06

「アフターコロナの世界」
の重要ポイント

"コロナ後遺症"と地政学的な問題

　最後に、コロナ禍の後遺症と地政学の重なりについてお話ししたいと思います。

　今回の新型コロナウイルスの感染拡大は、世界中に社会的・経済的なダメージをもたらしました。一方で、そのダメージの大きさは、最初の項目（82ページ）で述べたように、国ごとの対策の効果や徹底度の違いによって一様ではありません。このことは今後、地政学上も影響を与えると考えられます。

　回復が早かった中国や相対的にダメージが小さかったアジア諸国と、感染被害の傷が深いアメリカやヨーロッパ諸国という対比が、コロナ後の世界の地域バランスに影響を与えることは十分に想定できます。

　その中にあって、やはり**最も重大なインパクトを持つのが米中関係**です。新型コロナウイルスの発端のときの中国の対応に対する疑義は、今後も色濃く残るでしょう。中国共産党は「開かれた中国」というメッセージを出していますが、サプライチェーンの国産化推進など、多方面で世界の中で孤立を深めているように見えます。

　一方でアメリカは、新型コロナウイルス感染症によって国民の健康面で大打撃を受けており、政権の指導力に重大な疑問符がつけられました。それでもドナルド・トランプ大統領（当時）を支持する勢力は根強く、国内の分断は一段と深刻化しています。こうしたこともあって、国際社会のアメリカに対する信頼は揺らいでおり、アメリカの指導力が低下してきています。

　つまり、コロナ禍は米中両国において違った問題を顕在化もしくは深刻化させ、結果として両国とも大きなダメージを受けて、国際社会にお

ける存在感や影響力を後退させているといえます。その中にあって、**米中の対立は Lose-Lose の関係に陥っている**ように思います。

そうなると、国際政治学者のイアン・ブレマー氏などが提唱する「Gゼロ（G7などに対するG0、権力の空白）」の世界に向かう可能性も否定できません。

その結果として、**日本も国際社会における立ち位置を戦略的に変化させていかざるを得ない**のです。

現在の世界経済の重心はどこか?

下図は再びマッキンゼー・アンド・カンパニーの分析からの引用で、「世界経済の重心の変遷」を表しています。つまり、10世紀以降、1000年にわたる世界経済の重心の移動を、独自の加重平均で計算して図示したものです。

この図を見ると、かつて10世紀頃までは、世界経済の中心はオリエン

世界経済の重心の変遷

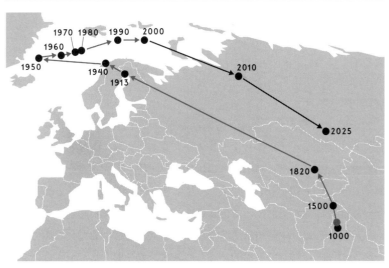

出典：MGI analysis using data from Angus Maddison, University of Groningen; MGI Cityscope v2.0
をもとに作成

トにあったことがわかります。それがその後、ヨーロッパでルネッサンスが起こり、産業革命などが生じた結果、世界経済の重心は西に移動していき、そしてその後、アメリカ経済の勃興により、世界経済の重心のシフトが極大化します。

しかし、20世紀にはまず日本が台頭して経済の重心がやや東に移り、21世紀には中国の台頭やヨーロッパ経済の落ち込みによって、経済の重心の東方回帰が顕著になるのです。この予想では、**2025年にはカザフスタンとロシアの国境付近に世界経済の重心が来る**と考えられます。

今後の鍵を握るのは中国との関係

右の図は、世界各国の貿易パートナーとして「中国が優勢か、アメリカが優勢か」を色分けしたものです。

対中貿易の比重が大きいか、対米貿易の比重が大きいか、その国への経済依存度の高さを表しています。

ひと目見て、世界全体が中国寄りになっている印象を受けると思います。すでに3分の2近くは、濃淡の差はあるものの対中貿易の比重が大きくなっており、中国の経済圏の拡大ぶりを見てとることができます。

日本もやや中国依存傾向がありますが、韓国はさらに中国依存度が高く、そのために国際政治的には非常に微妙な立場に立たされているといえるでしょう。

中国経済の吸引力は強烈です。特に近年、中国はアフリカ諸国への投資に力を入れており、この地図でもその様子が明らかに見てとれます。

対中国ということで非常に政治的なかじ取りが難しくなっている国に、オーストラリアがあります。オーストラリアは、鉄鉱石や石炭などの資源を大量に中国に輸出している結果、経済の中国依存度がきわめて高くなっている国の1つですが、一方で中国の政治体制や外交姿勢には強い態度で反発しており、政治と経済の間でジレンマに陥っています。

実際にこれだけ中国の経済活動がグローバルに拡大している中で、多くの国が中国に対して政治的に厳しいスタンスを取りにくい状態に立たされているのが現実です。**ポストコロナの国際社会では、「中国とどの**

ように向かい合うべきか」が、重大な国家戦略的課題になってくるでしょう。

米中の貿易戦争

□データなし

米中どちらに対する貿易の比重が大きいか？

アメリカ　　　　　同等　　　　　中国

出典：Lowy Institute calculations,IMF
Direction of Trade Statistics databaseをもとに作成

経済的に分断した中で、日本の政策は？

ここまで述べてきたような状況下において、改めて日本の立ち位置が問われることとなります。

あくまで論理的オプションとして見たとき、「アメリカを最大のパートナーとして、中国に対して強硬策を取っていく」という考え方は1つあるでしょう。

ほかの選択肢としては、「西側陣営にとどまりつつ、アメリカとは一線を画した独自のアジア・中東外交を取るべきだ」という考え方もあり得ます。

さらには、「日本はもう西側陣営にこだわるのはやめて、中国を含め

てアジア諸国との独自の関係強化を進め、アジア中心の新たな国際社会のパラダイムを積極的に構築してくべきだ」という考え方もあります。

実際はどうかといえば、現在の日本の外交政策はもちろん西側陣営であることを軸足にしていますが、同時にアジア外交の強化に取り組んでいます。右図に引いた曲線のようなアジア連携を深めていく動きです。**ねらいは、膨張する中国に対する包囲網をつくること**にあるので、先ほど2番目の選択肢としてあげた「西側陣営にとどまりながらアジア外交を進めていく」というオプションに近いですが、対中包囲網の形成ということではアメリカの方針にかなった動きになっています。

実際に日本の外交政策を記した『2020外交青書』によると、「積極的な平和外交」の推進がうたわれています。要するに、アジア重視の外交政策を能動的にやっていこうということです。

そこで、最初に来るのが「開かれたインド太平洋外交」だということですので、**インド太平洋で自由貿易圏を形成し、同じような価値観、法による支配、人権を持った安定した地域にしていきましょう、という政策をとる**ことが見込まれます。

一方、日中新時代を築くということも書いており、中国に対する配慮が見られます。しかし、実際には先ほどから述べているように中国には政治的に厳しい要求を突きつけながら、経済については今後も関係性を維持・深化していきたいというのが本音でしょう。

このように、日本の外交はアメリカとの同盟関係を強化しながら、中国とはつかず離れずのバランス外交を継続することになりそうです。

こうした状況の中で企業はどのような戦略を組むべきかといえば、やはり「チャイナ・プラスワン」が妥当な線でしょう。中国の巨大市場には大きな魅力があるため、一定の中国依存は続けていく方針をとりながら、過剰依存に対するリスクヘッジも欠かさないという戦略です。

今回の新型コロナウイルス感染症の世界的な蔓延は、世界に未曽有の混乱とダメージを与えました。また、その収束を見通すこともまだできませんが、**大きな問題に遭遇した際の心得としては、危機を抑え込むた**

めに最善を尽くすことと、その危機から学習してより強い体質をつくり上げることです。これは社会も企業も、そして個人も変わりありません。

　特に日本においては、コロナ抑制に関して善戦しているとはいえ、相変わらず現場の力と忍耐に依存した施策に偏っており、デジタル化への取り組みの遅れも含めて、国家や社会のアップデートが進んでいないことがあらわになっています。

　いってみれば、こうしたことこそが本当の危機であり、国や社会、そして企業や個人も、このコロナ禍を克服した先に**より本質的な体質の変革をしていくことがクリティカルである**ことを痛感しています。ポストコロナに向かって、本当の危機に向き合い、変革を断行することが強く求められていると思います。

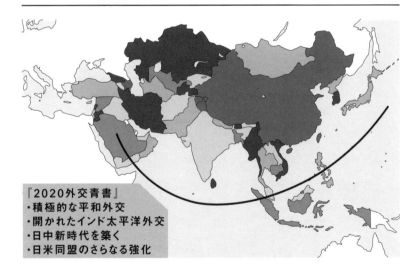

日本の今後の外交政策　〜アジア諸国との連携

『2020外交青書』
・積極的な平和外交
・開かれたインド太平洋外交
・日中新時代を築く
・日米同盟のさらなる強化

新規事業の創造

コロナとビジネスチャンス

コロナ禍をあえて「チャンス」と捉え、成功に導くことは可能だ。
さまざまなデータと理論を駆使し、
個人にとってはキャリアアップと経済的な豊かさ、
企業にとっては成長と拡大、
日本という国にとっても変革のチャンスに、
それぞれ変えていく方法を指南する。

長谷川博和

早稲田大学大学院アジア太平洋研究科博士課程修了。学術博士・公認会計士・日本証券ア
ナリスト協会検定会員。国際ファミリービジネス総合研究所所長。日本ベンチャー学会副会
長。野村総合研究所、ジャフコを経てグローバルベンチャーキャピタルを設立し、社長、会長
を歴任。2012年から早稲田大学ビジネススクール教授。

米田　隆

早稲田大学法学部卒業後、旧日本興業銀行入行。行費留学生として米国フレッチャー法律
外交大学院卒業。同行退職後はベンチャーキャピタルや証券会社の経営を経て証券アナ
リスト協会プライベートバンキング教育委員会委員長に就任(現職)。早稲田大学ビジネス・
ファイナンス研究センター上級研究員(研究院教授)。

01

新規事業創造への「7つの提言」

コロナ禍における「個」のビジネス

本稿では、「コロナとビジネスチャンス」と題し、新型コロナとの関連において、新規事業創造やベンチャーについてどのように考えたらいいのか、という点について話していきます。

前半パートのアジェンダとしては、まずは導入として雑観した後、「コロナに対する短期的な対応」「ウィズコロナのリカバリーの対応」、そして「ポストコロナの対応」という流れで進めていきます。その後、後半では「コロナが生んだ社会変化」や「コロナで顕在化した社会的ニーズ」、そして「変化に対する企業の対応と個人の対応」という点について、米田先生にお話しいただきます。

この授業では、まずはコロナ禍の経済におけるミクロの面、つまり「各企業の単位」で今回の新型コロナの対策および対応をどうしたらいいかという点に焦点を当てた後、超ミクロとして「個人として」どうしたらいいか、という点について、米田隆先生と一緒に進めていきたいと思います。

ではまず、右の図を見てください。本稿の結論に当たる図でもありますが、横軸を「時間軸」、縦軸を「企業価値あるいは DX の浸透度」という形で作成しています。

ここにあるように、GNP 成長である3%の成長ライン、成長企業である10%成長というラインがあるとすると、それまで小刻みに上昇と下降をくり返すギザギザした動きを見せていましたが、近年は日本やアメリカでは景気がよすぎるくらいの数値となっています。

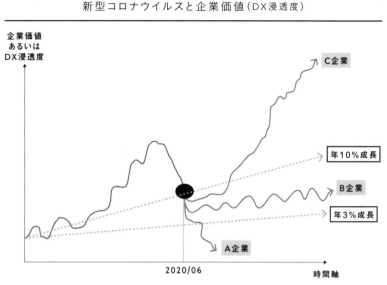

新型コロナウイルスと企業価値（DX浸透度）

出典：Rebright Partners蛯原健氏の資料をもとに作成

　時価総額で考えれば、バブル的な様相を呈しているといえるほど過度な上昇感がありました。これが、今回のコロナショックで急激に落ちたといえるでしょう。その後、株式市場全体の動きは期待感を込めて、ある程度は戻すでしょうが、個別企業の格差は拡大していくと思います。

　今後、「ずるずると落ちていくA企業」になるのか。それとも、「半年ぐらいは落ち込むが、長期的に見て成長率3 〜 10%のラインに戻していくB企業」になるのか。あるいは、「半年程度はもたつくが、コロナ禍をきっかけにむしろ成長軌道に乗せていくC企業」になるのか。その分かれ目が、この講義をしている2020年6月頃だと考えています。

　逆にいえば、この時期の対応が今後、大きな格差につながっていくのではないでしょうか。

危機的状況を切り抜ける至高の解決策とは？

　ここで、危機的状況に陥った際に思い出したい格言を1つ紹介します。

「混乱時における最大の危機は、混乱そのものではなく、従前の理論に基づいて行動することである」 ──ピーター・ドラッカー

　コロナ禍で消費マインドが変わったということにもつながりますが、社会的にも個人的にも、価値観というものがコロナ前から大きく変わりました。これは、みなさんも実感されていると思います。

　この混乱した中では、以前と同じ論理で、同じ価値観で行動すること自体が危険であり、価値観を変えることこそ最大の解決策であり処方箋であるといえるでしょう。

これからの日本ではベンチャー企業が主役

　コロナ危機による国難ともいうべき状況を乗り切るためには、ベンチャー企業が主役となって新しいビジネスモデルや新しい価値観をつくっていく、という認識が大事であると考えています。

　そこで、ベンチャー企業に向けて、私も役員を務める日本ベンチャー学会では、「7つの提言」を出しました。

日本ベンチャー学会　コロナ禍の「7つの提言」

提言 1 国難を救うのはベンチャー企業であるとの基本認識に立つ

提言 2 社会課題の克服を希求するベンチャー企業を阻む規制・ルールの打破

提言 3 政府主導の社会改革プロジェクトはベンチャー企業を主役に

提言 4 大企業等の人材の流動性（モビリティー）を高める

提言 5 政府による民間ベンチャーキャピタル等への支援の継続・拡充

提言 6 大学発ベンチャー支援の仕組みの継続的な確保

提言 7 アントレプレナーシップ教育改革の推進

出典：日本ベンチャー学会　緊急提言「新型コロナウイルス禍からの復活」をもとに作成

　提言1は、「国難を救うのはベンチャー企業であるとの基本認識に立つ」となっています。

　そして、これをもとに、**提言2**があります。社会的課題の克服を希求するベンチャー企業を阻む規制ルールは、今こそ打破しなければといけないと考えるべきではないでしょうか。たとえば、バイオ企業の承認ルールについては、コロナ禍において薬品やワクチンなどの規制を緩和する必要性が大きくなっているにもかかわらず、いまだに多くの社会的な規制が存在しています。

　また、政府主導の社会変革プロジェクトを実現するには、ベンチャー企業を主役に据え、大企業の人材の流動性を高めることが必要となります（**提言3、4**）。

　さらに、民間ベンチャーキャピタルや大学ベンチャーへの支援の仕組み、アントレプレナーシップ教育改革の推進という点も、もっと強化すべきです（**提言5、6、7**）。

　日本ベンチャー学会が緊急提言をまとめ、発表することを決めたのは、緊急事態宣言が発令された2020年4月7日のことでした。学会では、この日を、**日本が「課題先進国」から「課題解決先進国」へ本格的に変わる起点の日と捉えています。**

危機状況下でチャンスを生かしたケース

　オフィス需要を中心とする企業、たとえばレンタルオフィス業を展開するWeWorkのような企業は、ビジネスとしては在宅ワークへのシフトが起こっているため、今後はなかなか厳しいかもしれません。逆に、オンラインミーティングなどを可能にするMicrosoft TeamsやZoomなどは急速に利用者を伸ばしてきました。

　教育分野でも、学校の休校というデメリットに対して、毎日約300万人のペースでユーザーが増えたGoogle Meetのように、非常に大きなチャンスをつかんだサービスもあります。

　病院も収入減になり、新型コロナに対応した病院が倒産しかねないと

いう状況に陥りましたが、その一方で、遠隔診断ができるようなアメリカやインドの会社の株価は3倍、5倍に伸びています。

リテール、健康に関するサービスなども同様に、むしろビジネスチャンスとして生かした企業が伸びています。たとえば、オンラインフィットネスのサービスなどです。また、リーガル分野では、はんこ文化の急速な衰退を捉え、電子署名が伸びました。

ワークサイト分野では、工場や倉庫においてロボティクスが伸びてきているということは大きな変化でしょう。

イノベーションを起こすには?

イノベーションは、どのようにすれば起こせるのでしょうか。

コロナ禍による人々の**価値観やワークスタイル、消費者行動の変化、顧客接点のデジタル化、オペレーションのデジタル化などをビジネスチャンスと捉えて、ビジネスモデルを構築**しようとする会社も出てきています。

具体例としては、リモートワーク関連、遠隔医療、医療介護、生産ラインの自動化、教育、AR、VR、ロボティクス、物流、デジタルマーケティング、メンタルヘルスといった分野が有望でしょう。

2021年現在も、リモートワークの普及など働き方改革がどんどん進み、イベント交流系の形も、オンライン飲み会も含めて、変わってきています。

生活様式についても、衣食住がどんどん変わってきており、ヘルスケア・医療系においてもオンラインフィットネスクラス、オンライン診断、遠隔医療など、おしなべて DX が急速に進むこととなりました。

もちろん、教育系でもリモート、オンライン教育が伸びました。エンターテインメントについても、バーチャル体験の形態が増えているのが現状です。

ここで、リモートのメリット、デメリットについて考えてみましょう。

リモートのメリットとデメリット

リモートの大きなメリットは、効率化によりコスト削減ができるという点です。たとえば、移動に要する時間や費用といったコストを削減できます。海外との打ち合わせも、出張ではなくリモートで会議を行えば、移動する時間も旅費も不要にできます。

その一方で、コミュニケーションや体験が希薄になる、運動不足になるといったデメリットがあります。また雑談やブレストのような、ちょっとしたコミュニケーションの機会が減少する傾向があると考えられます。やはり現場に行かないことでマネジメントやメンタルヘルスのケアがしにくい、との指摘も多いです。

これらについて解決できるような仕組みが求められています。

リモート系サービスでは通信環境もログが残せるので、このログを残して解析、分析してメンタルケアの改善につなげる動きもあります。

Zoom での講義に関しても、欠席した人や復習のために録画をするだけでは不十分で、講義内容を解析、分析することによって新たな価値が生まれます。

一方で、セキュリティやプライベートに関する問題も浮上しています。

Zoom の活用が拡大し、リモートワークなどが進むと、家庭で過ごす時間が増えるというメリットの一方で、「どこまでがプライベートで、どこからが仕事か」という区切りが曖昧になり、切り替えが難しいというデメリットも生じます。

新型コロナの影響によるデメリットを克服し、新たな付加価値を生み出す取り組みも増えています。特に、さまざまなベンチャー企業がそういう形でチャレンジしているといえます。

事例① Uber

Uber の2020年第1四半期の決算を見てみましょう。

車のシェアリング事業だけを見ると、1〜3月の売上が5％落ちています。一方で、食品デリバリー事業の Uber Eats は52％も売上が増えているため、トータルでも8％伸長しています。

事業がライドシェアリングだけであれば、大きく落ち込むところでした。Uber Eats という、遠隔に関わるサービスがあったからこそ、トータルの売上が8%の増加になったといえます。

　危機的状況に際しては、「これまでのビジネスモデルに加えて、新たな用途をつくり出す」という考え方を取ることが大事です。

　また、Uber Eats はデリバリーするというところで評価されていますが、単に飲食店の料理を運ぶだけではなく、企業などが Zoom を使った遠隔懇親会やパーティーを開催するために、会が盛り上がるような食事や飲み物を企画して届けるなどの BtoB ビジネスとしても急速に広がりを見せています。

事例② エアウィーヴ

　寝具・クッション材の製造・販売を行うエアウィーヴでは、従来は百貨店や総合スーパー（GMS）を中心に、販売員が対面で説明しながら販売するというビジネスモデルを中心に展開していました。

　しかし、コロナ禍で大型店舗が休業したことや、対面販売が難しい状況となったことから、リモートによる販売を強化する方向へとシフトしました。

　もともとリモート販売自体には取り組んでいましたが、それを強化したのです。

　また、リモート・コンシェルジュがビデオ相談で商品についてアドバイスしたり、「ボディグラム」という、スマートフォンで体型を測定し顧客に合った商品を提供する計測システムを活用したりして評判となっています。

　さらに、消費者の志向の変化にも敏感に対応しています。新型コロナの影響によって、清潔さ、衛生（ハイジーン）が非常に重要視されるようになったため、家庭のシャワーで洗えるマットレスなど、時流に即した商品を強化しています。

　この「ハイジーン」と「リモート」という点について、素早くマーケット戦略を強化したことが、順調な売上の伸びにつながっています。

【ビフォー・アフターの事例】 エアウィーヴ

主に百貨店やGMSなどで、対面販売してきた

▼

リモート（非対面接客）とハイジーン（清潔・衛生）を武器に販売を増大

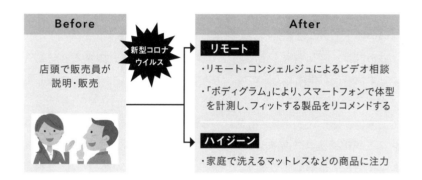

Before	After
店頭で販売員が説明・販売	**リモート** ・リモート・コンシェルジュによるビデオ相談 ・「ボディグラム」により、スマートフォンで体型を計測し、フィットする製品をリコメンドする **ハイジーン** ・家庭で洗えるマットレスなどの商品に注力

新型コロナウイルス

02

コロナを踏まえた
新規事業戦略

コロナ禍における消費行動の変化

　次に、コロナ禍による変化を踏まえ、成長に向かう戦略をどう取ったらいいか、ということについてお話ししたいと思います。

　右の図は、イノベーション・プロデュース事業を展開する AMAZY の笹本慎一氏が作成したもので、人々の消費行動の変化について表しています。

　従来は、物を買う「モノ消費」から体験を重視する「コト消費」へのシフトが指摘されてきましたが、そこからさらに**「トキ消費」へと変**わってきたと指摘しています。つまり、イベントへの参加など、**「特定の時間」を過ごすための消費行動**です。

　さらに、**コロナの影響を受けて、「タメ消費」がより具現化してきた**と指摘しています。

「タメ消費」とは、「せっかく買うなら、世の中のためになるものにしよう」と考えて選択する消費行動をいいます。以前から、SDGs の実現につながるような消費行動が広がってきていましたが、コロナ禍で「みんなで新型コロナに打ち勝とう。そのために貢献している企業や人の商品、サービスを購入して少しでも役に立ちたい」という考え方が増えているということです。

　これら4つの消費行動に共通していえるのは、**「共感消費」がより浮き彫りになってきた**ということです。つまり、一貫性のあるシンプルなストーリーで顧客に語りかけ、心に訴えれば、モノでもコト、トキ、タメでも訴求できる、逆に心に響かなければ購買につながらないように変わってきたということです。

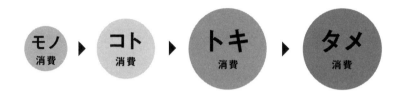

グローバルにおける顧客消費行動の変化

モノ消費 ▶ コト消費 ▶ トキ消費 ▶ タメ消費

 + ヒト消費

共感消費

総合的一貫性・ストーリー性

出典：AMAZY（笹本慎一氏）資料をもとに作成

経済危機における企業変革

　成長戦略を考える上で、イノベーションは不可欠な要素です。大きなイノベーションを起こした代表的な企業の1つに、ドイツのSAPがあります。

　同社では、改革を実施するにあたって**「3P（People: 人々、Place: 場所、Process: やり方）」を変えることが大事**だという方針を掲げました。"企業城下町"から離れ、共通言語で"異邦人"と交わり、デザインシンキングも取り入れていく、そして今回のような経済危機になったときにも縮こまるのではなく、あえて「3P」を意識的に入れ込みながら、新しい変革の糧にすることが大事だといえるでしょう。

「Society 5.0」で実現する社会とは？

　では、これからどういう世の中に向かっていくのでしょうか。これについては、いろいろな場所で議論されています。

特に、日本政府が「**Society 5.0（ソサエティ 5.0)**」ということで、コロナショック前から提唱している、目指すべき新しい社会像があります。

具体的には、Society 5.0とは、「**デジタル革新と多様な人々の想像・創造力の融合によって、社会の課題を解決し、価値を創造する社会**」と定義づけられています。

下図は経団連によるものをもとにしています。コロナ禍はいわば想定外の出来事ではありましたが、私はそれによってこうした社会へ向かう流れは変わらない、むしろ加速するだけだと考えています。

したがって企業も、デジタルトランスフォーメーションを推し進め、

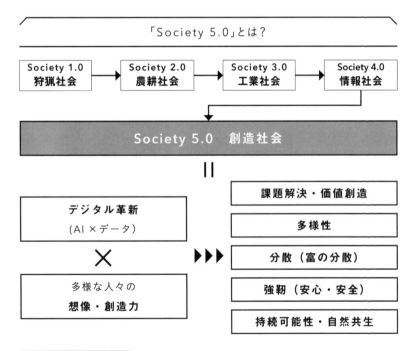

「Society 5.0」とは？

| Society 1.0 狩猟社会 | Society 2.0 農耕社会 | Society 3.0 工業社会 | Society 4.0 情報社会 |

Society 5.0　創造社会

＝

デジタル革新
(AI ×データ)

×

多様な人々の
想像・創造力

▶▶▶

- 課題解決・価値創造
- 多様性
- 分散（富の分散）
- 強靭（安心・安全）
- 持続可能性・自然共生

Society 5.0の定義

「デジタル革新と多様な人々の想像・創造力の融合によって、
社会の課題を解決し、価値を創造する社会」

出典：経団連「Society 5.0―ともに創造する未来―」をもとに作成

人々の想像・創造力を活用しながら、課題を解決し価値を創造していく、それぞれが多種多様な才能を活かし、格差も解消されていく、安心・安全な自然共生型の世の中に向かっていくために役立つ商品・サービスを生み出していく必要があるということです。

　そのためには、**ステークホルダーの結集がやはり大事**です。
　ステークホルダーとは、企業、政府、市民、NPO、金融機関、スタートアップ、ベンチャー企業といった、資金を投じて事業を行うものを指します。そのほか、大学の役目も大きいといえます。

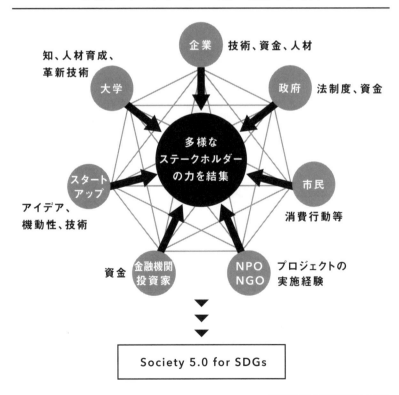

出典：経団連の講演資料をもとに作成

こういった多種多様なステークホルダーの力を結集することによって、新しい社会が生まれるのではないでしょうか。

　しかし、現状は比較的、企業をはじめとして組織内に閉じこもってしまっているステークホルダーが多く、その状況が経済の好転を妨げている面があるのではないかと考えています。

　DXは自動化、効率化、無人化、リモート化、省コスト、省電力といった目的に関しては明確だといえます。それを実現する手段についてもAI、ロボティクス、IoT、5G、4K、ブロックチェーン、クラウド、AR、VR、クリーンテック、新素材などがどんどん充実してきています。

　このように、目的と手段は明確になっているのですから、大企業は先駆的に取り組むベンチャー企業と組み、DXを相当広く推し進めていくことが大切なのではないでしょうか。

メガトレンド──DXが世界を急速に変えている

DXが目指すこと（目的）

自動化、効率化、無人化、リモート化、省コスト、省電力、環境保護、トレーサビリティ…etc.

DXが実現すること（結果）

遠隔医療、リモート教育、リモートワーク、スマート農業、スマート・サプライチェーン、スマートシティ、スマート・マニュファクチャリング、無人倉庫、無人店舗…etc.

DXを具現化するテクノロジー（手段）

AI、ロボティクス、RPA、IoT、5G、4K、ブロックチェーン、クラウド、MR（VR/AR）、クリーンテック、新素材…etc.

出典：Rebright Partners Pte Ltd.の講演資料をもとに作成

| 米田 隆 |

PART 2

人類史的な視点から見た
新型コロナ

コロナ禍であらわになった日本企業の財務リスク

ここからは、人類史的な視点で今回のコロナパンデミックの意味を捉えてみたいと思います。

たとえば、中世においてヨーロッパを中心に世界的大流行が起きたペストでは、推計5,000万人もの死者が出ました。大変な悲劇に見舞われたわけですが、その一方で、これを機に生じたプラス面もありました。

それは、公衆衛生の整備です。たとえば、中世のパリでは、ペスト対策として下水道の整備が一気に進みました。

また、どのように公衆衛生の問題に対応するかということで、それまでの教会を中心とする中世の考え方から、より科学的な考え方をするルネサンス時代へ進んでいくきっかけともなったのです。

こういう面も、人類史から見た疫病がもたらす社会変容ということができます。

つまり、今回のコロナ禍によるプラス面にも、目を向けるべきだというふうに考えているのです。

日本では、ITの対応力格差が経営リスクや経済格差として注目されがちですが、実はコロナ禍で、**財務の潜在的な脆弱性というものを露呈**した経営グループや事業グループがあります。

財務リスクは、今後の社会のリスク対策としても重要になっていくでしょう。また、将来、類似の事態が発生した場合に備えて、新たな資金調達の手法も考えられていくことになるでしょう。

危機的状況では、財務の健全化が重要となる

次ページの図は、コロナ禍で企業が受けた影響について、財務の観点

から分析したものです。

　たとえば、コロナ禍によるインパクトが最も大きかったのは、固定費（フローのマイナス）が大きく内部留保（ストックのプラス）が小さい企業です。その典型的な業態は、ラーメン店などの個人飲食店です。収益の特徴で見れば、比較的、粗利率が高く、現金決済で売掛金も発生しないため、内部留保があまりなくても、一定以上の稼働率のもとで操業が続いている限り、経営の継続には支障はありません。いわば、自転車操業となっている事例が非常に多いと考えられます。

　飲食店という業態はもともと、粗利率は大きくても、一部の繁盛している店以外、客席回転率が必ずしも高くないため、粗利額は大きくありません。結果として、多くの店は家賃や人件費を支払うと、営業利益があまり残らず、ストック資産である純資産の形成と、社内現金の内部留保が小さくなる傾向にあります。

　その点、大企業は財務基盤がより確かなものである傾向が強く、資本規模も大きいため、ある程度の危機に耐えることができます。

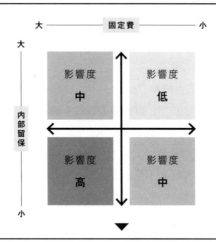

コロナで影響を受けた企業の財務分析

| 大 ——— 固定費 ——— 小 |

内部留保

大

影響度
中

影響度
低

影響度
高

影響度
中

小

コロナ禍で最も影響を受けたのは自転車操業をしていた企業

　一方で、通常の個人経営の飲食店より粗利率が高い高級ナイトクラブのような事業体の場合はどうでしょうか。この場合、固定費や人件費がさらに高くなる傾向があるため、コロナにかかわらず、顧客がいなくなるとすぐに資金が回収できなくなり、撤退せざるを得なくなります。こちらも収益構造そのものに、危機的状況下における脆弱性があるといえるでしょう。

　コロナ禍で、名前の知られた繁盛店にもかかわらず閉店した事例が非常に多く発生しましたが、この背景には、その業態のビジネスが財務構造から見て十分な内部留保を形成できていなかった、という原因が大きかったと推定されます。つまり、財務構造の脆弱性という観点からすると、固定費が大きく内部留保が小さいため、売上高があるうちは自転車操業で事業の運転資本を回せていたということになります。

　厳しいいい方となりますが、このような財務の脆弱性につながる条件がそろってくればくるほど、今回のコロナ禍のような危機に襲われた場

自転車操業が可能な企業の財務特徴

	高 ──── 粗利率 ──── 低	
大 運 転 資 本 の 必 要 性 **小**	**あまり適していない** 例：高級ナイトクラブ 固定費も人件費も高い。稼働率の低い店舗はいつでも（コロナ禍でなくても）廃業を強いられる	**最も適していない（通常は資本規模が大きい大企業）** 例：卸売 大きな取引や大規模資本が前提のため、結果生き延びている
	最も多く見られる 例：個人飲食店（ラーメン店など）	**適していない** 例：個人商店 固定費が小さい自社店舗の零細企業は、経営者が引退するまで（または亡くなるまで）生き延びる

（中央に「自転車操業」）

合、結果として財務インパクトが大きくなり、危機的状況に陥るリスク
が非常に高くなってしまいます。

【まとめ】コロナ禍で財務の脆弱性が明らかになった企業の特徴

1. 固定費が大きい
　とりわけ総費用に占める賃料比率が高い

2. 内部留保が小さい
　特に内部留保に対応した現金が少ない

3. 自転車操業で事業資金を回している
　高い粗利率と現金売上（運転資本から現金を得ることが可能）を前提に、
　低い営業利益率にもかかわらず自転車操業で成り立っている

上記3条件がそろうほど、
コロナ禍での財務インパクトは大きくなっていく

これから注目すべき社会的ニーズ

　次に、コロナ禍による変化を受けて社会のニーズはどう変わっていく
のかについて考えていきましょう。

　まず、情報技術を用いた新たな働き方を支援するという意味でいえ
ば、**①医療・介護分野、②生産現場の工場における自動化のさらなる推
進、③ECの本格的な普及**です。

　新型コロナの感染拡大が始まった2020年初頭から一時急落したアメ
リカのナスダックの株価は、2021年までに最高値を更新していきました。

　ナスダックに上場している企業の多くはITベンチャーですが、この
背景にはいわゆる「エッセンシャルワーク」のうち、定型業務の自動化
が推進されてきたことがあると考えられます。

　今まで何とかIT装備を回避してきた業務分野も、コロナ禍を機に一

気にこれを充実させ、その速度は想像以上に速く、方向性も不可逆的であると考えられます。典型的なものとしては、これまで対面が原則と考えられていた既存顧客との営業面談や定期的な点検・チェック、金融機関による口座開設業務なども、今後さらに進む就業人口不足も受けて、業務の非対面化や自動化が加速していくでしょう。

　一方、より創造的な働き方でオープンイノベーションも進むのではないか、と見ています。

　実際に、教育や共同研究開発などの創造的な分野では、オンラインコミュニケーションの比率が着実に増加しています。

　たとえばコロナ禍の最中であった2020年5月頃、世界的に事業を展開しているファミリービジネスの中西金属工業の中西竜雄社長とお話をする機会がありましたが、すでにリモートワーク率が50％まで一気に高まり、特に営業部門で顕著であるとのことでした。そして、「こうしたオンラインによる顧客コミュニケーション比率の高まりを、コロナ後ももとに戻すつもりはない」とはっきりと述べておられました。

　このように、働き方が大きく変わると、イノベーションのあり方にも、研究開発あるいは事業モデルの創造ということで大きな変化が訪れるだろうと考えています。

　それと同時に、**域内で業際を超えた顧客へのテーラーメードサービスの創造も始まる**と考えています。教育分野では、個人へのカウンセリングやコーチングなどのサービスは、オンラインで対応でき、移動コストがなくなることで、教育の重点がより個人指導へ移っていく可能性があります。企業内での1対1のコーチングやカウンセリングのニーズが高まると、この分野のスキルを学ぼうとする社会的ニーズもさらに高まるでしょう。その意味で、フリーランスとして、こうした分野をこれまで手掛けてきた方の仕事も社会的に重要性を増すと想定されます。収益モデルとして、本格的に成り立つようになっていくのではないでしょうか。

　また、都心のオフィススペースの需要がさらに減少し、特に企業が

「ワンフロアを大きく確保する」という従来の考え方は減っていくでしょう。

それから、先ほどの財務分析からも明らかなように、**事業の安定化を進める新しい財務面や収益面の仕組みが生まれ、普及する**のではないかと考えています。

すでにアメリカで行われているような、ショッピングセンターで優良なテナントに対しては低い固定賃料プラス売上高にリンクした賃料体系（固定賃料の変動費化）を提供するという形態も、より広範な分野で考えられていく可能性があります。

もしくは、この業態の変形として、駅前シャッター街のビルを公共事業体あるいは地元の企業の有志などで購入して、新しい有力なテナント誘致型ビルへと変え、より現代のニーズに即した飲食店などのテナントを入れるということも考えられます。業態として、保証金不要（＝固定費の低下）といった売り出し方なども増えてくる可能性があります。

また、クラウドファイナンスが求める最低調達額に満たない、**マイクロファイナンスが増える**可能性もあります。たとえば、いわゆる零細企業、個人経営の飲食店などの業種で、「額面13万円のデジタル食券を10万円で買ってください。そうすれば、3万円分お得です。応援してください」といった形式の、常連顧客などから少額ずつの資金調達を可能とする方法です。

そこでのリスクとしては、たとえば個人経営のオーナーが病気になる、といったケースが考えられます。このようなリスクについては、地元の商店街や商工会議所、あるいは地銀などが「倒産リスク保険」のようなものを提供し、デジタル食券の残額をすべて現金で買い取るような手法も出てくるかもしれません。

また、**人事評価や報酬システムも大きく進化する**と予想されます。
「働き手として提供している付加価値」ということを考えると、個人が持っている固有コンテンツだけではなく、「**ITプラットフォーム上での**

コミュニケーション能力」も重要な個人のパフォーマンス評価の対象になってくるでしょう。

　たとえば、このコロナ禍を契機に、オンライン会議で新規事業投資について取締役会で検討があった場合に、自分の人脈にいる専門家に5分程度出席してもらい、知見を述べてもらう、といったことを依頼できる時代になってきたといえます。

　通常、移動を伴う会議であれば、たった5分のために専門家に来てもらうのは非常に難しく、また、依頼する側も心苦しいものです。しかし、「90分の会議中、どの5分間でもいいから話をしてくれないか」といったよりカジュアルな依頼であれば、対応しようという専門家がいるかもしれません。

　今後は講義の場においても、個人の持つコンテンツ能力に加えて、SNSなどを含むITプラットフォーム上でのコミュニケーション能力がより問われてくるのではないでしょうか。

どこに新しい社会のニーズはあるのか？

1. 情報技術を用いた新たな働き方を支援する事業
① 医療・介護分野
② 生産現場の工場自動化
③ ECのさらなる本格的普及
④ エッセンシャルワークのうち、定型業務は限りなく自動化を志向
　≫ 今までは何とかIT装備を回避できた分野も、コロナ禍を契機に強制的にIT化が進むこととなる。その速度は想像以上に速く、不可逆的。

2. 創造的な働き方でオープンイノベーションが進む
① 企業の枠を超える
　≫ 企業の枠を超えた研究・事業開発が進む。
② 域内で、業際を超えた顧客へのテーラーメードサービスの創造が始まる
　≫ ITプラットフォームによって可能になる。

3. 教育の個別化
① 個人のカウンセリング／コーチング／メンタリングの普及
② 教育のインタラクティブ性はより高まる

4. 都心でのオフィススペース需要が減少
総面積ニーズだけでなく、ワンフロアの面積も小さくなる。

04

これからは「ジョブ」志向の
組織デザインが進む

企業が押さえておきたいポイント

　これまで見てきたような急激な社会やニーズの変化に対して、企業は、個別の経済主体としてどう対応していく必要があるでしょうか。

　ここまで述べてきたように、コロナ禍への対応については、ある種のエマージェンシーリスクへの対応としてだけではなく、すでに始まっている構造的な変化要因というものを、コロナ禍が加速化させているという考え方に立って考えるべきでしょう。

　たとえば、その要因の大きなものとして、マクロ経済的に見た人口および就業人口の減少傾向があげられます。人生100年時代を迎え、多様な働き方へのニーズも高まっています。リモートでの働き方であれば、副業としての参入も含め、より柔軟な形で労働市場に参加しやすくなる人々が増えることが予想されます。

コロナ禍により加速する構造変革要因

1. 就業人口の減少トレンドの継続
2. 多様な人々の多様な働き方へのニーズの高まり
   ① 女性　　② 外国人
   ③ 高齢者　④ 障害者
   ⑤ キャリア移行期にある就業者
   ⑥ フリーランサー
3. 情報技術の浸透
4. オープンイノベーションへのニーズ台頭

　今後は情報技術の浸透というものが、単に効率性の面からだけではなく、企業や業種などの枠を超えたオープンイノベーションなど、新しい創造の手法としても重要視されてくるでしょう。その意味で、むしろこういった構造変化を先取りできる企業が伸びていく、そして個人もその先兵たる担い手になれば自らのキャリアを大きく発展させうるのではないかと考えています。

「ジョブ」の再定義から新たな組織づくりを始めよう

　このように、コロナ禍を契機に進む「ジョブ」の再定義により、未来志向の組織デザインもすべきだといえるでしょう。**「個人の労働力を提供する形態」としての「ジョブ」というものが、あらためて定義される時代に入った**のです。

　このジョブという形で仕事を認識し、管理する必要が高まってきたのは、「自宅でどれくらい作業ができるか」というように、「会社に朝来て、夕方まで座っている」という従来の働き方とは異なる仕事の定義がなされるようになってきたことが背景にあります。そういうことを企業も個人も経験したということが、コロナ禍における学びの一つです。これによって、当然に組織や人材の評価や報酬も変化し、イノベーションの手法も大きく変わってくるでしょう。

企業・組織に関する視点

1. 組織や人材の評価や報酬が変わる

　「ジョブ」の本質的な定義に基づき、より生産性を意識した働き方に変わり、評価報酬体系も変わる

　≫「職場にいること」や「職場で使った時間」ではなく、
　　「ジョブが生み出した成果」の対価として報酬が支払われるべき
　　という考え方に移行していく

2. イノベーション創造の手法も変わる

「職場にいること」や「職場で使った時間」ではなく、「ジョブが生み出した成果」の対価として報酬が支払われるべきという考え方に移行していくのです。特に知的ホワイトカラーの仕事、特にいわゆるプロフェッショナルファームではこうした傾向が一層強くなっていくでしょう。

　日本の場合は、特にサービス産業のホワイトカラーの生産性の低さが問題になってきましたが、やはりこれからはここに大きくメスが入ると考えられます。

「ジョブ」の本質的定義から業務を見直す

　私は、仕事を「定型」と「非定型」の2つに分けたり、「機械で置き替えが可能か」、「遠隔でできるのか、社内でやらなければならないのか」というように区分けすることで、「付加価値が高まる仕事」と「そうではない仕事」に分類できると考えています。下図の灰色の部分は厳しい一方、黒い部分では新たにチャンスが生まれる、という考え方です。

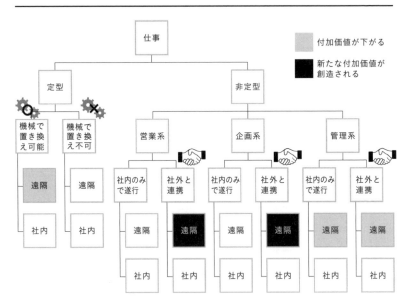

ジョブの本質的定義に基づく業務の見直し方

　遠隔で行う営業手法は生産性向上のチャンスとなる新たな働き方として今後も注目されるでしょうし、非定型で社外と連携して遠隔で行う領域も私は新たな創業性を高める働き方が可能な活動領域として注目しています。

　シカゴ大学のビジネススクールが2020年6月に出したレポートでは、アメリカでは「37％の仕事が自宅で可能だ」と結論づけられています。**約4割の仕事はリモートワークが可能**だということです。

　アメリカでは、一方でおよそ3割がエッセンシャルワーカー（必要不可欠な雇用労働者）だといわれています。このエッセンシャルワーカーとは、人々が日常生活を送る上で欠かせない仕事に従事し、そのサービスが提供されている現場で、常に一般大衆のために利用（実働）可能な状況でなくてはならない労働者という意味です。

　次ページの図では「ライフラインに関わっている仕事か否か」という不可欠性と、「免許が必要な業種かどうか」という定義、さらに「定型業務か否か」という定義などで分けることができます。

　このような観点からすると、一般的なジョブはおおよそ12種類に分けることができます。

　たとえば、医師は「エッセンシャルワーカーで免許業種、かつ非定型業務」という条件に当てはまるジョブが該当します。この分類上では、バスの運転手は看護師と同じカテゴリーに含まれることになります。

　一方で、企業の管理職はどこに分類されるのかというと、エッセンシャルワークといえず、精神的労働で、かつ公的資格を要求されることもなく非定型業務に携わる者になります。

　リモートワークの可否を考える上で、従来のように会社の組織図を眺めて「○部×課はリモートワーク」というように見るのではなく、このような**新たな視点で「そのジョブは本質的に考えると、どんな仕事か」を再定義した上で、新しいリモート環境も含めて生産性や創造性がより高まる働き方を探索していくべきだ**といえるでしょう。

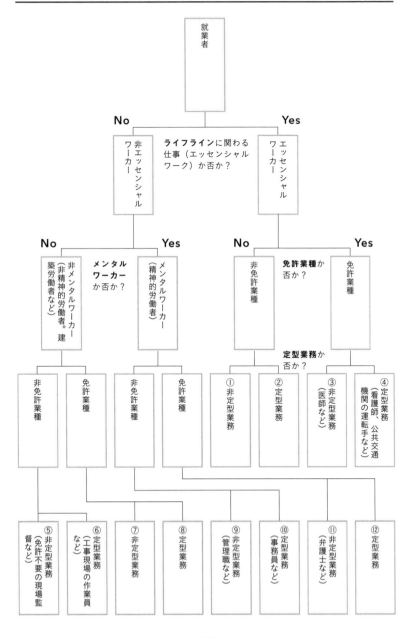

コロナ禍を機に先進国で進む仕事の分類

就業者

ライフラインに関わる仕事（エッセンシャルワーク）か否か？

No — 非エッセンシャルワーカー

Yes — エッセンシャルワーカー

非エッセンシャルワーカー

メンタルワーカーか否か？

No — 非メンタルワーカー（非精神的労働者。建築労働者など）

Yes — メンタルワーカー（精神的労働者）

非免許業種 ／ 免許業種

非免許業種 ／ 免許業種

⑤ 非定型業務（免許不要の現場監督など）

⑥ 定型業務（工事現場の作業員など）

⑦ 非定型業務

⑧ 定型業務

エッセンシャルワーカー

免許業種か否か？

No — 非免許業種

Yes — 免許業種

定型業務か否か？

① 非定型業務

② 定型業務

③ 非定型業務（医師など）

④ 定型業務（看護師、公共交通機関の運転手など）

⑨ 非定型業務（管理職など）

⑩ 定型業務（事務員など）

⑪ 非定型業務（弁護士など）

⑫ 定型業務

未来志向の組織デザイン

　これからは、このように「ジョブ」の視点で考えることによって、**あらゆる社内の仕事が市場価値（社外価値）で評価される時代に入る**のではないかと思います。

　ジョブが生み出す市場での顧客価値に注目すれば、社外のアウトソーシング先も含めて、ジョブの実行者を判断する必要があるということになります。これにより、**「市場価値をベースにした報酬制度」**が導入される必然性が生じます。

　同時に社内では、閉じた世界での論理に基づく人材配置（いわゆる「玉突き人事」など）は時代錯誤となり、新たな仕事の分類に基づいて社内外の人材ポートフォリオの最適配置を考え、組織図自体のあり方を見直す必要性に迫られるでしょう。

　私自身も現在、コンサルティングで関与している企業では、前述のジョブの定義で従来の組織図を俯瞰し、「どこに人材が足りていなくて、どこに余剰があるのか」を新鮮な目で見直すよう提言しています。

　ジョブ中心の人材配置が一般化すると、人材の流動化がより激しくなります。組織に人材を引き止めるだけの魅力がなければ、優秀な人材はどんどん外部に逃げてしまう事態になることも想定されます。

　その場合、148ページの図の灰色の分野の仕事は外部や機械に代替され、存続は危ないと判断できるでしょう。

　一方、黒い分野では、効率性・創造性の両面から見て、他社とのコラボレーションで付加価値が高められ、他社の経営陣からも直接評価を受ける仕事です。結果として、潜在的により高い報酬が得られる可能性のある仕事なので、多様な就業形態も可能である場合、組織が硬直した対応を取ればそうした人材が独立したり、他社に就業したりすることにより、外部へ流出するリスクが高まるでしょう。

1. あらゆる社内の「ジョブ」が市場価値で評価される時代

ジョブが生み出すべき顧客価値が、市場で評価されることに注目

↓

「誰がそのジョブを実行するのか」は、アウトソース先を含め、
常に社内外でその実行者を判断し、最適な配置を決定する必要がある

2. 市場価値をベースとした報酬制度の導入

ジョブの定義が変わり、その管理や評価の手法が変わる

↓

報酬体系も抜本的に見直されることになる

3. 社内の(閉じた世界での)論理に基づく人材配置の限界

従来の組織図を前提に、玉突き人事で人材の当てはめを行う方法では
市場での顧客価値を生むことはできない
優秀な人材の採用や引き止めも困難となる

↓

新たな仕事の分類に基づいて社内外の人材の最適配置を考えた上で、
組織図を見直すことが必要となる

05

ローカル企業は
今後、どうなっていくのか?

2種類の二極化が進む

　次に、ローカル企業について見ていきましょう。ローカル企業とは、一定の地域内で活動する企業のことで、日本の企業の多くが当てはまります。主に小売、流通、サービス業で、その多くはファミリービジネス（同族経営）です。また、財務とIT対応能力で見た場合、弱者と強者が併存しているのもローカル企業の特徴です。

　これに対する言葉は、全世界ベースで規模の経済性を追求して競争しているグローバル企業です。たとえば、グローバル企業はオリンピックなどで競争するアスリートといえます。難度D以上のような高い技術水準の選手たちの中で競い合うように、グローバル企業は、高水準の生産性競争をグローバル市場で展開しています。

　ローカル企業は通常、輸入品によって代替されないことからグローバル企業に比べると国際競争に直接さらされないため、生産性が高いところと低いところが共存しているといわれています。

「グローバル企業とローカル企業は、生産性の面で二極化する」といわれて久しいですが、**今後は「L（ローカル企業）の二極化」が始まる**と考えられています。

　Lの二極化がいわれ始めたのは2013年頃からですが、コロナ禍によってさらに加速化すると私は考えています。

　特に、私がコンサルタントとして関与している地方銀行などでは、「ローカル企業をどのような課題類型で分別していくか」という具体的な議論が始まっています。

　具体的には、**同一地域の同業種の生産性の高いLの企業が、生産性の低いLの企業を水平合併する形で業界の再編が進んでいく**と考えられます。

その引き金となる要因の1つは、地方の地価下落です（ちなみに、東京都が公表しているデータを見てもわかるように、東京都では2025年をピークとして人口が減少していくと予想されていますが、土地の値下がり率はむしろ東京より地方のほうが継続的に大きいと思います）。

そのため不動産担保融資が難しくなり、営業活動に伴うキャッシュフロー、すなわち税引き後の当期利益と減価償却から増加運転資金を控除した数値を常にプラスにできないと、融資の継続が困難になります。たとえば、営業キャッシュフローがマイナスの領域にあり、かつ過去3年間、どう見てもマイナスから改善傾向を示さない場合、融資先の貸出債権については、銀行は不良債権処理をしていくことが予想されます。

銀行の融資業務の役割は、本来マクロ経済的に見れば、産業の発展のための"血液"である資金の提供です。日本の産業構造の高度化（経済の高付加価値化）が進んでいない現状を考えれば、銀行のこうした機能が未だ十分に果たされていないと評価せざるを得ません。

産業構造の高度化が立ち遅れたため、現在、日本の1人当たりGDPは、先進国の中で置いてきぼり（2021年時点で世界第26位）の状況となって

ローカル企業（L）の二極化の背景

1. グローバル企業（G）とローカル企業（L）の生産性格差

G：グローバルに規模の経済性を追求して競争する企業

L：一定の地域内で活動する企業（主に小売・流通・サービス業）

 ≫ Lの企業のほとんどはファミリービジネス

これまでの議論

GとLの企業における生産性の二極化が進む

2. これから始まるLの企業の二極化

今後争点となる議論

Lの企業は「吸収される側」になるのか、「吸収する側」になるのか、
市場から選択を求められる時代が来ている

います。しかし、人口減少が進む中で、1人当たりの所得を上げていかないと、やはり日本が全体として豊かになることはできません。こうした状況を打開するには、企業の生み出す付加価値を高め、従業員1人当たりの生産性が高まることで、1人当たりの賃金が上昇する好循環を生み出すことが不可欠です。ローカル企業の再編はその切り札であり、そのプロセスで生じる余剰人員は、恒常的な人手不足にある、より生産性の高い産業セクターに短期間で吸収されると予想されます。

日本経済は、コロナショックの前、全都道府県で有効求人倍率が1倍を超え、本来、人手不足であることは明らかです。こうした都心および地方での豊かさの維持には、それぞれの地域で1人当たりの所得を向上させる必要があります。そのためには、生産性を上げる必要があり、Lの二極化を通じた**各業界の再編を契機とする生産性の向上、1人当たりの賃金上昇をもたらす域内の産業構造の高度化が不可欠**となります。域内での同業による買収が進むことで業界の再編が進みますが、そのきっかけとなるのが銀行の不良債権の処理だと考えています。

結論として、マクロ経済的に見れば、日本の産業構造の高度化およびバランスのとれた国土開発に寄与するということで、有力な地方のファミリービジネスによる買収とその資金調達を支援する地銀のある種の共生関係がこれから一層進んでいくでしょう。地域金融機関が上述のような不良債権処理を契機とする業界再編の流れを支援するだろうと予想しています。

しかし同時に、厳しい企業の淘汰も進んでいくと思います。

まず競争力という観点から、企業の分類を進めていくことが求められてくるでしょう。私は、競争力を評価する際には、**相対的なマーケットシェアの変化率と粗利率と組み合わせた分析を重要視**しています。たとえば、分析の対象企業には、仕事で競争入札になるようなライバル企業が必ずあるはずですから、そのライバル企業との間の売上高成長率の格差を考えてみるところから始めるのがよいでしょう。

ライバルが5％で分析対象が2％であれば、相対的にこの対象企業はマーケットシェアを失っていると評価できます。

1. 日本の産業構造の高度化に寄与

人口減少が続く日本では、一人当たりの所得を上げることが
豊かさの決定要因となる

≫ 一人当たりの所得を上げるには産業構造の高度化が前提条件となる

2. バランスのとれた国土開発に寄与

地方の有力ファミリービジネスが
地域金融機関と戦略的なパートナーシップを組み、業界再編を行う

≫ 地域での雇用創出、インフラ投資、社会貢献投資、納税などを通じ、
地域の豊かな自然と文化が保全される

≫ 今後有力な輸出産業とみなされているインバウンドツーリズムに
資するもの

▼

以上のようなマクロ経済効果も期待されるため、
金融が産業発展の血液である以上、金融庁は今後、
地方銀行の不良債権処理を通じ、こうしたLの二極化を推進していくだろう

それに加えて、対象企業の事業部門、製品、もしくは粗利率も落ちていれば、その競争力は「落ちている」と一時的には判断されます。

これが落ちている企業で、事業の継続性という観点から社内の現預金残高などを考え、時間に余裕がないと判断されるケースでは、**右図の⑥**「強いられた廃業の回避」に当てはまるものとして、不良債権処理を進めていくしかありません。

多少資金に余裕があれば事業からきれいに撤退し、残った不動産を有効活用することでなんとか一族の資産も増やすというのが、**図の⑤**「戦略的退出・事業売却」のケースです。

一方で、現在は競争分析から見た基礎体力がある企業の中でも、事業承継者がいない企業は増加傾向にあります。その中で規模が小さければ、一族以外の経営陣が多少借り入れをしても、引退する経営者から株を買い取れるということであれば、**図の④**「MBO（マネジメントバイアウト）」

のケースとなります。しかし、株価の買取りが一定規模以上となると、③「M&A（合併、買収）」をせざるをえない状況になるでしょう。

　反対に、事業承継者がいるものの、事業承継を進める上で問題がある企業の場合、次世代の経営者が経営改革をうまく進められる環境を整え、事業承継に伴う課題を解決する①のケースとなります。

　最後に、事業承継を進める上で問題がまったくない場合が②のケースですが、これは非常にまれでしょう。事業承継対策とは、すなわち承継の対象株式の相続税対策であると、事業継承の課題を矮小化して話をしていますが、むしろ重要なのは、「次世代経営者による経営変革がうまく進むかどうか」という社内外の環境分析・課題・ソリューションの一連の提案です。それは株主構成や親子間の問題、それからマネジメントチームが変革を十分に支援するようなスタッフであるかという評価に分類されるケースが多いというのが、私が実務でもよく出合う状況です。

マーケットシェアを失った企業の対処法

事業の基礎体力は？

あり ──────────────── なし

事業承継者は？			時間的余裕は？	
収益性が高い対象先				
あり		なし	あり	なし

事業承継を進める上での課題は？		売却するが、その規模は？		戦略的退出・事業売却	強いられた廃業の回避
あり	なし	大	小		
【支援メニュー】次世代経営者の育成　事業価値を向上させる経営チームの組成　ファミリーガバナンスの確立　相続対策・資産運用等	【支援メニュー】ステークホルダーと協議しながら、事業承継のプロセスを定期的にモニタリングする	【支援メニュー】事業売却の選択と相手先の紹介　一族会議支援とM&A仲介　↓　一族資産管理の支援	【支援メニュー】MBOの検討	【支援メニュー】早期に判断して、事業売却による個人資産の増加を図る	【支援メニュー】即時の判断により、個人資産の減少を少しでも抑制する
①	②	③	④	⑤	⑥

06

変化の時代を生き抜く
新しい資産形成法

可処分時間の増加で増えた「見つめ直し」

　今回、コロナ禍で多くの方がリモートワークなどにより自由になる可処分時間が増え、自分自身を見つめ、自己認識を深める機会を得たのではないでしょうか。

　一方で、コロナの影響で逆に可処分時間が減った人もいます。私のアシスタントの方も、リモートワークにより子どもを預かってもらえなくなったため「可処分時間が減った」と話しています。

　それでもやはり多くの方々が、少なくとも通勤時間がなくなったことや、会議や営業面談などの相当部分がオンライン形式に変わったことなどを経験したはずです。引退していないのに、突然、可処分時間が増加したことで、時間の使い方を振り返り、自分はどのようなことが好きで、どのようなことに価値を見出すのか、自分自身の姿がこれまで以上に見えてきたのではないでしょうか。いわば、**人生の優先順位を考え直す機会を得られた**のではないかと思います。

　この可処分時間の変化にどう対応したのか、自分の行動を分析してみてください。その行動こそ、真のあなたの発見につながることと思います。

　家族とどう向き合ったのか。自分ひとりの時間を何に使ったのか。自分自身のライフプランを見直す、特定分野の学びを深める、新規事業の構想を練るなど、いろいろあったでしょう。こういった自分自身への認識の深まりというのは、実はコロナが生んだとても面白い機会で、享受した人もいれば、うまく使えなかった人もいることと思います。うまく使えた人は、引退後の人生をより充実したものにできる確率を高める機会となったかもしれません。一方、うまく使えなかった人は、今から引

退後の人生についてよく考えておく必要があるかもしれません。いずれにせよ、自分自身についての気づきを得る機会となったはずです。

　もう1つ、**広義のコミュニティー志向への目覚め**というのもあったといえるかもしれません。自分は地域コミュニティーと不可分な存在であることへの気づきともいえます。「自分がどこに住んでいるのか」をもっと意識するようになった、あるいは「主体的に自分の住む場所・生きるコミュニティーを選択しよう」とする意識に目覚めたといってもよいかもしれません。

　私自身、60歳を超え、肉体的には社会的弱者に近づいてきています。そのため、このコロナ禍で「今、住んでいる地域に地震がきたらどうなるだろう」という不安が何回も頭をかすめました。

コロナが生んだ自己認識の変化

1. 自己認識の深まり

① 起こった現象
職場や取引先への移動時間がなくなり、出勤日や通勤時間が不定期となり、結果として可処分時間が大幅に増加した

② 現象にどう対応したのか？
増えた時間でとった行動を分析 ➡ 「真の自分」の発見につながる
・家族とどう向き合ったか？
・自分ひとりの時間を何に使ったか？
　例：自身のライフプランの見直し、特定分野の学びを深める、
　　　新規事業の構想を練る

③ 自分のとった行動を振り返って、どう感じるか？

2. 広義のコミュニティーへの意識の目覚め

① 地域コミュニティーと不可分な存在であることへの気づき

② 「今、所属しているコミュニティーと一体でいたいのか？」という自問
　＝ 主体的なコミュニティーの選択
・すでに選択できたなら ➡ どう磨き込み、充実させ、未来へつなげるか？
・これから選択するなら ➡ どんなコミュニティーへどんなプランで移住し、どんな覚悟で、どんな役割を果たすつもりか？

そのとき、やはり私自身、社会的弱者である高齢者として、もし居所を自由に移動できるという選択肢があるならば、「東京を出なくてはいけないのでは？」という思いに至り、「自分のコミュニティーは、自分自身で主体的に選択しなければならない」と考え始めました。

もしみなさんも、同じ地域に住み続けるのであれば、どのようにそのコミュニティー（物理的環境や人間集団が生み出す環境）を改善し充実させ、またコミュニティー、つまり地域社会をどのようによりよいものとして未来へつなげるべきかを考える必要があるでしょう。

移住を検討するのであれば、具体的にどんな基準でコミュニティーを選択し、どのような計画を立て、どのような覚悟で地域とのつながりを主体的に構築して創造的に生きていけるか、その実現性について多様な視点で考えていただきたいと思います。

変容を求められる個人のライフデザイン

1. コロナ後に変わるライフデザイン

仕事の再定義や主体的なコミュニティー選択を通じ、
ライフプランニングを変更しようとする人々が増加し、
それを支援するサービスも増加するだろう。

2. ライフデザインの移行を支えるキャリアとお金の両輪

こうした移行期をうまく乗り切るためには、
キャリアプランニングとファイナンシャルプランニングという両輪を
総合的に回す「トータルライフデザイン」という考え方が重要となる。

幸せな人生を築くライフデザイン術

　個人と組織の関わり方という点では、より主体的にライフデザインをつくっておく必要があります。

　実はライフデザインの移行では、お金の問題がきわめて重要です。私の専門分野の1つであり、大学でもプライベートバンキングの講義で取り上げている**「トータルライフデザインを支援するワークシート」**を2つ紹介しましょう。

　これらのワークシートは、お金の因果律を俯瞰して、**人生の課題をいち早く認識し、時間を味方につけて、人生をよりよく、より柔軟にデザインすることを目的**としており、私自身も実践しているものです。

　私自身の経験を申し上げると、証券会社の経営者時代、給与が増えても固定性の生活費（ライフスタイルコスト）を増やすことには使わずに、その大部分を貯蓄し、さらに**投資信託で全世界分散投資**をするプログラムに毎月の給与から投資することで一定の個人資産を形成しました。それによって、キャリア移行時の資金不足に備えることもできました。このことで今、よい意味で人生後半のキャリア展開につながっていると考えています。

　また、人生のプランニングツールとして次のページの図のような**「ライフスタイルコンパス」**を用いて、**「自分は人生の課題にバランスのとれた対応ができているか」**を点検することも重要です。その際にベースとなるのはやはり、この図でも頂点にある「健康」です。そして「生きがい」についていえば、私の場合はキャリアがまさに人生そのものであり、大変重い要素となります。

　加えて、みなさんが**夢を追えるような「働き方」**を行うためには、**資産形成がとても重要**となります。

　働き、そして「賢い支出」を行うことで、その差額が余剰資金となります。それで、毎月の運用のためのフロー（長期投資可能資金）ができます。しかし、せっかくの資金も、適切な投資手法で「賢い運用」をしていかなければ、増やすことはできません。

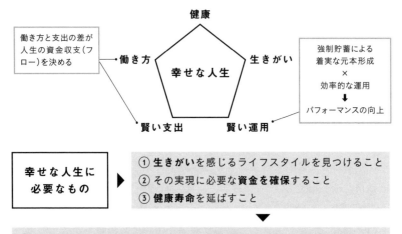

幸せな人生に必要な「ライフスタイルコンパス」

健康

働き方と支出の差が
人生の資金収支（フ
ロー）を決める → 働き方　　生きがい

幸せな人生

強制貯蓄による
着実な元本形成
×
効率的な運用
↓
パフォーマンスの向上

賢い支出　　賢い運用

| 幸せな人生に
必要なもの | ▶ | ① **生きがいを感じるライフスタイルを見つけること**
② **その実現に必要な資金を確保すること**
③ **健康寿命を延ばすこと** |

▼

① お金の問題は支出と収入という**フロー**と運用資産の**ストック量**で決まる
② フローをコントロールするには、**賢い支出と働き方のバランス**が肝要
③ バランスの欠如や非効率な資産運用は、資産のストック量を減少させる

「資産形成チャート」で自分の課題を知ろう

　ところで、資産形成の成功度合いとキャリアにおけるリスクテイク能力には、どのような関係があるでしょうか。

　みなさんがこれからキャリアを築いていく際にも、さまざまな仕事や新規事業の責任者として取り組まれるときにも、**潜在意識レベルでのリスク耐性は、自身の財務基礎体力に影響を受ける**ことを自覚してください。財務面が充実していると、自ずと、より合理的なリスクを取りやすくなり、あなたのキャリアを発展させます。

　最後に、正しいマネースタイルの確立やキャリア形成との関連で、変化に強いライフスタイルについて提示したいと思います。実は私はアメリカの個人資産形成専門の証券会社で社長を8年間務めたことがあり、その縁から、個人の資産形成について、質問や講演の依頼を受けることがよくあります。

　そういう中で、ある朝早く目覚めたとき、ふと、同じ話を何回もさまざまなところでするのは非効率だと感じ、資産形成を成功に導く因果関係をまとめてみました。それが次ページのフロー図です。

　私はこれを**「資産形成のダイナミックメカニズム」**と名付けました。リンダ・グラットンが著した『LIFE SHIFT（ライフ・シフト）　100年時代の人生戦略』（東洋経済新報社）からもインスピレーションを得て、私の長い間の個人の資産形成に関わるコンサルティングプラクティスと融合して作成したチャートです。

　ご自身がもし、現時点で「思うように資産が形成できていない」という課題を感じているとしたら、この図式のどこかに問題点があるということです。ぜひ、この図をヒントにご自身のマネーライフを見直してみてください。

自由なライフスタイルを実現する「3つの資産形成術」

　次ページの「資産形成のダイナミックメカニズム」の図は、**「資産形成ができる人」**と**「そうでない人」を分ける因果律を1枚のフローチャートで説明する**ために作成したものです。

　今回のコロナ禍のような長期に渡る甚大な経済的・社会的ショックは、人々の経済格差を一層拡大させる要因となります。現実問題として、万が一のときに取り崩すストック資産のない人は、企業経営と同様に、フロー（給与）のみを扱っていることに不安を感じたはずです。また、正規従業員のように、フローに保障がある方とそうでない非正規の方では、その経済的インパクトの差は歴然としたものであったはずです。

　時代が VUCA（Volatility・Uncertainty・Complexity・Ambiguity）といわれる不確実性の高い時代に入り、フローが突然激減したりなくなったりするリスクは、今後も高い頻度で生じやすくなっています。

　一方、こうした経済・社会環境の激変をむしろ好機と捉えて、計算されたリスクを果敢にとるビジネスパーソンもいるはずです。こうした**不透明で変化する時代だからこそ、「守り」と「攻め」を組み合わせたしなやかな生き方がビジネスパーソンに求められている**と思います。

資産形成のダイナミックメカニズム

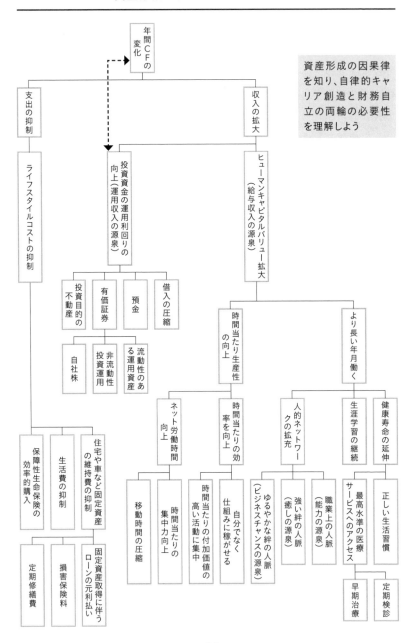

資産形成の因果律を知り、自律的キャリア創造と財務自立の両輪の必要性を理解しよう

年間CFの変化

支出の抑制

収入の拡大

投資資金の運用利回りの向上（運用収入の源泉）

ヒューマンキャピタルバリュー拡大（給与収入の源泉）

ライフスタイルコストの抑制

投資目的の不動産

有価証券

預金

借入の圧縮

時間当たり生産性の向上

より長い年月働く

自社株

非流動性投資運用

流動性のある運用資産

時間当たり生産性の向上

時間当たりの効率を向上

人的ネットワークの拡充

生涯学習の継続

健康寿命の延伸

ネット労働時間向上

保障性生命保険の効率的購入

生活費の抑制

住宅や車など固定資産の維持費の抑制

移動時間の圧縮

時間当たりの集中力向上

時間当たりの付加価値の高い活動に集中

自分でなく仕組みに稼がせる

ゆるやかな絆の人脈（ビジネスチャンスの源泉）

強い絆の人脈（癒しの源泉）

職業上の人脈（能力の源泉）

サービスへのアクセス

最高水準の医療

正しい生活習慣

定期修繕費

損害保険料

固定資産取得に伴うローンの元利払い

早期治療

定期検診

　私自身、3度の大きなキャリアチェンジを経る中で、キャリア移行時に経済面で自分を支えてくれる金融資産の力を痛切に感じており、読者のみなさんと個人のファイナンシャルプランニングの要諦を共有したいと思っています。

　個人が自律的キャリア創造を進めていくには、経済的自立（financial independence）が不可欠です。十分な金融のストック資産がある経済的自立度が高い人は、キャリア移行時にいったん所得が下がっても、短期的な生活資金不足はストックの金融資産を取り崩すことで対応し、長期的には自らの価値観に合致した、経済的にも報われる仕事を選択するという自律的キャリア創造が可能となります。

　変化の時代には、**経済的自立と自律的キャリア創造の両輪を回すことで、変化への対応能力の高いライフスタイルがより求められていきます。**

　こうしたライフスタイルを成功裡に確立するには、次の3つの原則が必要です。

原則1 固定性生活費（ライフスタイルコスト）を抑制する

　残念ながら多くの人は、給与の振込口座の残高を見て、支出を増やしてしまい、キャリア移行時や老後のためのストック資産を形成するための投資元本を生み出せずにいます。

　若い世代の方々は通常、35 ～ 40歳程度まで生活給としての給与が毎年上昇する給与体系となっています。

　ぜひ、今後は**「対前年比で上昇した基本給やボーナスの70% を将来に向けた運用資金に、30% は前年から見た生活水準向上にまわす」**という**「7：3の原則」**を採用してみてください。15年経てば、累積元本が複利運用により増加し、大きな資産となっているはずです。

　資産形成期の資産運用においては、正しいプロセスである**長期性資金で長期・分散（時間・対象）投資を10 ～ 15年間、一貫して継続すれば、誰もが成功**します。たとえインカム・リッチの所得階層に入ることはできなくても、バランスシート・リッチになることができるのです。

原則2 収入源を分散する

・共働きを原則とする

共働きすることでフロー（収入）のリスクコントロールの可能性は大いに高まります。

・可能ならば副業を行う

収入源の多様化という意味だけでなく、100歳リスクの時代を踏まえて、40代での転職や60歳を超えてからのシニアライフの中での多様な働き方の選択肢を増やすことに寄与します。

原則3 余剰資金を確実に運用させる

収入と固定費の差が余剰資金（投資元本）となります。しかし、その余剰資金を低利の預金で寝かせておいては、お金は働いたことにならず、ストック資産の形成において、複利効果による加速が生じることは決してありません。

しょせん、預金は流動性保全の手段です。流動性の確保として、通常必要な6カ月分の生活費や5年以内に予定している大型耐久消費財（例：自動車）の購入に必要な資金を確保した上で、それ以上の余剰資金を預金しておくことは、結果としてゼロ金利で長期運用し、大きな機会損失を発生させることと同義となります。

「65歳で引退」という世の中の常識を考えれば、**50歳までの運用は、むしろ100％株式で全世界分散投資を長期投資に耐える優良な投資信託を用いて長期投資する**ということになります。

15年間の運用期間を前提とすれば、毎月、給与口座からの**自動振替により、全世界を対象とする株式投信を時間分散（ドルコスト平均法）で購入する**ことで、あなたの財務自立の支柱となるストック性の金融資産を着実に増加させることができます。

ここで、164ページの「資産形成のダイナミックメカニズム」を改めてご覧いただきたいと思います。

まずは、毎月の資金収支をプラスにします。収入は、働くことによる

給与と資産運用の両面から増加させることができます。借入は負の資産運用として、キャッシュフローを減少させるので、個人の場合には、法人の場合と異なり、余剰資金があれば運用する前に無借金になることが原則です。

　週末だけ利用するマイカーは消費財であり、自動車ローンで購入している方は資産形成で成功する基礎条件を欠いていることになります。支出のコントロールでは、住宅購入と裁量性の支出の圧縮が大きな節約項目です。教育費は人生の投資運用と考えているため、私は極力削減することは勧めません。

　私自身、子どもに遺すべき3つのものは、①世界最高水準の教育、②よい人脈、③そこそこの財産の順で大切だと考え、日々、実行しています。

　働き方について、少し、このフローチャートを使って解説したいと思います。「ヒューマンキャピタルバリュー」は、経済学的には「個人の生涯所得の現在価値」と定義できます。つまり、「労働時間1時間当たりの所得」を増やし、より長く働くことで増加します。

人生を輝かせる「人脈」の築き方

　ここで『LIFE SHIFT（ライフ・シフト）』の著者であるリンダ・グラットン教授の考え方も一部取り入れ、私自身が実践している「人生においてより長い期間現役で、効率的に働くライフスタイル」をこのフローチャートにそって説明したいと思います。

　より長期間、現役として効率的に働くには、健康寿命の延伸と生涯学習が欠かせません。しかし、あなたがどんなに健康で学び続けていても、**「あなたと一緒に仕事がしたい」と他者から思われない限り、あなたの働く力が顕在化し、経済価値を世の中に生み出すことはない**のです。グラットン教授は、100歳リスクの時代に入り、有形資産も重要であるが、人脈などの無形資産はさらに重要だと提言しています。

　私は、人脈を次の3つに分類して整理しています。

① 職業上の人脈

　この人脈は、職業上のよいエコシステムを社内外に形成し、創造的に活動することを指します。いわば、あなたにとって職業上の能力の源泉です。グラットン教授は、こうした無形資産を**「生産性資産」**と呼び、証券アナリストがA社からB社へ1人で移籍するとパフォーマンスは落ちるが、チームで移籍するとパフォーマンスは落ちないという研究論文を紹介しています。これは私たちの常識にも合致し、おそらく外科医のチームや建築・設計チーム、企業のリストラ・M&Aのチームなどにも同様に当てはまる現象であるはずです。我々の**社会は、もはや1人だけでは仕事ができないほど、複雑で専門性の高い仕事の時代に入っている**のです。

② 強い絆の人脈

　グラットン教授が**「再生資産」**と呼ぶ、無形資産です。我々が日々の仕事で疲れ、挫折をしても支えてくれる家族や親族、パートナーのことです。こうした強い絆を持つ人々は、あなたに癒しを与え、明日も頑張る気力を授けてくれます。私はこれを「癒しのネットワーク」と呼んでいます。しかし、ここからは新しいビジネスチャンスは提供されません。近親者として、困っているあなたの姿を見ても、すでにそのための助言や助力は出し尽くしているからです。

　そこで必要になるのが、第3のネットワークである「ゆるやかな絆」です。

③ ゆるやかな絆の人脈

　これこそ、あなたに**ビジネスの機会をもたらす源泉**です。

　たとえば、5年前にあなたがあるプロジェクトで一緒に仕事をしたAさんと偶然に道で出会い、最近の状況を聞かれ、「今、新しいプロジェクトを発掘しようとしているのですが、なかなかうまくいかなくて」と告げると、Aさんから「ちょうど、あなたにぴったりの案件があるのでご紹介したい」と、新たなビジネス機会が突然提供されることになりま

す。かつて一緒に仕事をして、あなたの能力と仕事への姿勢を評価し、職業人としてのあなたに敬意を持っているからです。

　こうした大切な絆を持つ人と長く連絡を取っていないならば、すぐに連絡を取ってみるべきです。このように、ゆるやかな絆がなぜ新しいビジネス機会の源泉になり得るか論理的に理解できれば、初対面ばかりの人が集まる異業種交流会で名刺を何枚配っても、ビジネスの機会創出という観点からは、生産性が高くないことが容易におわかりいただけるでしょう。

　あなたの働く力を支える人脈について、上述3つを総括すれば、**「職業上の人脈」こそあなたの能力の源泉であり、「強い絆の人脈」はあなたにとってエネルギー充電の場であり、「ゆるやかな絆の人脈」はあなたに新しいビジネスの機会を提供する源泉となる**のです。

　一番強いものでもない、一番賢いものでもない、変化への対応能力の高いものだけが生き残るのは生命の歴史が示してきたところです。

　また、もし、あなたが資産形成で成功できておらず、財務的自立に課題があると感じているならば、「資産形成のダイナミックメカニズム」に記された因果律の各要素のどこに課題があるのか特定してください。そして、課題を1つずつ改善し、財務自立と自律的キャリア創造の両輪をまわすことで、100歳リスクの時代をしなやかに生き抜く、トータルライフデザインが可能になるでしょう。私自身、VUCA の時代の中で、こうしたライフスタイルを実践して生涯現役を目指し、豊かな100歳時代を切り開いていきたいと願っています。

コロナ危機の 財政・金融政策と リスクマネジメント

新型コロナの登場はすでに2018年、
WHOによって予見されていた。
にもかかわらず、なぜ各国は対策らしい対策を立てられなかったのか？
また、新型コロナのような突発的な危機に、
企業は今後どう備え、立ち向かえばよいのか？
新型コロナ出現以降の世界、日本、企業の動きをたどりつつ、
今後の課題と対策について明らかにしていく。

川本裕子

東京大学文学部社会心理学科卒業。オックスフォード大学院経済学修士（開発経済学）。東京銀行（現三菱UFJ銀行）、マッキンゼー・アンド・カンパニーを経て、早稲田大学大学院ファイナンス研究科教授、2021年6月まで経営管理研究科教授・早稲田大学ガバナンス＆サステナビリティ研究所所長。

| 川本裕子 |

コロナ禍が日本経済に
与えた影響とは？

天災が社会のメリットに転ずることもある

　本章では、「経済・金融ショックとリスクマネジメント」について話します。

　2020年初頭から始まったコロナ禍により、社会全体が経済的な打撃を受けただけでなく、なかなか終わりが見えない中で見通しが立たず、多くの方が不安を感じる状況が続いています。そうした中で、まずは過去の災害で、よいこともももたらされた例について紹介したいと思います。

　たとえば、1815年にインドネシアのタンボラ山で起きた史上最大規模の噴火により、地球全体の気温が数度下がるほどの異常気象となったことがありました。これにより、世界的な飢饉が起きてしまいます。交通手段として広く使われていた馬のえさもなくなり、その結果、移動の手段も失ってしまいました。しかし、それによって発明されたのが、自転車だといわれています。

　また、19世紀にコレラが大流行した際には、フランスで水道が整備されました。ナポレオン3世の勅令によるものです。衛生環境がよくなり、その後に水メジャーであるヴェオリアやスエズなどの企業ができました。

　17世紀には、ヨーロッパでペストが大流行しました。コロナ禍における現在の大学と同じようにケンブリッジ大学も閉鎖され、それにより、学生だったアイザック・ニュートンは郊外の実家に戻り、本を読み、研究にいそしむ生活を送るようになりました。そうした中でじっくり考える時間を持ち、万有引力の法則を発見したともいわれています。これはまさに、いかなる環境もよいほうに展開できる可能性があることを示しているように思います。

　私は銀行やコンサルティング会社を経て、2004年から早稲田大学大学院ファイナンス研究科で教鞭をとっています。2016年からは経営管理研究科の発足に伴い、WBSで講義を受け持っています。コーポレートガバナンスについては日英両方の言語で講義を行っており、また金融機関マネジメント、金融システム比較、戦略的思考とコミュニケーションという講義を担当してきました。また、これまで、さまざまな政府委員や企業の社外取締役も務めてきました。

　今回は、このようなバックグラウンドから、コロナ禍をどのように捉えるかということについてお話しします。

コロナ禍とはどんな危機なのか？

　コロナ禍という危機の基本認識、それから経済状況のおさらいで一番大きなポイントはやはり、リスクやロスの大きな部分を政府が支える体制になっているということです。

　ですので、**アフターコロナでは、将来世代の負担が大きくなる**だろうことを意識する必要があります。その解決のためにも成長のためにも民間の活力は必須で、特に日本の場合は生産性の改善が必要であるというのが今日のメッセージです。

　ひとくちに「生産性」といっても、労働生産性もあれば資本の生産性もあります。リスクへの備えが非常に大事だということも、これから話していきたいと思います。

　基本認識として、よくいわれるように、パンデミックは世界各国で内向きの動きが非常に強まっている中、国際的な分断が進む真っただ中で始まってしまいました。

　現代は「G0」の時代と呼ばれ、世界的にリーダーシップを取る総司令官がいない、あるいは自国ファーストといったキーワードがいわれている時代でもあります。

　コロナは世界で起きていた分断化の流れをさらに加速させたともいえるでしょう。

　そういう意味で、ウイルスの科学的な解明やワクチンの開発では国際

的な協力が続いていますが、**政治経済面ではむしろ対立が先鋭化する方向へと進んでいます。**

　サイバー攻撃は激しさを増しており、日本でもかなり深刻な状況が指摘されています。

　海外に目を転じれば、難民問題が解決する兆しはなく、経済においても、EUがGAFAに対する規制を強めるなど、巨大IT企業をめぐる議論が激化しています。

　そういう中で、コロナとの戦いは日本企業にどう影響したのでしょうか。

　現状を見ると、打撃を受けているセクター、中立的、あるいは好景気にわくセクターに明らかに分かれている状況となっています。これはおそらく読者のみなさんもよくご存じでしょう。

　しかし、好景気にわくセクターであるITや通信分野の企業は、日本には多くはないというのが実態です。これは日本にとって大変大きな問題です。

　自動車産業や輸出入に関しては、非常にダメージが大きい状況となっています。

　そういう状況への対応策として、いずれの先進国においても財政政策が実行されてきましたが、その規模は最初の半年ほどで先進国として2008年に起きたグローバル金融危機の際の2倍となっています。

　G20でも、2020年夏の段階で500兆円の財政支援を実行しており、事業規模では1,000兆円となります。

　このような中で、グローバルな経済の立ち直りについて見てみると、新型コロナ蔓延の時期と対応の違いによって時間差があるものの、中国がいち早く回復しました。2020年6月に発表された4〜6月のGDPでは前年同期比で3.2％の成長を果たしています。ただ、雇用なき回復ともいわれています。

　ヨーロッパでは、特にドイツでは製造業を中心に、メルケル首相（当時）のリーダーシップのもとで回復が始まりました。

　右のグラフはIMFが出した世界経済の見通しですが、2020年の世界

世界経済の見通し

成長率予測

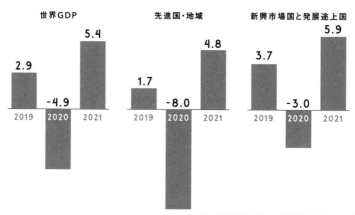

世界GDP

2.9 2019
-4.9 2020
5.4 2021

先進国・地域

1.7 2019
-8.0 2020
4.8 2021

新興市場国と発展途上国

3.7 2019
-3.0 2020
5.9 2021

出典:IMF資料(2020年6月改訂見通し)をもとに作成

新型コロナは日本経済にどう影響しているか?

1.打撃を受けているセクターは?

観光、ホテル、レストラン、航空、エネルギー
自動車産業、輸出入もダメージが大きい

2.中立的、あるいは好景気にわくセクターは?

eコマース、クラウドサービス、ビデオ会議・娯楽・教育サービス、ヘルスケア、半導体
※このセグメントに日本の企業は多くない

3.労働力不足は?

依然存在する

4.政策的対応は?

先進国での財政政策の規模は、グローバル金融危機(2008年)の2倍
(G20で500兆円、事業規模1000兆円*)
》日本の大企業の資金繰りは一息ついている状態

*5.2兆ドル、10.9兆ドル(2000年7月現在)

5.グローバル経済の立ち直りは?

蔓延時期と対応の違いにより、国や地域で時間差がある
中国はいち早く回復し、ヨーロッパ(特にドイツなど)、アメリカが続く

のGDP成長率予測は-4.9％です。2021年には5.4％と予想していますが、その通り行くでしょうか。先進国は特に2020年は-8％ですから、フローベースではかなり打撃を受けています。

マーケットはコロナ禍をどう受け止めたのか？

次に、コロナ・ショックをマーケットがどう受け止めたかを見ていきましょう。

下のチャートから、株式時価総額の減少がわかります。縦が株主総利回りの加重平均、幅が2019年末における時価総額です。

世界的に見てだいたい13％くらい株主総利回りで下がり、日本はその平均より若干悪い、アメリカは若干よいという数字です。中国は平均よりもよい数値となっています。

一方で日本国内を見ると（右図）、セクターによって非常に大きなばらつきがあります。下落幅は、図の左のほうの「不動産」や「アパレル・

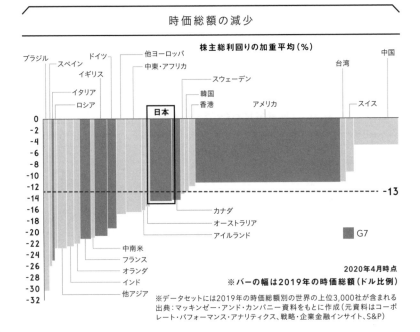

時価総額の減少

株主総利回りの加重平均（％）

ブラジル／スペイン／ドイツ／イギリス／イタリア／ロシア／他ヨーロッパ／中東・アフリカ／スウェーデン／韓国／香港／日本／アメリカ／台湾／スイス／中国

カナダ／オーストラリア／アイルランド／中南米／フランス／オランダ／インド／他アジア

G7

2020年4月時点
※バーの幅は2019年の時価総額（ドル比例）

※データセットには2019年の時価総額別の世界の上位3,000社が含まれる
出典：マッキンゼー・アンド・カンパニー資料をもとに作成（元資料はコーポレート・パフォーマンス・アナリティクス、戦略・企業金融インサイト、S&P）

ファッション」が約 -30％、一方で右のほうの「通信」や「医薬品」は数％程度となっています。注目したいのは「銀行」が -26％となっていることです。これは結局、ロスが出た場合はこのセクターで引き受ける部分が大きいためで、このセクターの痛みがこれからどの程度となるのかは注意して見ていく必要があります。

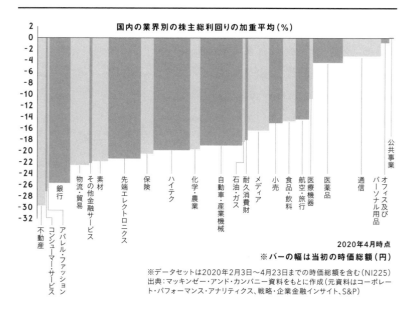

時価総額の下落幅は、分野により著しく異なる

国内の業界別の株主総利回りの加重平均（％）

2020年4月時点
※バーの幅は当初の時価総額（円）

※データセットは2020年2月3日～4月23日までの時価総額を含む（NI225）
出典：マッキンゼー・アンド・カンパニー資料をもとに作成（元資料はコーポレート・パフォーマンス・アナリティクス、戦略・企業金融インサイト、S&P）

次に、GDP についても見ていきましょう。

次ページのグラフは、日米の四半期ごとの GDP の推移をまとめたものです。アメリカでも日本でも多くの専門家が「GDP は第2四半期（4～6月）にさらに縮小するが、第3四半期（7～9月）にはリバウンドするだろう」という予測を立てました。日銀は4月の段階で、基調判断、成長率、物価のすべての見通しを大幅に下方修正しています。

さらに日銀は、2020年度も、日銀の物価を2％上昇させるという目標は達成できないと公式に認めています。6月15日には2020年度の成長率

の予想を引き下げ、-5.7 〜 -4.5としていると報道されました。

　また、物価に関して注目したい点としては、需給ギャップのマイナス転化と賃金次第で、デフレの再燃が起こるという声もあります。

　アメリカの失業状況については、失業保険の申請数で見てみると（次ページ上図）、3月末には1週間に約665万件となっています。これは平常時の30倍、リーマンショックのときの10倍の数値です。また、失業率は2020年6月でおよそ11.1％となり、同年2月の3.5％の3倍近くとなりました。

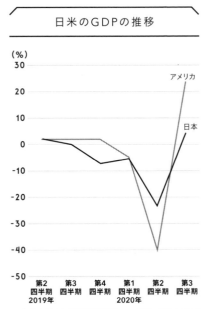

日米のGDPの推移

出典：2020年第2四半期以降のアメリカの予想はCBO（議会予算局）によるもの、日本の予想は民間エコノミスト平均（日本経済新聞）によるもの

　一方、日本の2020年5月の失業者数は約200万人、失業率は2.9％でしたが、これは全就業者数6,656万人に対しての数字です。4月の休業者、つまり仕事を休んでいた600万人程度は含まれていません。実はこのうち7％が、5月過ぎに失職しています。200万人に、この休業者600万人を合わせると800万人で、これを全就業者数で割ると12％にも上ります。

　日本の場合には直接的な失業者にはもちろんなっていないわけですが、**数字だけを見ると、他の先進国の失業率の水準と変わらない**と見ることもできるのです。

　これに対して、政府はどう対応したのでしょうか。

　それをまとめたものが右下の表です。

　まず、政府は、経済対策として2020年4月に補正予算を組みました。予算規模は48兆円超で、内訳は雇用調整や損害が大きかった中小企業への補助金などの資金繰りのサポートが中心です。家計に対しても、国民

アメリカにおける失業保険申請数

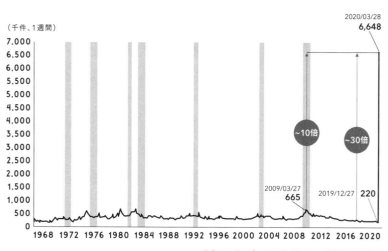

出典：マッキンゼー・アンド・カンパニー資料をもとに作成

日本政府の対応

- **経済対策**（閣議決定：2020年4月7日決定、4月20日変更）

  補正予算（国会で可決：4月30日）

  ・予算規模：48.4兆円

  ・雇用調整助成金の拡充、収入の半分以上を失った中小企業への補助金、資金繰りに困窮する企業へのサポート

  ・家計のサポート、全国民に1人10万円を給付

  ・納税や社会保障費支払いの猶予

- **日銀：金融緩和の強化**（4月27日）

  ① CP（無担保約束手形）・社債等買入の増額（合計20兆円、発行体ごとの買入限度緩和、買入対象社債等の残存期間を5年に延長）

  ② 新型コロナ対応金融支援特別オペレーションの拡充

  ③ 国債のさらなる積極的な買入れ

1人当たり10万円を給付しました。それから日銀はCP（無担保約束手形）や社債を買い入れましたが、これは企業にとって大きな助けになった内容だと思います。

コロナ初期に政府が取った経済政策

資金繰りに注力していることを確認するため、緊急経済対策について見てみましょう。

下の表の太字部分は、「資金繰り対策に万全の態勢で臨む」といった内容です。危機対応融資を活用する、また金融庁での金融検査において

緊急経済対策：資金繰り対策

① 事業の継続を強力に支援すべく、小規模事業者や中堅・中小企業、大企業の**資金繰り対策に万全**を期す。

② 個人事業主や売上が急減した小規模事業者、中堅・中小企業、生活衛生関係営業者に対する、利子補給を組み合わせた**実質無利子・無担保**の融資について、十分な規模の融資枠を確保するとともに、手続きの迅速化に努める。

③ さらなる事業者の金利負担および返済負担の軽減を図るため、日本政策金融公庫等の既往債務について、実質無利子・無担保融資への借換を可能とする。

④ 融資窓口を拡大する観点から、**地方公共団体の制度融資を活用**し、民間金融機関でも**実質無利子・無担保の融資**を受けることができる制度を創設するとともに、このためのセーフティネット保証・危機関連保証の保証料の減免を行いつつ、十分な規模の保証枠を確保する。

⑤ 民間金融機関の信用保証付の既往債務についても、同制度への借換を可能とする。同時に、医療・福祉事業者、農林漁業者、外食事業者、食品流通事業者の資金繰り支援に万全の措置を講ずる。

⑥ 中堅・大企業向けに日本政策投資銀行（DBJ）および商工組合中央金庫の**危機対応融資等を活用**し、資金繰り支援を行う。

⑦ 航空会社に対する着陸料等の支払い猶予を実施するとともに、DBJの危機対応融資等の機能を活用する。
民間金融機関による迅速かつ柔軟な既往債務の条件変更や新規融資の実施等を要請し、検査・監督の最重点事項として取組状況を報告徴求で確認し、さらなる取組を促す。

⑧ 返済猶予等の条件変更を行った際の債権の区分など、個別の資産査定における民間金融機関の判断を尊重し、**金融検査においてその適切性を否定しない**ものとする。

⑨ **日本銀行**においては、**企業金融の円滑確保**に万全を期す等の観点から、新型コロナウイルス感染症にかかる企業金融支援特別オペの導入やCP・社債等の買入れの増額（合計20兆円）を含む金融緩和を強化する措置を実施している。

出典：内閣府、日本銀行の資料をもとに作成

その適切性を否定しない。すなわち金融機関が「必要性がある」と認識したところにはなるべく貸すことを認める、ということです。実質無利子・無担保の融資をすることにも触れています。

　これには地方公共団体の制度、融資を活用してよいということなので、財源には財政の資金も入っていることになります。単に資金を回すだけではなく、財政出動もしています。

　次に、その数字を見ていきましょう（下図）。

　新型コロナ対策予算のうち緊急経済対策（4月のもの）が約48兆円、そのうち雇用の維持や事業の継続に約30兆円を充てています。一次で補正

新型コロナ対策予算

緊急経済対策（4/30）

財政支出(事業規模)

① 感染拡大防止策と医療提供体制、治療薬の開発
2.5兆円(2.5兆円)

② 雇用の維持と事業の継続
30.8兆円(88.8兆円)

③ 次の段階としての官民を挙げた経済活動の回復
3.3兆円(8.5兆円)

④ 強靱な経済構造の構築
10.2兆円(15.7兆円)

⑤ 今後への備え
1.5兆円(1.5兆円)

合計 48.4兆円（117.1兆円）

第二次補正予算（5/27）

① 雇用調整助成金の拡充等　0.4兆円
② 資金繰り対応の強化　11兆円
③ 家賃支援給付金の創設　2兆円
④ 医療提供体制等の強化　3兆円
（ワクチン・治療薬の開発等・緊急包括支援交付金）
⑤ その他の支援 4.7兆円
・地方創生臨時交付金の拡充　2兆円
・低所得のひとり親世帯への追加的な給付　1,365億円
・**持続化給付金**の対応強化　1.9兆円
・その他　6,363億円
（個人向け緊急小口資金等の特例貸付、教育ICT環境整備、学校再開に伴う感染症対策、教員、学習指導員等の追加配置、自衛隊の感染症拡大防止・対処能力の向上）
⑥ **新型コロナウイルス予備費　10兆円**

第二次補正予算の追加歳出計 31.9兆円

▼

令和2年度の当初予算は102.6兆円
第一次補正予算（25.7兆円）と第二次補正予算（31.9兆円）と合わせて160.3兆円

を打ってさらに5月27日に二次補正を打っていますが、ここで見ておきたいのは医療の約3兆円です。ワクチンなど治療薬の開発も項目に入っています。また、賛否両論だった感染拡大で影響を受けている中小企業や小規模事業者への持続化給付金や予備費10兆円といったものも含まれています。

　この結果の財政の状況ですが、令和2年度は、当初予算は約103兆円となっていました。第1次の補正予算で約26兆円、第2次補正予算で約32兆円と、あわせて予算規模約160兆円となりました。財政については後ほど見ます。

　ここで、短観（全国企業短期経済観測調査）のデータを見ていきましょう。

　もとにするのは日銀が発表しているアンケート調査で、各企業に業況について「よい」「さほどよくない」「悪い」の3つのいずれかであるかを聞き、「よい」が多ければプラスに、「悪い」が多ければマイナスになる、という方式で景況感を出しています。

「新型コロナによる経済の落ち込みは、リーマンショックほどではないのではないか」という意見がある一方で、それを疑問視する見方もあります。

　このデータを細かく見ると、大企業の製造業の業況判断が非常に悪化していることがわかります。自動車は特に悪く、機械もよくない結果となっています。

　大企業の非製造業は同製造業ほどではありませんが、これはこの前期の結果が非常に悪く、相対的な変化がなかったためです。中小企業の景況感も悪化しています。

　9月にかけては大企業の製造業も、同非製造業も改善を見込んでいます。設備投資計画についても、大企業、全産業でプラスとなり、意外と底堅い結果が出ています。

　もう1つ注意しておきたいのが、雇用です。悪化はしているものの、依然として人手不足の状態が続いています。有効求人倍率が低下しながらも、なお1を上回っているというのが、今の日本の状況なのです。

　また中小企業の資金繰りの判断については、リーマンショックのときは「大変厳しい」という数字が出ていたのですが、2020年前半では「わずかに苦しい」、逆に金融機関の貸し出し判断について「ゆるい」という答えが比較的多くありました。

　これについては、やはり、「政府と日銀による資金繰りの支援策が功を奏している」という見方がある一方で、逆に、「本当に苦しんでいる企業は、日銀の短観の調査先となっていない零細企業や個人企業が中心だからだ」という意見もあります。

02

コロナ禍における
日本の状況を読み解く

政府の財政状況

　ここまで見てきたように、2020年度前半は、とりあえず資金繰りができ、収入が減った人にもサポートがある状況でした。**経済を支えたのは、多大な政府債務**です。

　2020年度の予算規模は160兆円超だった一方で、税収は63.5兆円しかありませんでした。そのため、結局90兆円を赤字国債と建設国債で埋める必要がありました。仕方のないこととはいえ、将来、どのように正常化していくのかは、長期的な大きな課題です。

　次に、下のグラフで、歳出について見ていきましょう。

一般会計における歳出・歳入の状況

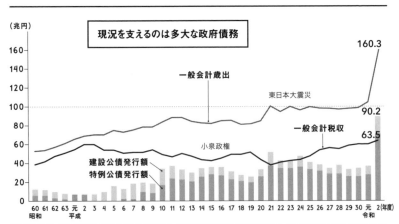

（注1）平成30年度までは決算、令和元年度は補正後予算、令和2年度は第2次補正後予算による。（注2）公債発行額は、平成2年度は湾岸地域における平和回復活動を支援する財源を調達するための臨時特別公債、平成6〜8年度は消費税率3％から5％への引上げに先行して行った減税による租税収入の減少を補うための減税特例公債、平成23年度は東日本大震災からの復興のために実施する施策の財源を調達するための復興債、平成24年度及び25年度は基礎年金国庫負担2分の1を実現する財源を調達するための年金特例公債を除いている。（注3）令和元年度・2年度の計数は、臨時・特別の措置に係る計数を含んだもの。

出典：財務省資料をもとに作成

歳出は2000（平成12）年頃までずっと増加傾向にあり、小泉政権のときに若干下がったのですが、東日本大震災などをきっかけに再び増加するようになります。安倍政権になって「100兆円超えになるのでは」という声もあったものの、フラットに進んでいましたが、コロナショックによって160兆円を超えることとなりました。

国債とGDP比のギャップ

新型コロナ対策ではほかの国々も当然、財政支出をしていますが、国際的に比較すると、GDP比で見たときの日本の余裕のなさは際立っています。

下のグラフは、IMFが2019年10月に出した予想で、ドイツ、アメリカ、日本の政府債務（国債）のGDP比をまとめたものです。アメリカでは100％以下、ドイツにいたっては40％程度となっています。

ドイツのGDP比は減少傾向にあり、日本は絶対値がかなり大きいものの、2019年10月の消費税増税もあって税収が増えたため、フラット

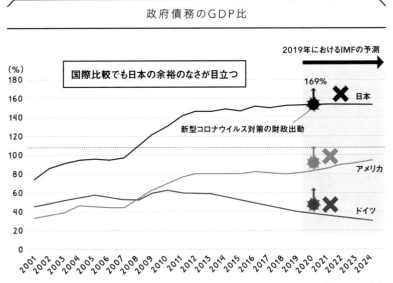

政府債務のGDP比

出典：IMF（2019.10）資料をもとに作成

に進むのではないかと予想されていました。

　一方、アメリカではトランプ大統領（当時）が減税政策を進めつつ、インフラ投資も積極的に行っていました。トランプ政権は「財政赤字を出して財政をブーストする」という考え方を取っていたため、増加傾向にありました。このような状況でコロナ禍となり、さらなる財政出動をしたため、大きな増加となっています。

　アメリカでは給付金などが多く支払われ、2020年の一人当たりの所得は2019年よりも多くなったといわれています。

　これだけの規模の財政赤字となると、どのように今後の出口戦略を構築し解決していくのかが、非常に大きな問題であることは間違いありません。

日銀の施策はどうだったのか？

　一方、日銀の動向をおさらいする上で、日本のマネタリーベースを見ていきましょう。

　マネタリーベースとは、日本銀行が世の中に直接的に供給するお金のことで、具体的には日本銀行の当座預金と市中に出回っているお金（日本銀行券の発行量と貨幣の流通量）の合計値です。**アベノミクスでは、このマネタリーベースを大幅に増やしました。**

　アベノミクスと同時期には、世界中で金融緩和が行われ、世界規模でマネタリーベースが増加傾向にありました。

　日本の場合、2020年の段階で544兆円にまでなっていました。財政も日銀のバランスシートも、ふくらんでいます。

　金融マクロについて知っておきたい話題として、IMFが「金融市場のセンチメントが、実際の回復度合いに比べて高すぎるのではないか」と懸念を示していることがあげられます。つまり、「株高だが、株式の価値が高くなっているわけではない」と指摘しているのです。

　株高になった大きな理由としては、世界的な金融緩和によって市場に資金が投下されたものの、将来の不透明感が増したため、長期投資である設備投資ではなく、短期投資である株式市場に資金が流れたため、と

指摘されています。それが、「株式の価値が高くなっているわけではない」ということです。

　もちろん、「株式は将来を見るもの。期待が高すぎるわけではない」という反論もありますが、株高については IMF が繰り返し注意を促しています。さらに Debt Overhang、すなわち借金が長引くことが起こらないように、政府が使う手段としては債務よりも株式のほうがいいという発言もしています。

　また、国際決済銀行（BIS: Bank for International Settlements）のコメントも参考になります。日本を含む各国の中央銀行がメンバーになっているBIS ですが、彼らは「リーマンショックのときより金融システムは強固になっているが、現実のストレスは危機前の当局のシナリオよりも厳しい」といっています。

　これから破綻する企業が増えると、金融システムへ波及するおそれは常にあるといえます。リーマンショックの際は、金融の痛みが実体経済

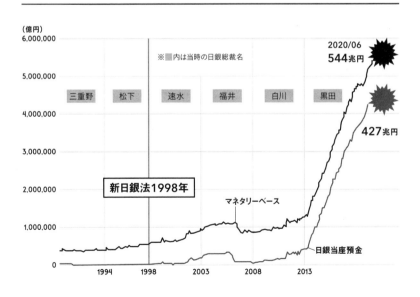

日本のマネタリーベース推移（1990〜2020年）

に影響を及ぼしたわけですが、新型コロナによる経済的な打撃は、実体経済が最初に痛み、金融が経済を支えるという構図です。

その中で、「企業の破綻に対して、金融システムがどれだけ耐えられるか」が大きな問題となっています。

連邦準備銀行（FRB）では、「アメリカの金融機関は70兆円程度、貸し倒れるのではないか」と予想していますが、リーマンショックのときは47兆円程度で、これは全体の残高の7％でした。しかし、70兆円となると10％程度にのぼります。

アメリカの代表的な株価指数であるS&P500でも、「2021年までに、世界の200行で210兆円が貸し倒れる」という予想を発表していました。

2020年7月に発表されたアメリカの銀行JPモルガンとウェルズ・ファーゴという大手金融機関で合わせて3兆円の貸し倒れを出しています。三菱UFJ銀行も、2020年度は1兆1,000億円の貸倒引当金を積んでいると報道されています。

金融の世界でなされた議論

BIS
「リーマンショック時よりも金融システムは強いが、
現実のストレスは危機前の当局のシナリオよりも厳しい」とコメント
≫ 企業破綻が増えれば、金融システムに波及するおそれがある

S&P500
「2021年までに、世界200行で210兆円の貸倒損失を出す」と予想
≫ 内訳はアジア120兆円（うち中国が90兆円）、北米37兆円、西欧23兆円、東欧・中東・アフリカ14兆円、
中南米13兆円（1$＝￥100）

FRB
米金融機関の70兆円（10％）が貸し倒れると予想（リーマンショック時は47兆円、7％）
ドル供給の7割が日銀へ
≫ 邦銀のドル調達を手助け、海外事業を支える構図。EUは市場調達に切り替え

IMF
「金融市場のセンチメントの回復による株価は、経済見通しの変化と乖離しているように見受けられ、
今後予想以上に金融環境がタイト化する可能性がある」
「Debt Overhangを起こさないよう、政府のサポートは株式的なほうがよい可能性がある」

それからもう1つ注目したいのが、FRBによるドル資金供給です。日銀もこれを活用しているのですが、それが世界全体への供給量の7割にまでのぼっているのです。

そもそもなぜこうしたことが行われているのかというと、日本の銀行は国内でたくさんの円を預金として持っている一方で、海外で使用するためには基軸通貨であるドルに替えなくてはいけません。コロナ禍でドルがショートすると困るため、日銀が各金融機関をサポートしているわけです。一方、EUは早めに市場でドルを調達する方向に切り替えた、ということです。

緊急経済対策の効果と課題

2020年春に日本で初めて緊急事態宣言が発令された頃、いわば第1フェーズでは、政府は資金繰りを重視し、スピードを優先して対策を決定しました。全国民へのいわゆる「ヘリコプターマネー」です。具体的には、給付金10万円を全国民に一律で配りました。

ただ財政負担が12.5兆円にのぼる一方で、この対策で消費を刺激したのか、本当に効果があったのかなどは不透明です。

制限緩和後の第2フェーズでは、医療崩壊を起こさずに治癒率を高めて、消費者の恐怖心を高めることなく、活動に向かうようにする、貯蓄が消費に向かうようにする策が必要であることは論を待ちません。ただ第3フェーズ、つまりコロナ禍の出口に至るのは、人々が「もう動き回っても安全だ」と思えることなので、ワクチンが広く世界中に行き渡ってから後の話ということになります。

2020年7月現在、海外を中心にワクチン接種が進行していますが、第3フェーズに向かうには、経済の立ち上がりをなるべく阻害しない形で経営をサポートするためのいろいろな知恵が必要とされているというところでしょう。

債務は結局、最後には返さなくてはいけません。すると、経済がなかなか立ち上がらないことにつながります。そこで、企業のサポートにはエクイティ（返済義務のない出資）的なものを入れればいいのではないか、

という考え方があります。

しかし、ただエクイティを入れてそのまま救ってしまうと、どうしてもモラルハザードが懸念されます。健全な企業だけでなく、業績が悪いのにサポートだけで生き延びる、いわゆる"ゾンビ企業"が増える懸念があります。ただ、こういった企業も雇用の受け皿になっているので、破綻してしまうと失業者が増え、社会不安も増大してしまいます。破綻しても、流出した人材を雇用できる健全な企業、その健全な企業に流出した人材が勤め直せる仕組みづくりが必要です。とても難しい問題です。

これからの時代、労働生産性を高めるためには？

今後の課題としては、いわゆる「ニューノーマル」の時代に向けて、**このパンデミックをこれまで日本を停滞させてきた諸課題である「生産性の改善」に向けた起爆剤にする**必要があります。

特に、テレワークは大きな要素だといえます。

ただ、ワクチンが普及するまでは経済をフル稼働させることはできないので、「More Fragile（より脆弱で）」「Less Innovative（よりイノベーティブでなく）」と表現されることがあります。

「More Fragile」というのは、新型コロナ感染拡大の次の波を恐れてなかなかプロジェクトを計画することが難しい、すぐにはプロジェクトが起動しないこと、それから本来対応する必要がある社会保障の見直しなどが棚上げにされる可能性が高いという懸念です。

また、「More Unfair（よりフェアではなく）」といわれることがありますが、これは、学校が閉校してしまうと人的資源が毀損され、貧困層の窮状がより鮮明になるという懸念です。特に女性に多い傾向がありますが、家庭での負担が増えているという実態があります。

日本以外でも、ロックダウンの解除後に「オールドノーマル」へ向かう反動も目立っています。しかし**今までと同じやり方でやっていれば、日本の場合は人口減少・高齢化の中、縮小均衡は避けられません**。とにかくこれを起爆剤にして、成長の道を歩んでいければ、と感じています。

それでは、**どのようにして労働生産性と資本の生産性を上げていくの**

か、ここからミクロの話に移りたいと思います。

人口減少社会で労働生産性を上げていくために

　将来の世代にかかる負担を軽減するためには、労働生産性の向上が不可欠です。下図を見ていただくとわかるように、日本は労働生産性の伸びが非常に低くなっています。

　ある調査によると、労働生産性も資本生産性も含めて、全要素生産性は平均年齢45歳前後をピークとして、山型を描いて落ちていきます。

　2020年代前半までは団塊ジュニア世代が生産性のピークとなる40代を迎えるので、生産性は自然と上昇します。しかし、**2020年代後半からは、人口動態からどうしても労働生産性は落ちていきます。**

　そのため、それまでに技術革新力や労働生産性を高める必要があるということが、ずっといわれてきました。「少ないインプットでどれだけアウトプットを上げられるか」が、絶対的な課題となっているのです。

各国の労働生産性

	中国	インド	アメリカ	イギリス	日本	ドイツ
2010	10.2	9.9	3.2	1.7	4.5	3.3
2011	9.0	6.7	1.0	1.0	0.0	1.6
2012	7.5	5.5	0.4	0.4	1.7	-0.4
2013	7.4	3.8	0.8	1.0	1.2	-0.4
2014	6.9	5.9	0.9	0.2	-0.3	1.3
2015	6.6	5.8	1.2	0.6	0.7	0.7
2016	6.5	6.6	-0.1	0.4	-0.5	-0.3
2017	6.7	5.4	1.1	0.9	1.1	1.7
2018	6.7	4.7	1.3	0.1	-1.7	0.9
2019	6.3	3.5	1.2	0.3	-0.3	-0.5

出典：Refinitiv Datastream

そのためには、**労働市場の改革も大きな課題**です。

その起爆剤の1つとして、たとえばテレワークがあります。

私自身も、自分の子どもたちが小さかったころは特に忙しく、どこへでもすぐに移動できる空飛ぶ魔法のほうきがほしいと思っていました。

コロナ禍によってテレワークが一般化しつつあり、これがもう夢ではなくなっているという感じがします。

もちろんこれまでの慣行をすぐには変えられないといったことは依然としてありますが、1つの大きな契機になり得ると感じています。

これは少しファイナンスから離れますが、仕事の仕方やオフィスの立地などの都市開発に関しても、テレワークを意識して考え直す必要があります。

都会の雇用主の発想転換も必要です。都心に通わないですめば、首都圏で働いている従業員は毎日平均2時間が自由になります。年に換算すると300 〜 500時間に及びます。

求められる労働生産性の向上

将来世代の負担軽減のためにも労働生産性の向上が必要

▼

・全要素で、生産性は平均年齢45.8歳をピークとする山型を描く

・**2020年代前半まで…**
団塊ジュニアが生産性のピークとなる40代を迎え、
現状より生産性は上昇する

・**2020年代後半から…**
生産性はマイナスへ

▼

それまでに技術革新力・労働生産性を高める必要がある

・少ないインプットでいかにアウトプットを上げるか？

・労働市場改革（同一労働同一賃金、非正規への教育の強化、職業訓練など）

出典：NIRAレポート他をもとに作成

　鉄道会社も、これまでは大量に都心に人を運ぶことに膨大な努力を費やしてきました。しかしよく考えると、人間らしく車内で過ごせる定員を決めて鉄道会社に遵守させる、あるいは混雑時料金というものを導入してもよいかもしれません。

　さらに、こういうことが進んでいくと、住宅事情が厳しい日本では自宅の近くにテレワークするスペースを確保したり、あるいは空き家などの中古住宅を活用したり、サテライトオフィスをつくるといった工夫から、新しいビジネスが生まれてくる可能性もあります。

　これに対して、内閣府の2020年6月の調査では「家族の重要性をより意識するようになった」と答えた人が49.9%、「新しいことに取り組んだ」人が半分以上、それから東京都の23区では20歳代の35.4%が「地方移住への関心が高まった」と答え、非常に大きな変化があったことがわかります。

　それから、就職者の約35%が「テレワークを経験した」と答えたそうです。

　また、「ビデオ通話の使い方がわからずに利用できなかった」「利用し

新型コロナによる生活意識・行動の変化

- ・49.9%が**家族の重要性**をより意識するようになった
- ・52.0%が**新しいことへの挑戦や取組み**を実施
- ・東京都23区では20代の35.4%が**地方移住への関心**が高まる
- ・就職者の**34.6%がテレワークを経験**
- ・通勤時間が減少した人の**7割超が今後の継続を希望**
- ・70.3%が**家族との時間**が増加、うち81.9%が「今後も保ちたい」と回答
- ・34.1%が**家事・育児の役割分担**を工夫、うち**95.3%は今後も工夫**すると回答
- ・**ビデオ通話**の使い方がわからず、利用したことのない60代の60.6%が「**今後は利用したい**」と回答

出典:「新型コロナウイルス感染症の影響下における生活意識・行動の変化に関する調査」(内閣府、2020.6.21)

たことがない」と答えた60代の60％が、「今後は利用したい」と回答しています。「高齢者はITは使えない」と決めつけるのではなく、「使ってみたい」という気持ちも強いわけですから、物事が新しくなるよい流れが来ていると捉えたほうがよいでしょう。

もちろん一方で、テレワークなどによる効率化にはどうしてもなじまない職種もあります。特に介護や福祉、保育といった分野は報酬も低いまま放置されてきた職種ですが、コロナ禍でこうした仕事こそが社会生活を支える基盤であることが広くわかったわけなので、これを機にもっと手厚い支援体系に変えていくべきでしょう。それによって社会全体のウェルフェアも向上し、効率性も高まってくるはずです。

資本の効率性を高めるためには？

もう1つの大事な生産性として、**資本の効率性**があります。

ここからはファイナンス的な視点に戻ります。

日本企業は多額の現金を保有しています。**日本企業が有する現預金は、2012年度から2018年度に26.5％増加**しています。

このうち上場企業が持っている現預金は約36.8％増加しており、上場企業の増加分が非常に高まっています。

実証研究では同業他者が現預金比率を増やすと、ほかの企業も増やし、いわゆるPeer Effect（ピア効果）で、横並びでみんなが増やしてしまう状況がありました。

コロナ禍では、まさに "Cash is King." で現金主義となり、保有企業は一息つける状況となりました。「現預金を貯めておいてよかった」という空気が経済界全体にありました。

ただ、それはコロナを予測して取ってあったわけではありません。もしコロナを見越していたのであれば、**もっとDXに投資したり、人事の仕組みを改革したりと、先を見据えたリスクへの準備や企業の成長のため、技術やR&D、自動化に本来は投資するべき資金**だったということもできます。

現預金の一部でもそうしたものへ投資していれば、より素早くコロナ

に対応した体制づくりができたかもしれません。あるいは正規・非正規を問わないで一時金を出すなど、余った資金を回すことができたはずです。

　余談ですが、ここでなぜ「賃金を上げる」といわないのか、と思われるかもしれませんが、日本の場合は、正社員の賃金を1回上げると、下げることがとても難しくなるため必ずしも企業が乗り気でないからです。そこで、「一時金」としています。

　最近出ている財務戦略についての議論でも、「配当を抑制したほうがいいのではないか」、「無駄を排除してしまうよりも、少し余裕を持っておいたほうがいいのではないか」といった議論や、「多角化か専業か」という議論を投資家から求められたりすることがあります。

　たとえば、キリンビールでは、株主から「ビール以外の事業はやらないほうがいい」という指摘があったと報道されています。一方で、「多様な事業を持っているとリスクを分散できる」というポートフォリオ理論もあります。

　現在では、資本コストの概念をないがしろにはできません。無借金だと、つまり銀行との取引がないと、いざというときに借りにくい、担当者は誰か、というような事態にも陥ります。**無借金経営が本当によいのかと考えた場合、資本コストの面では必ずしもよくありません。**

　もう1つ、フリーキャッシュフローのエージェンシーコスト問題というものがあります。多額の現金を持っていると経営者が無駄に使いがちだ、というものです。

　そのため、やはり大事なこととしては、とても難しい問題ですが、**外的ショックによる流動性の危機に備える現金保有の「適切な水準」を考え続ける必要**があります。

　また、リスクの識別、評価、指標、定量化、それからこれをどう監視するのかといった基本的な**リスクマネジメントを高度化しておくこと**です。また、それを開示することも今後、より重要になっていくでしょう。

コロナ後のリスク管理は?

リスク管理の重要な対象の1つとして、たとえば気候の問題があります。

昨今では気候変動が著しく、気温が摂氏40度、風速が50mになるといった異常気象も頻発しています。そうした気候変動リスクの財務への影響の分析については、開示が求められています。

　行政がハザードマップを公開していますが、危険区域とされている場所では、やはり水害などが多く発生します。そのため、データから一定レベルのリスクが予見される場所には、工場や住宅をつくるのは避けなくてはいけないでしょう。

　また、市街化調整区域は「市街化を抑制すべき区域」であるにもかかわらず、建築されているケースも見られます。中には過去に地盤が液状化したことがあるにもかかわらず、新たに住宅を建てている場合さえあります。

　このあたりは資産価格に大きな影響があるため、なかなか解きほぐすのが難しい問題です。

　そのため、土地利用のガイドラインも議論されるべきですが、少なくとも企業ベースでは、このようなリスクに対して意識を高める必要があります。これは ESG（E：Environment/ 環境、S: Social/ 社会、G: Governance/ ガバナンスの頭文字）にもつながる話です。

　リスクマネジメントの目的は、企業の意識を高めて備えることです。科学的、合理的な財務戦略は、科学的なリスクマネジメントの大前提です。

「予測できない危機」にどう対応すればよいのか？

　もちろん、「テールリスク」にどのように対応するかという問題もあります。

　テールリスクとは、「確率は低いが、発生すると非常に大きな損失をもたらすもの」です。こういうリスクは、予測はできていても、なかなか準備はできないものです。

　経営資源は有限です。その中で通常のリスクである、商品の開発や製造、販売、情報漏洩、評判に関わるリスク、人的リスク、市場リスクや気候変動といったいろいろなリスクに備えつつ、テールリスクにまでどう対応するかも考える必要があるとわかったことが、コロナショックに

よる教訓ではないでしょうか。

　下のグラフで中間の位置にあるリスクが、ファイナンスや保険商品で対応できる領域のリスクです。ここは、多くの企業でよく考察され、準備がなされているところです。

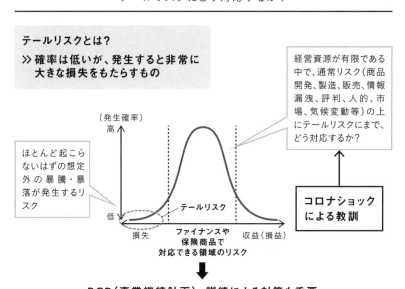

テールリスクにどう対応するか？

テールリスクとは？

》 確率は低いが、発生すると非常に大きな損失をもたらすもの

経営資源が有限である中で、通常リスク(商品開発、製造、販売、情報漏洩、評判、人的、市場、気候変動等)の上にテールリスクにまで、どう対応するか？

（発生確率）
高

ほとんど起こらないはずの想定外の暴騰・暴落が発生するリスク

低

損失　　テールリスク

ファイナンスや保険商品で対応できる領域のリスク

収益（損益）

コロナショックによる教訓

BCP（事業継続計画）、訓練による対策も重要

　一方で、テールリスクにどう対応するかについては、難しい判断が迫られます。テールリスクを「ブラックスワン」と呼ぶこともあるのですが、今回のパンデミックは、ブラックスワンというより、「ブラックエレファント」だったという人もいます。

　ブラックエレファントというのは、「みんなが気づいているのに、誰も触れないもの」を意味する "The elephant in the room." という表現と「ブラックスワン」を組み合わせた造語です。「気づいているけれども解決が難しかったりするために素知らぬ顔をして、話題にしたり対策を練ったりしないもの」を指します。

というのも、**2018年のWHOの専門家パネルで、新型コロナの出現はすでに予測されていた**といわれています。

　当時は「疾病X」と呼ばれており、「現時点で人間の発症が確認されていない病原体が引き起こす深刻な国際伝染性疾患」ということで、実態は新型コロナとまったく同じです。人類が野生と新たに接触する場所が増え、そこにに生息する動物に由来して、インフルエンザより致死率が高く、人間の間で感染して、数週間で大陸を超えてパンデミックとなる、という感染症を意味します。

　このような感染症が、経済的・社会的に大損害を与えることになると、2018年の段階ですでにWHOのレポートが出ていたのです。

　そのため、新型コロナというのは、出現予測は可能だったけれども、対策ができなかったものだといえます。人間に新たな感染症をもたらすウイルスのほとんどは動物から伝染するということで、その確率は非常に高いものとなっているそうです。

　現存するウイルスの遺伝子解析をすると、ある程度絞り込みが可能だそうです。したがって、モニタリングも大事です。驚いたのは、出現以前にワクチンを開発しなくてはいけないということで、新型コロナが出現する前から、レムデシビル（抗ウイルス薬）に治療効果があることが、テストによって知られていたということです。専門家などの一定の人々の間では警戒されていたけれども、"Too serious to think about."（起こるかもしれず、起こったら大変だが、考えてもあまりにも大変なので考えられない）ことには、政治も一般の人々もなかなか対応できない、ということです。

　いったい今後、どういうふうに対応すればいいのでしょうか。深刻な問題です。

　今後、登場するかもしれないブラックエレファントとしては、まず新型コロナのワクチン接種が世界的に普及したとしても、「疾病Y」や「疾病Z」と、パンデミックにつながる新たなウイルスが出現する可能性は十分にあります。また、さらなる気候変動も起こっていくかもしれません。

　さらに、太陽から大量のプラズマが放出されるという「コロナ質量放出」という現象がありますが、これが地球の地磁圏に衝突すると大きな

地磁気の変動が起こって電力網の変圧装置などを破壊し、社会が電気と動力を失う可能性が大きいといわれています。

　近年で発生したのは1859年ですが、当時はまだ電力が普及する前だったので、ほぼ影響がありませんでした。ただ、現在はごく限られた国しか変圧装置の製造能力がなく、もともと在庫が少ない製品であるため、もしこれが起これば大きな問題となるということです。

　それから大規模な火山噴火が起こるリスクもあります。冒頭で紹介した1815年のタンボラ山の噴火のように、地球規模の気候変動を起こす可能性もあるのです。

　日本でいえば、富士山の噴火も大きな影響を与える可能性が高い災害です。火山灰が3ミリに達すると停電、3センチになると道路の通行が困難になるといわれます。電力だけではなく、交通が麻痺すれば物流がストップしてしまうため、経済的に大きな打撃を受けます。

　これを考えると、昨今、EVの普及が促進されていますが、すべての車がEVになると、電力供給が止まった場合にリスクになるという見方もできます。

　こうしたリスクは、内閣府の中央防災会議で定期的に議論されているもので、決して夢物語や非現実的な話ではありません。

　以上、コロナ禍と金融や政策の状況についてお話ししました。コロナ禍にあって、政府も企業もさまざまな変化に見舞われる中、少しでもよいほうへ向かうように懸命に努力が重ねられています。解決の難しいこともたくさんありますが、新しい動きも生まれており、よりよき社会や経済を創り出していく可能性が期待されています。

　その中で、**日本や世界に必要なのは、生産性が高く、質の高い職を提供して成長する企業**です。本稿で紹介した財政の問題や生産性の問題についても、成長する企業があってこそ、解決に向かっていけます。

　その中で、成長を支える、常にスキルを磨く人々が必要となってくるでしょう。みなさんには、ぜひ技術やスキルを身に付け、こうした問題を解決できる人材になってほしいと期待しています。

企業と株主、コーポレートガバナンス

90年代のバブル崩壊後に現れた「物言う株主」たち。
彼らアクティビストファンドは
どのような影響を企業に与えてきたのか?
また、コロナ禍、さらにアフターコロナのコーポレートガバナンスに
どのような影響を与えるのか?
第1部ではそうした状況について、
第2部ではコロナショックと企業の現預金保有について考察する。
真に高い価値を持つ企業へ成長する指標として、
ROIC(投下資産利益率)についても解説する。

鈴木一功

東京大学法学部卒業。欧州経営大学院MBA、ロンドン大学(ロンドン・ビジネススクール)
Ph.D.(Finance)。日本ファイナンス学会理事、証券アナリストジャーナル編集委員、みずほ
銀行コーポレート・アドバイザリー部外部アドバイザー。2012年よりWBS教授。

| 鈴木一功 |

株主によるガバナンスの現況と展望

　ここからは企業と、株主主体のコーポレートガバナンス（企業統治）の現況と展望について、今実際に私が研究しているテーマと今後進めていきたいテーマをからめながら話します。

　私の専門分野はコーポレートファイナンスで、M&Aやそれに伴う企業価値評価、コーポレートガバナンスなどを研究テーマにしています。

　今回は大きく2つのテーマに分けて話します。前半は「コーポレートガバナンスと『物言う株主』」、後半は資本効率性に少しからめて「コロナショックと現預金保有の善悪」について議論していきます。

コーポレートガバナンスと「物言う株主」

　コロナショックの最中、**「物言う株主」**という単語が経済誌などにたびたび登場しました。そもそもこれは何を意味する言葉なのでしょうか。

　一般的には「企業経営の改革を要求する」というような、比較的ポジティブなイメージを持つ方が多いのではないかと思います。

　ここではまず、ポジティブな面とネガティブな面それぞれについて見ていきましょう。

　日本企業のコーポレートガバナンスを振り返ると、もともと「株主によるガバナンス」というのはほとんど存在していませんでした。1990年代以前は、日本のガバナンスの担い手はメインバンクが中心でした。これは負債（デット）によるガバナンスとして、**「デットガバナンス」**とも呼ばれています。

　1980年代後半から90年代のバブル崩壊を通じて、金融機関が不良債権問題などで弱体化すると、銀行と企業が株式を保有し合う株式持ち合いが解消されるといった状態となりました。

このように、まずメインバンクによるデットガバナンスが先に弱くなりました。その一方で、株主によるガバナンスはほぼ存在していない状態だったため、ここで**「ガバナンスの真空期間」**という状況が起きてきました。

90年代というのは、ほとんど誰もガバナンスを行う者がいないため、企業経営者としては非常に心地よい時期だったともいえます。誰も経営に文句をいう人が存在しない状態だったわけですから。

しかし、経済的にそれがよいことかというと、90年代は**「失われた10年」**だったともいわれるほど、決して企業業績はよくありませんでした。

2000年代に入ると、株主のアクティビストが登場します。私は彼らを**「1G（ファーストジェネレーション）」**と呼んでいます。

この1Gの中で特に代表的なのが、村上世彰さんです。彼は2000年代に活発に活動した村上ファンドの創設者で、『生涯投資家』（文藝春秋）という著書を刊行したりもしています。それからウォーレン・リヒテンシュタインというアメリカ人投資家がつくったスティール・パートナーズ、イギリスのTCI（ザ・チルドレンズ・インベストメント・ファンド）といったファンドが2000年代には活発に活動しました。

こうした1Gのアクティビストは、リーマンショックでいったん撤退し、活動は収まりました。一方で日本経済は、2010年代に入っても、「失われた20年」から脱却できず、コーポレートガバナンス面の改善が求められていました。そこで、2015年に閣議決定された「『日本再興戦略』改訂」において、主要施策の1つとして企業統治の強化が明示され、「持続的成長に向けた企業の自律的な取組を促す」こととなりました。そこで、注目を集めたのは、アクティビストほど近視眼的、過激ではなく、より長期の企業経営の視点からものをいう、年金や生命保険会社といった長期保有型の機関投資家でした。

2014年前後には、上場企業に関して**コーポレートガバナンス・コード**（企業統治の指針）、それから**スチュワードシップ・コード**などが制定されました。スチュワード(steward)とは「財産管理人」といった意味で、機関投資家の行動規範を定めたものです。

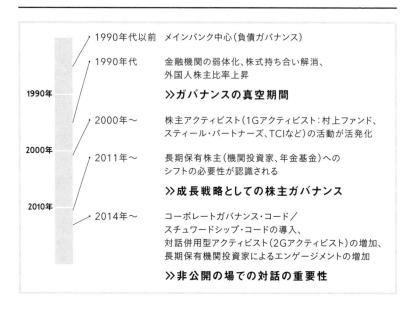

日本企業のコーポレート・ガバナンスの推移

1990年代以前	メインバンク中心（負債ガバナンス）
1990年代	金融機関の弱体化、株式持ち合い解消、外国人株主比率上昇
	≫ガバナンスの真空期間
2000年〜	株主アクティビスト（1Gアクティビスト：村上ファンド、スティール・パートナーズ、TCIなど）の活動が活発化
2011年〜	長期保有株主（機関投資家、年金基金）へのシフトの必要性が認識される
	≫成長戦略としての株主ガバナンス
2014年〜	コーポレートガバナンス・コード／スチュワードシップ・コードの導入、対話併用型アクティビスト（2Gアクティビスト）の増加、長期保有機関投資家によるエンゲージメントの増加
	≫非公開の場での対話の重要性

　コーポレートガバナンス・コードは、上場企業の経営者に、株主への説明責任と株主との対話を求めるもの、スチュワードシップ・コードは、機関投資家に対して、資金の受託者として、投資先企業の価値向上のために、企業との対話を求めるものです。**資金の受け取り手と出し手の双方が対話することで、企業の業績向上を図ろうという考え方**です。

　このあたりから、**2G（セカンドジェネレーション）**のアクティビストが生まれてきたといわれています。2Gアクティビストは、1Gと異なり、どちらかというと長期保有型の機関投資家に寄り添うようなアジェンダ、問題意識を提起する形で活動を活発化させている傾向が見られます。

　1Gはとにかく公開の場でマスメディアを巻き込んで大騒ぎするという特徴があり、その典型が村上ファンドでした。「日本企業は腐っている。経営者は監視しないとダメだ。だから私たちがやるんだ」といったことをメディアで発信し、企業を追い込んでいくスタンスでした。

　しかし2Gでは、どちらかというと非公開の場で企業と対話し、企業

の経営改善を迫っていくスタイルに変わっていきました。

これは奇しくも、2011年以来、政府が成長戦略として求めていた「長期保有株主に、企業との対話を通じて企業経営の改善などのガバナンス機能を果たしてほしい」という方針に近づいていったことになります。

金融市場における投資家の特徴

今の日本の市場を見ると、機関投資家の占める割合が非常に大きくなっていますが、ひとくちに機関投資家といってもいろいろな人たちがいます。

簡単にいうと、最も株を多く持っているのが**「パッシブ・ファンドマネージャー」**といわれる人たちです。「インデックストラッカー」ともいいますが、たとえばTOPIX（東証株価指数）や日経平均といった株価指数に連動して株を運用する人たちです。

それから、自分たちの選択で株の銘柄を選んで投資する**「アクティブ・**

機関投資家の種類と経営への関与

ファンドの集中度	低い （分散投資型）	中 （選択投資型）	高い （集中投資型）
	パッシブ・ファンド マネージャー	アクティブ・ファンド マネージャー	ヘッジファンド・ アクティビスト／ 「物言う株主」
保有社数	数千社	数百社	20社未満
公開での提案 （株主提案を通じたVoice）	なし	なし	あり
議決権行使 （投票を通じたVoice）	あり	あり	あり
企業との非公開の場での対話 （Engagement）	一部あり	一部あり	あり
株式売却 （Exit）	なし	あり	あり
ファンドマネージャー 1名当たりの分析担当社数	250社程度	20〜30社程度	数社

ファンドマネージャー」と呼ばれる人たちがいます。

　最後に、「**ヘッジファンド・アクティビスト**」といわれる人たちがいますが、彼らがいわゆる「物言う株主」です。ヘッジファンド・アクティビストの場合、1つのファンドの投資先企業数は、最大で20社程度です。プレスリリースや公開質問状の形で経営改善の要求をしたり、実際に企業の株主総会に乗り込んで株主提案をしたりといったことを中心に行っています。

　なお、アクティビストは通常、投資対象企業の経営権を持つほどの株は保有しないので、最も株を持っているパッシブ・ファンドマネージャーらの協力がないと、「物言う株主」が通したい要求は株主総会で通らない可能性がきわめて高くなります。これも、留意すべき大きなポイントです。

「物言う株主」とは何者なのか？

　現在、私が共同研究している内容は、イギリスやベルギーなどの研究者たちによる先行研究をもとにしています。

　具体的には、2000年から2010年の日本のアクティビズムについて、「物言う株主」の主張がどのくらい通ったかを分析しています。これは国際的に見ると、突出して低いといえます。つまり突出して成功していない。これが日本のアクティビズムの特徴でした。

　2000年代には、「物言う株主」に介入された企業は、何が何でも抵抗し、いうことは絶対に聞かないというスタンスで臨んだケースが多数を占めました。一部に自社株買いや増配をしたケースがあるものの、実際に提案した案件で企業が受け入れた比率は世界的に見て圧倒的に低く、先ほどの先行研究によると日本の場合は3割以下、約25％です。

　これに対してアメリカは約66％、ヨーロッパは50％超という結果となっています。**日本は、欧米に比べてやはり経営者がアクティビストに徹底抗戦する傾向が強かった**ということです。

　2000年代にアクティビストが登場した背景には、1990年代から株式保有構造が変わってきたことがあります。

　下の表は、東京証券取引所が区分けしている株主の種類を時代に応じてまとめたものです。それぞれ①個人株主、②事業会社の株主、③金融機関の株主、そして④外国人株主という分け方をしています。

　1985年と2018年を比較した増減が、一番右の欄に記されていますが、最も増加したのは「外国人」、一方で減少したのは「金融機関」となっています。

　これは、先ほど述べたように1990年代以降、金融機関が経営の苦しい状況で株を徐々に売却していく傾向があったためです。事業法人については、コーポレートガバナンス・コードで、いわゆる政策保有株を減らすようにいわれていますが、実は30年間でそれほど比率を減らしていないのが実態です。

　この図にある株主と経営者の関係について見ると、まず、②「事業会社」は「比較的、経営者のいうことを聞いてくれそうな"与党"株主」といえます。

　一方、④「外国人」は「物言う株主」の側につく可能性の高い人、つ

どんな株主がどれくらい株式を保有しているのか？

株式保有構造の変化

年度末	1985	1990	2000	2010	2018	1985〜2018
①個人株主	22%	20%	19%	20%	17%	**-5%**
②事業会社	29%	30%	22%	21%	22%	**-7%**
③金融機関	38%	39＆	36%	25%	21%	**-17%**
④外国人	7%	5%	19%	27%	29%	**22%**

"与党"株主 = 比較的、経営者の意見を聞く
　　1985年度末：67%（②＋③）　➡　2018年度末：22%（②のみ）
　　　　　　　　　　　　　　約1/3に減少

"野党"株主 = 経営者にとって脅威となりやすい
　　1985年度末：7%（④）　➡　2018年度末：29%（④）＋α
　　　　　　　　　　　　　大幅に増加

金融機関の"無党派"株主化
　　スチュワードシップ・コード＋個別議決権行使状況開示

出典：東京証券取引所「株主分布状況調査」をもとに作成

まり「経営者にとってかなり危険な"野党"株主」といえます。

それから①「個人株主」は、たとえていうなら"無党派"層です。そのときどきの様子によって、どちらにつくかが変わります。

③「金融機関」は、かつては圧倒的に経営者側につくことが多く、企業経営は経営者に任せていました。しかし、スチュワードシップ・コードで求められる個別議決権行使状況の開示により、金融機関は各株主総会でどの議案に賛成したのか、反対したのかを開示するようになりました。したがって、「この金融機関は、これには賛成した。これには反対した」というのが誰にでもわかるようになりました。

そうすると、何でも現経営陣の方針に賛成しているわけにはいきません。「なぜ、こんな案件に賛成したのか」などと、自社の株主や、資金を預けている投資家から責められるリスクが生じるようになったからです。

したがって、どちらかというと無党派的な振る舞いに変わりつつあり、アジェンダとして納得できれば経営者の方針に賛同するが、場合によっては反対することが見られるようになりました。

もちろん金融機関も一枚岩ではなく、まだ個別の議決権行使状況を開示してない金融機関もあります。

こうした株主の保有構造の変化とともに、さまざまな外的変化がありました。たとえば、1Gのアクティビストが活発だったのは2000～2009年で、リーマンショックを契機に撤退していきます。2009年からは、少し変わった形で企業との対話を試みる会社が登場しました。それがガバナンス・フォー・オーナーズ・ジャパン（GOジャパン）です。

これはもともとイギリスに本社があり、そこで始まった活動ですが、従来のアクティビストのように公開の場で騒いで経営改善を迫るのではなく、**企業側と非公開の場で対話するエンゲージメント（対話）活動**を専門に行っています。GOジャパンは、長期の投資をしている、特に海外を中心とする年金基金などから手数料を受け取り、彼らに代わって日本の投資先企業に彼らが望むような経営改善の提案を行っています。つまり、国内外の投資家の代行業者として、日本市場に詳しい日本人ス

タッフが企業に「こういう問題があるので、改善したほうがよいのではないですか」といった話をしに行くのです。

実際、我々は彼らの企業との面談記録について、秘密保持契約を結んで開示してもらい、アジェンダの内容や相手の反応を分析しました。分析結果としては、GOジャパンが取り上げたアジェンダに対して、相手企業がそれに応じたアクションを取るケースが6〜7割と、先行研究の3割弱に比べてきわめて高いという特徴が見られました。

GOジャパンは2009年から活動しているので、非公開での企業との対話の先駆者だといえますが、日本では企業に公開の場でプレッシャーをかけるよりも、非公開の場で対話をするほうが受け入れられやすいとい

GOジャパンのエンゲージメント（企業との対話）活動

2009〜2019年、40社が対象

非公開のエンゲージメント活動を行う

エンゲージメント代行機関（依頼主は海外年金基金や国内機関投資家）

エンゲージメントの対象事案

① 取締役構成（独立社外取締役等）の提案　32社
　　≫ 成功 　20社（62.5%）

② 株主還元政策の提案　21社
　　≫ 成功 　15社（71.4%）

③ 企業戦略（不採算事業等売却、新規投資、M&A）の提案　23社
　　≫ 成功 　15社（65.2%）

④ 買収防衛策の撤廃の提案　10社
　　≫ 成功 　5社（50%）

▼

先行研究の日本のアクティビズムの成功率（3割弱）より高い

うことなのかもしれません。2010年代後半になると、より対話を重視する2Gのアクティビストが台頭する一方で、生命保険会社、銀行系・証券系の投資信託を運用しているようなファンドなども、スチュワードシップ・コードの影響もあり、企業との対話を重視するようになっています。

　最近では、マネックス証券がアクティビズムを重視した個人向けのファンドを立ち上げました。企業との対話を重視するアクティビズムが、一種の流行になっているのかもしれません。

「2G」の成功事例は？

　2Gのアクティビストの成功事例としては、オアシス（香港）やエフィッシモ（シンガポール）といったファンドがあります。

　エフィッシモはよく村上ファンド系とされていますが、こうした村上ファンド系といわれるグループは3つほど存在します。しかしながら、これらのグループが必ずしも同じように行動するわけではありません。

　先ほど紹介した通り、エフィッシモは比較的エンゲージメント、対話重視型です。実は同社は、川崎汽船に取締役を送り込むことに成功しています。それ以外にも、村上ファンドの直系ではレノを初めとするいくつかのファンドがあり、また、初代の村上ファンドで村上さんと一緒に仕事をしていた丸木強さんがつくったストラテジックキャピタルという会社があります。この2社はどちらかというと"武闘派"で、公開の場で騒ぐ1Gに近いアクティビストだと私は見ています。企業に対する要求も、かなり厳しい傾向があります。

　また、有名な成功事例として、バリューアクト・キャピタルというアメリカのファンドがオリンパスに取締役を2名送り込んだケースがあります。これ以降、オリンパスは株価が上がってきており、非常にいい例として取り上げられています。

　エフィッシモのような、エンゲージメント系の2Gアクティビストたちは、企業と個別に対話する際には、どのように進めるのでしょうか。

　彼らは、定期的に企業を訪問し、窓口となる人たちに会い、場合に

よっては窓口の責任者からスタートして、最終的に社長と面談するところまで行きます。

　実際に対話を進める過程で何を問題にして、その結果企業の何が変わったのかというのは非常に気になるところですが、このエンゲージメントの記録というのは一切外に出ません。私たちのGOジャパンに関する研究の意義の1つは、こうした2Gの投資家が行っている非公開のエンゲージメントと類似した活動の記録を、彼らの内部資料として閲覧、分析したことにあります。もちろん、まだ1社の事例にすぎませんので、現在別の投資家のエンゲージメントの内部記録も閲覧、分析できるよう交渉を進めています。現在の交渉先はパッシブ・ファンド、いわゆるインデックストラッカーのファンドを運用している大手企業です。

　この企業は投資先も多いですし、GOジャパンとは違う種類の投資家のエンゲージメント活動を分析できることにもなります。将来、分析結果を報告できる機会もあるかもしれません。

GOジャパンの成功の鍵

　GOジャパンの対話の分析に関して、もう少し詳しく説明しておきます。彼らが非公開で何を話しているかというと、実はウエートが高いのは取締役などガバナンスの話のようです。

　もちろん、村上ファンドのようなアクティビストのように、「株主還元を増やしてください」「資本効率を上げましょう」「企業戦略をもう少しコア事業に絞りましょう」「ノンコアな事業は売却しましょう」といった話もしているようです。しかし、あくまで「やりなさい」といった命令調ではなく、「このようにしてはどうか」「なぜ、このようにはできないのか」といった対話の形で交渉をしているようです。

　このようなソフトなアプローチが1つの要因となって、結果的にGOジャパンの対話アジェンダの成功率が非常に高くなっていると考えられます。先ほど先行研究では25％という数字が出ていると述べましたが、**GOジャパンでは60～70％程度、つまり3分の2程度は話を聞いてくれて「わかりました。そのようにやりましょう」と、行動を促すことに**

成功しています。

　ただし、こうした数字は、彼らの内部資料を読んでいるからこそわかることです。外部から見る限り、企業が対話の結果、何らかの行動に移した場合しか観測できませんし、「〜との対話でアドバイスをもらった」といった事情は表に出てきません。ですから、こうした内部資料と実際の企業の行動を照らし合わせて理解しないと、彼らの対話がどのような効果をもたらしているのかはわからないということです。

「物言う株主」から企業への要求の中身

　一方で、公開の場で行われているアクティビズムは、2Gのアクティビストが登場した2010年代に入ってどのように変化しているのでしょうか。

　それを表したのが右上の図です。棒グラフは、「アクティビストファンド（日本市場で、公開の場での活動が確認されたファンド）が、どの程度の数の投資先企業について大量保有報告書を提出していたか」を示しています。

　大量保有報告書とは、上場企業の株式の5％以上を保有した場合に、投資家がそのことを公開するように義務づけられているものです。したがって、ある株主の保有比率が5％を超えていれば、公開情報として誰でも見ることができます。

　一方、折れ線グラフは、実際にそのアクティビストが公開で何らかの要求をした件数です。グラフの右軸の数字がそのスケールで、実際の社数を表します。たとえば、2005年であれば年間に15件の提案があったということです。直近では、2018年に11件の提案がありました。

　では、どういう提案をしたかについて見ていきましょう。

　右下の表は、実際に提案内容を整理したものです。これを見ると、2000〜2019年までの期間に延べ135件の提案があり、そのうち圧倒的に多いのは「株主還元」で、増配や自社株買いの要求です。次に「取締役会」関連、つまり取締役会にファンドの推薦する取締役を送り込むことなどの提案が33件。ポイントとしては、実は取締役を送るというのは、2010年代から急速に増えた手法だという点です。2000年代の1Gア

アクティビストによる公開アクティビズム

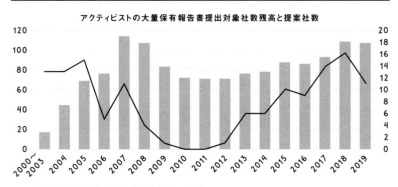

アクティビストの大量保有報告書提出対象社数残高と提案社数

▨ 大量保有報告書提出対象社数残高（棒・左軸）
— 大量保有報告書提出先への提案社数（折れ線・右軸）

出典：EDINET、アクティビスト・インサイト資料をもとに作成

アクティビストの提案件数と内容

年	提案件数			提案内容					
	件数	結果を伴った件数	成功確率	取締役会	株主還元	戦略・資産売却	M&A関連	買収防衛策廃止	その他
2000	1	0	0.0%	0	1	0	0	0	0
2001	2	1	50.0%	2	2	1	0	0	0
2002	0	0		0	0	0	0	0	0
2003	10	4	40.0%	1	3	0	1	0	1
2004	13	3	23.1%	2	8	1	3	0	0
2005	15	8	53.3%	3	8	2	4	1	0
2006	5	0	0.0%	0	4	0	0	0	1
2007	11	3	27.3%	1	5	1	3	0	3
2008	4	2	50.0%	0	2	0	2	0	0
2009	1	0		0	1	0	0	0	0
2010	0	0		0	0	0	0	0	0
2011	0	0		0	0	0	0	0	0
2012	1	0	0.0%	0	1	0	0	0	0
2013	6	3	50.0%	3	1	1	1	0	0
2014	6	2	33.3%	1	4	0	1	1	0
2015	10	6	60.0%	3	8	5	1	0	0
2016	9	4	44.4%	0	8	3	0	0	0
2017	14	3	21.4%	5	8	4	1	1	4
2018	16	5	31.3%	8	11	5	1	2	1
2019	11	1	9.1%	4	5	0	0	2	1
合計	135	45	33.3%	33	80	23	18	7	11

出典：Becht, Franks, Miyajima and Suzuki（2021）

クティビストの時代にはあまり見られませんでした。その次に多いのが、経営戦略や不採算部門の「売却」提案で23件でした。

1Gで最も多かった提案といえば、圧倒的に株主還元でした。つまり、企業が保有している現金を株主に支払いなさい、という話です。今でもアクティビストがそのような主張をするケースは相当数ありますが、提案件数に占める比率的は下がってきているのが最近の特徴です。

コロナ禍で「物言う株主」はどう動いたか？

では、コロナ禍の2020年初頭には何が起きたのか、具体的にどのような提案があったのかをまとめたのが、右の一覧表です。

現在進行形で話題となっているのが東芝ですが、2020年7月31日の定時株主総会では、エフィッシモの提案した取締役候補のうち1人が43.4％の賛成票を集めました（議案は否決）。

「物言う株主」の提案内容全般についていえば、「自分たちの推薦する取締役を入れてほしい」というものが多く、逆に取締役の解任に関する提案もあります。

次に、株主還元の要求では自社株買い、増配などがあり、資産売却、買収防衛策の廃止などもありました。

この表では、そのそれぞれの議案にどの程度の賛成が得られたか、という数字も表しています。賛成率が比較的高く、3割を超えたものでは、キリンホールディングスがあります。「物言う株主の推薦する候補者を取締役のメンバーに入れましょう」という提案です。

JR九州でも取締役の選任が提案されています。不動産に強い人物をファンドが推薦し、「取締役として経営陣に入れてください」という話です。

実際に、経営陣が交替してしまったケースもあります。灰色でハイライトしてあるところは、実際にアクティビストが行った提案が通ったケースです。これはオアシスの投資先のサン電子で、会社側取締役の解任と、ファンド側の推薦する取締役の選任の提案が可決されました。もともと経営に問題があったとされ、ひっくり返るべくしてひっくり返っ

アクティビストによる株主提案と賛成率（2020年）

アクティビスト	コード	ターゲット企業	保有比率	取締役等選解任	株主還元	資産売却	買収防衛廃止	その他
					賛成率（最大）			
3Dインベストメント・パートナーズ	6502	東芝	2.4%	**31.1%**				
エフィッシモ・キャピタル・マネジメント	6502	東芝	11.3%	43.4%				
アセット・バリュー・インベストメント	3302	帝国繊維	5.0%		24.7%			
ダルトン・インベストメンツ	8303	新生銀行	5.0%	8.0%				
ファーツリー・パートナーズ	9142	JR九州	6.1%	**32.6%**				14.5%
インディペンデント・フランチャイズ・パートナーズ	2503	キリンHD	2.0%	**35.6%**	8.4%			**21.0%**
ホライズンキャピタルパートナーズ	1807	佐藤渡辺	11.5%		20.5%	20.5%		
ジャパンアクト	4234	サンエー化研	1.3%		10.7%	11.0%		
オアシス・マネジメント	6736	サン電子（臨時総会）	9.2%	**73.2%**				
オアシス・マネジメント	6406	フジテック	0.0%	**32.9%**				
オアシス・マネジメント	1719	安藤・間	0.0%		27.9%			13.6%
オアシス・マネジメント	9301	三菱倉庫	0.0%	22.1%	9.4%			22.5%
RMBキャピタル	9409	テレビ朝日	0.0%		15.0%			
RMBキャピタル	8011	三陽商会	6.1%	**31.8%**				
RMBキャピタル	5161	西川ゴム	2.3%		10.5%			
アルファレオ	9308	乾汽船（臨時総会）	28.2%				47.6%	
アルファレオ	9308	乾汽船（定時総会）	28.2%	**36.2%**		36.4%		40.7%
ストラテジックキャピタル	8818	京阪神ビルディング	6.9%	21.2%		10.2%		
ストラテジックキャピタル	8093	極東貿易	17.2%		30.5%			**37.2%**
ストラテジックキャピタル	1898	世紀東急工業	7.0%		25.2%			27.3%
ストラテジックキャピタル	8014	蝶理	0.0%	8.2%	15.8%	7.6%		7.3%
ストラテジックキャピタル	3402	東レ	0.0%					13.6%
ストラテジックキャピタル	5208	有沢製作所	6.3%			11.8%	**会社側廃止**	20.6%
ストラテジックキャピタル	1852	淺沼組	8.9%		26.1%	21.0%		
レノ	8848	レオパレス21（臨時総会）	14.5%	**44.5%**				
平均			9.4%	31.3%	19.4%	16.9%	47.6%	21.8%

出典：EDINET, アクティビスト・インサイトをもとに作成

たといえますが、非常にまれなケースです。

　ほかには、いわゆる村上ファンド系の提案も目立ちました。村上系の1社と呼ばれるストラテジックキャピタルは、非常に提案件数が多かったのですが、結果としては支持が一番多かったもので37.2％で、これは資本コストの開示でした。ほかは還元政策などです。唯一の成功事例は、アクティビストが買収防衛策の廃止を求め、会社側が買収防衛策を自ら取り下げて廃止したケースで、株主総会を待たずして決着しました。

　また、村上ファンド直結のファンドであるレノには、レオパレスに対する株主提案があります。大手不動産企業のレオパレスはコロナの影響もあって経営が非常に苦しい状況となり、レノが提案した取締役候補が44.5％の賛成票を集め、もう少しで可決されるところまでいきました。

　今のところ2020年は株主提案の延べ社数が過去最多となっています。内訳のポイントとしては、今までのように株主還元ではなく、**取締役の選解任の議案が全提案の48％を占めていて圧倒的に多い**という点です。株主還元の提案ももちろんありましたが、結果を見ると、**取締役の選解任の賛成比率が高く、株主還元や政策保有株式の売却は賛成率が低くなっています**。

　2020年にはコロナ禍の影響で、企業の業績や資金繰りへの懸念が指摘され、企業経営の先行き不透明感が高かったためと考えられますが、「株主に現金を還元せよ」といった案件には賛成が集まらず、むしろ取締役を送り込んで「私たちの考えも経営に反映してください」といった話のほうが賛成票を集めやすかったといえます。

　結論からいうと、2020年のアクティビストの提案の成功確率は今のところ8％です。先ほどの、企業が自ら買収防衛策を取り下げたケースを含めても、25件の提案中2件しか成功していません。

　もう少し経済状況がよかったときは4割程度成功した年もありますから、そういう意味では**2020年はかなり成功率が低かった**印象です。

　このように2Gアクティビストの提案内容には変化が見られるものの、成功率は相変わらず低いままです。この点に関しては、引き続き分析していきたいと思っています。

アクティビストによる株主提案（2020年）

・過去最多の株主提案延べ社数（一部重複）　25社

・新規参入と思われるファンドの参戦

・内訳

　取締役等選解任：12社（48%）　2018年以降40%超

　株主還元：13社（52%）

　政策保有株式等資産売却：7社（28%）

・提案可決は1件のみ　オアシス ≫ サン電子

　買収防衛策を企業側が廃止した例　1件（有沢製作所）

　成功率は、例年以上に低い（8%）

・株主提案の賛同比率は

　取締役等選解任 ＞ 株主還元 ≒ 政策保有株式等資産売却

「物言う株主」の株価への影響力

　このような「物言う株主」の行動は、株価にどのような影響を与えるのでしょうか。

　「非公開の対話の結果、会社が何らかのリアクションを取った」というGOジャパンのケースと、「公開の場でアクティビストが要求したことに対して、会社が何らかのリアクションを取った」というケースを比較すると、その発表時の株価の反応はほぼ同じです。

　すなわち、非公開の対話の結果、企業が一見自主的に行動したものであれ、公開のアクティビズムの結果行動したものであれ、たとえば「増配します」という企業の発表によって株価が上がる率はさほど変わりません。したがって、非公開の対話のほうが成功確率が高いのであれば、期待値ベースの収益率が高いということもいえます。

　これはイソップ寓話の「北風と太陽」にたとえると、公開の場でのア

クティビズムが「北風」、非公開の対話は「太陽」といえます。もちろん実際には話はそれほど簡単ではなく、いくら太陽が微笑みかけても北風がなければ、企業がまったく行動を起こしてくれないというケースも少なくありません。

　実際のところ、2Gのアクティビストなどでは、最初は太陽政策で非公開の対話から始め、相手の反応がかんばしくないと北風政策、すなわち公開の場でのアクティビズムに転換するケースもあります。太陽政策ばかりでは、相手に無視されて手詰まりになる可能性もありますので、いざとなれば、公開の場で北風を吹かせるぞ、という暗黙の脅しこそが、非公開の対話を有効に機能させる鍵なのかもしれません。

　私は、公開のアクティビズムは必要悪だと考えています。

　以上を第1部とし、第2部では現預金保有の是非についての話に移ります。

GOジャパン vs. 公開アクティビズム

[対象企業の特徴]

GO ジャパン	大企業が多く、機関投資家持分比率が高い

時価総額：平均¥904B　中央値¥364B
機関投資家持株比率：平均44%
外国人持株比率：平均30%

公開アクティビズム	時価総額：平均¥401B　中央値¥48B

機関投資家持株比率：平均28%
外国人持株比率：平均23%

※B＝10億

[成功確率]

GO ジャパン	**34社、87%**（取締役会構成を除くと64%）≫高い！

公開アクティビズム	36%（43/120社）

2000〜2010年 33%
2011〜2018年 39%（2020年 8%）

≫≫ **考察**

① 非公開の長期対話により、率直な話し合いができ、
論点への合意形成が容易になる

② 一方で、アクティビストも公開に至る前に非公開の交渉を
行うケースが増加（成功確率の過小推定）

③ ここ数年、アクティビストの株主提案は、株主還元から
取締役選解任へとシフトし、賛成率も上昇傾向

④ GOジャパンとアクティビストのアジェンダは、似てきている？

[CAR]

成果が発表された際のCAR（累積超過収益率）

GO ジャパン	[-1〜+1]：4.2%　 [-5〜+5]：4.4%

公開アクティビズム	[-1〜+1]：4.6%　 [-5〜+5]：5.6%

≫≫ **考察**

① 実際に発表される成果が大切であり、
その背景（公開アクティビズムか否か）は、さほど重要ではない

② 成功確率を加味した期待CARでは、GOジャパンが有利

※なお、公開アクティビズムでは、アクティビストが株式を保有したことが報じられると、
その前後で+2.2%程度のCARが発生（サンプル数121）

02

企業の"正しい"
資金管理とは?

「現預金保有」は善か悪か?

前項で見たアクティビストファンドの要求からわかるように、「現預金を吐き出せ」というのが、比較的一般的なファンドの要求です。

では、**企業が現預金を持つことは、常に悪なのでしょうか**。これは、長らく私の問題意識となっています。

コロナ禍においては、キャッシュを持っていたために助かった企業が多数存在します。つい1年前までは「なぜ、そんなに現預金を持っているんだ」と責められていたにもかかわらずです。

実際、アメリカのボーイングが過剰な株主還元によって債務超過寸前に陥ったことがありますが、それが市場ではポジティブに捉えられて実株価が高かったということがありました。

しかし、新型コロナによる危機では、実施には至りませんでしたが、政府による救済が検討される事態となりました。日本の企業経営者からすると「それ見たことか、現金を保有することは大事でしょう。キャッシュ イズ キング!」という話になりがちです。しかし、本当にそうなのでしょうか。

ここで、現預金保有のメリットとデメリットについて整理していきたいと思います。

第一に、**現預金があると「財務的スラック」、いわゆる財務面で余裕ができるというメリット**があります。

これは**ペッキングオーダー理論**としてマイヤーズ等によって1984年に提唱されたもので、ある程度財務的スラックがあるのはよいことだといわれるようになりました。それからガートナー等による**内部資本市場**

論と呼ばれる、外に資金を取りに行くよりも自社内でお金を差配し、やりくりをするほうが機動的な投資ができてリスクを下げられる、という議論などがあります。

これらが、どちらかというとよい部分です。実際このような理論は、企業の経営者が株主総会で、現預金の保有が多いことを問い詰められた際に一般的によく使われるいいわけとなっています。たとえば、「M&Aが急に必要になったときにお金がいる」「機動的な投資に必要だ」といった具合です。

現預金保有にこうしたメリットがあることについては、今回のコロナ禍によって再認識されました。

次に、現預金保有のデメリットに関する理論も見ておきましょう。大きなデメリットとしては、LECTURE 5で川本先生からも出ていた**フリーキャッシュフロー仮説**（ジェンセン）があります。これは1986年の理論ですが、いわゆる**「エージェンシー問題」**に関係する理論です。

エージェンシー問題とは、企業経営者に余分なお金を持たせると、「ビジネスジェットを買って乗っている」とか「高級クラブで豪遊した」など、経営者の私的便益に使われ、株主の利益にならないというものです。

それから、ハリスとラヴィヴによって提案された経営者の**エントレンチメント**（保身）という説では、「お金があると、経営陣が無難な経営に走ってしまう」というリスクが指摘されています。少し矛盾しているように聞こえますが、**「リスクテイクするために金が必要といいながら、金があるとリスクテイクしなくなる」**という、人間の心理が垣間見える主張です。

また、最近の**世界的な課題として、キャッシュを持っているとROE（自己資本利益率）が下がってしまう**、ということがあります。理由は単純で、現預金というのは、現在の金利では、どんなに運用してもほとんど利息を生まないからです。

たとえば、普通預金に入れている預金の利回りは0.0001%程度です。国債を買ってもせいぜい0.13%、下手をすればマイナス金利となってしまう、そういう状況です。

現金のメリット

① 財務的スラック／ペッキングオーダー理論(マイヤーズ等 1984)

② 内部資本市場(ガートナー等 1994)

➡ **機動的な投資、リスクテイクが可能**

現金のデメリット

① フリーキャッシュフロー仮説／エージェンシー問題(ジェンセン 1986)

② 経営者のエントレンチメント(ハリスとラヴィヴ 1990)

➡ **投資意欲の低下、無難な経営、**
　 ROEの低下(収益率ゼロの資産比率増加)

そのため、利息を生まない現預金が資産の残高の一部を構成していると、税引後利益を純資産残高で割った ROE は自動的に下がります。ただ、これが本当に問題なのかについては、議論があるでしょう。特に近年、過剰に現預金が悪者にされてきた理由として、この ROE 低下効果があるように思います。

その背景の1つとして、2014年に発表された、いわゆる**伊藤レポート**(経済産業省の「持続的成長への競争力とインセンティブ〜企業と投資家の望ましい関係構築〜」プロジェクトの最終報告書)で、**8％を上回る ROE を達成することに各企業はコミットすべきだ**とされたことがあります。

私は当初からこの命題に対しては批判的な論調を取ってきました。

その理由の1つは、「企業の利益率を改善する」という正しい方向でROE を上げる努力をするのであればよいのですが、「現預金を減らせばROE は上がるので、現預金を吐き出す」「場合によっては借金を増やせば、さらに ROE を上げられる」という形で、8％ をクリアしようとす

る経営者が出てくる可能性が否定できなかったからです。

マッキンゼー・アンド・カンパニーの有名なバリュエーションのテキスト（邦題『企業価値評価 —— バリュエーションの理論と実践』ダイヤモンド社）に「EPS（1株当たり利益）神話」に関する章があり、そこでは、EPS/ROE至上主義に対する批判を見ることができます。

具体的には、「EPSの上昇を目指すというのは、本来企業価値と関係のないところであって、意味がない」と、かなり批判的に書いてあります。

株主がROEを重視するのはある程度、株主の立場としては仕方がないでしょう。しかし、経営者は株主のためだけに経営をしているのではなく、ROEよりも本業の資産効率、利益効率を引き上げることを目的にするべきであって、ROEに過敏に反応するべきではない、というのが私の考え方です。そこで、私は**ROIC（投下資産利益率）という指標を経営者が用いることを推奨**しています。**ROICは本業の利益率を示す指標で、企業の資本構成の影響を受けにくい**という特徴があります。

次ページの図を用いて、ROEとROICを簡単に比較してみます。この表は、自社株買いによって現預金を減らし、さらに借金を増やしていくと、**本業の利益率であるROICは変わらなくとも、ROEがかさ上げできる**ことを示しています。私はこれを「ROEマジック」と呼んでいます。

ある会社の価値が100あったとします。そのうち20が余剰現預金、残りの80が事業用に使っている工場、土地や機械といった事業用資産とします。現在のこの企業のROEは7%です。これが、図の**貸借対照表①**です。

このとき、この80の事業用資産はもともと8.75%の収益率（ROIC）があると考えられます。なぜ8.75%かというと、ROEが7%になるためには、20の収益率0%の現預金と、80の事業用資産の収益率の加重平均が7%のはずだからです。ここから逆算すると、事業用資産の収益率は8.75%だったはずとなるのです。

ここで今、この8.75%というROICは、基本的に余剰現預金がなくなろうと、借金しようと変わらないとします。これは最後にお話ししますが、重要な仮定です。

この場合、20の余剰現預金を自社株買いに充てると、自動的にこの20がなくなり、できあがりは図の**貸借対照表②**の形になります。

左右がバランスするので100%株主資本になって、8.75%の事業用資産と8.75%のROEが釣り合います。ここで、さらに借金を20して自社株を買い、この借り入れの金利が1%だったと仮定します。ご存じの通り、借金をすると節税効果のバリューが出てくるので、会社の価値が若干上がります。具体的には、30%の税率を前提にすると、節税効果が6発生し、企業価値が6上昇します。この状態が図の**貸借対照表③**です。

この結果として、ROEは10.39%、ここでさらに1.6%程度上がります。ポイントはこの3つの貸借対照表を通じて、本業の収益率、つまりROICは8.75%で変化していないということです。にもかかわらず、現預金を減らし、借金をすることで、ROEは7%から8.75%、さらに10.39%と上昇しました。

このような手法でROE目標を達成できたところで喜べるのかという

ROE vs. ROIC

自社株買いの「ROEマジック」

STEP 1　非事業用現預金を用いて自社株を買う
STEP 2　負債を用いて、さらに自社株を買う

⬇

ROEは7%から10.39%へ向上するが、**ROICは8.75%で不変**

貸借対照表①

| 非事業用現金 20 | |
| 事業用資産 80 ROIC=8.75% | 株主資本 100 ROE=7 |

STEP 1

貸借対照表②

| 事業用資産 80 ROIC=8.75% | 株主資本 80 ROE=8.75% |

STEP 2

貸借対照表③

株主資本 80 ROIC=8.75%	負債 20 借入コスト=1%
	株主資本 66 ROE=10.39%
節税効果 6	

のが、私の中の問題意識です。

こうやって借金をどんどん増やしていくと、どんどん ROE を上昇させられますが、究極的に行き着く姿はアメリカのボーイングのケース（220ページ）です。何らかの経済ショックに見舞われれば債務超過に陥り、最悪の場合、倒産すらしかねません。

次の金融危機はいつ起こり、どう備えるべきか？

現預金の保有は悪か。これに対する答えはありません。

少なくとも新型コロナによる金融・経済危機のような場合には、間違いなく財務的スラックが重要になることは改めて認識されたでしょう。

私自身は、**今後も金融危機は10年、ひょっとするともう少し早い周期で頻発する**だろうと考えています。

リーマンショックは実はリーマンショック単体のイベントだったというより、IT バブルの崩壊を防ごうとしていろいろな資金供給をした結果として起きたものだという考え方があります。

コロナ禍による金融ショックは、リーマンショックの救済策として行われた金融緩和の結果として生じたわけではありません。しかし、すでにリーマンショック以降かなりの資金が市場に供給されている中で、コロナ禍を契機としてさらに世界中の中央銀行が金融を緩和し、資金を市場に供給した結果として、また新たな巨大バブルが到来し、それが崩壊して金融危機が起こる可能性は十分にあります。

それが10年以内か5年以内かはわかりません。しかし、いずれにせよ次の大きな金融危機はやがて起こるだろうと見ています。

リーマンショックは、100年に一度の危機といわれました。しかしながら、実際には**ここ30年ほど、10年おきくらいに世界的な金融危機や経済危機が起こっています。**非常に逆説的ですが、**世界の中央銀行が危機を防ごうとしてお金を刷れば刷るほど、将来の金融危機が起こる確率が増す**と私は考えています。

目先の危機を防ごうとして、より大きな将来の危機の種を蒔く。こうしたことを繰り返していると、だんだんと金融緩和のレベルが上がって

いき、どこかで金融緩和で抑えきれなくなり大爆発する可能性があると考えられますが、どういう形で爆発するのかは、現時点では予測できません。

LECTURE 5で「ブラックスワン」という話が出てきましたが、その本を書いたタレブは "Antifragile"（邦題『反脆弱性——不確実な世界を生き延びる唯一の考え方』ダイヤモンド社）という本も書いています。同書では、**脆弱性を抑えるために極端に押さえつけて固定化していくと、最終的に非常に不安定なシステムになる**と主張しており、私はそちらの考え方に立っています。

今回のコロナ禍では、ある程度、経済の動揺を抑える政策を実施することはやむを得ない部分があることはわかりますが、継続していくと次の金融危機の種をつくるだけだと考えています。

一方で、多額の現預金の保有についてはエージェンシー問題や経営者の投資意欲の低下、無難経営へのシフト、エントレンチメントの問題などによって、本業の収益性を低下させる弊害もあります。

先ほど、「ROE マジック」について話したところで、現預金を減らしても「ROIC は変わらない」と仮定しました。しかし実は、現預金を減らしていくと、フリーキャッシュフロー理論の逆で、経営陣が本気になって経営するようになり、ROIC 自体も上がるかもしれません。その場合には ROE のみならず ROIC、つまり本業の収益性も上がるといえます。

結論からいうと、現預金保有自体の是非はケースバイケースであって一概に善とも悪ともいえず、企業の価値や ROE との関係でいえば、非線形だということです。まったく保有していないのも困るが、たくさん持ちすぎているのも困る。したがって、どこかに最適な水準があるはずで、企業ごとにそれを見つけていくことが、今後必要になっていくといえるでしょう。

【まとめ】現預金保有は悪なのか？

金融・経済危機の際の財務的スラックは重要
≫ **おそらく今後も、金融危機は頻発する**（反脆弱性問題 タレブ 2012）

一方、多額の現預金保有には、エージェンシー問題、
経営者の投資意欲の低下（無難経営へのシフト）**により、**
本業の収益性を低下させる弊害もある

現預金保有に、経営の効率性を阻害する要因があるとすれば、
それは「本業の収益性低下」として現れる

「本業の収益性（ROIC）」こそが、経営者の経営目標とされるべき

現預金保有の是非はケースバイケース
（現預金残高と本業の収益性は非線形関係）

新型コロナはマーケティングをどう変えたのか？

今後、マーケットはどう変化していくのか？
消費行動はどう変わり、企業はどういう手を打っていけばよいのか？
2部構成で、少し先の未来を読み解いていく。

PART 1　アフターコロナのマーケティング戦略のポイントとは？
PART 2　対談 ① リテールの未来 〜ポストコロナに伸びる企業・つまずく企業
　　　　ゲスト：足立 光　ナイアンティック アジア・パシフィック プロダクトマーケティング統括責任者（当時）

　　　　対談 ② AI時代のグローバル・マーケティング
　　　　ゲスト：三木アリッサ　Misaky.Tokyo代表

川上智子

神戸大学で博士号取得。マーケティング国際研究所所長。ワシントン大学連携教授、INSEAD客員研究員、国際学会理事職ほかを歴任。日本マーケティング学会理事、日本商業学会『流通研究』副編集長。アジア・マーケティング研究者トップ100に選出。

01

PART 1

アフターコロナの
マーケティング戦略のポイントとは?

当事者の一人として

本稿は、PART 1の解題と Part 2の対談に分かれています。

まず PART 1では、「新型コロナはマーケティングをどう変えたのか?」というテーマで話していきます。

新型コロナの世界的な感染拡大に関して、みなさんそれぞれ職場などでさまざまな課題に直面していることと思いますが、私も当事者の一人として「一人称」でこの問題に向き合ってきました。この機会に、そうした問題意識を共有できたらと考えています。

なぜ「一人称」かというと、2017年末ごろからクラシック音楽のコンサートのプロデュースに関わるようになったためです。具体的にどのような活動かというと、AI の作曲家、クラシック音楽、マジックを組み合わせたものです。クラシック音楽という伝統的な産業をテクノロジーで新しいものにし、若い世代に訴求したいという、マーケティングとブルーオーシャンを組み合わせた新しいコンセプトの企画で、ゼミのみなさんと続けています。

2020年は2月29日に公演を予定していました。ところが、同日、日本政府が緊急事態宣言を出したため、急遽中止となってしまったのです。やむをえず私たちは延期を決定。その後、8月に700人くらい収容できるホールの空きが見つかり、予約できたのですが、感染がさらに拡大しており、ホールに確認すると、実際に座れるのは100人のみとのことでした。これではチケット代を7倍にしないと採算が合いません。

延期により、すでに大赤字を抱えていたため大変なことになりました。このピンチをどう切り抜けようか。迷う間もなく、有料の動画配信に挑戦することを決めました。こういうときこそ挑戦です。失敗するか

もしれませんが、新しいコンサートの楽しみ方を提案していかないと、そのままどんどん機会が失われていくだけだと思いました。

　2020年8月1日、クラシカエール（暮らし・変える）コンサート Vol.3「エール・マジック・オーケストラ」は、コロナ禍が始まって以降、コンサートホール初の客入り公演として開催され、無事成功しました。コンサートの様子は株式会社 NTT ドコモの協力により、同社の「新体感ライブ CONNECT®」というサービスでライブ配信およびオンデマンド配信を行いました。自分の好きな角度から視聴できるマルチアングル配信など、新しいテクノロジーが使われたサービスです。売上はドコモとレベニューシェアし、私たちの売上は全額、医療関係者に寄付しました。

　今回は、お題をいただいて私自身も「何をやるべきか・できるのか」と日々自問自答しながら向き合ってきたテーマでしたので、最初にみなさんとこのことを共有させていただきました。

コロナ禍でリテールはこう変化した

　次に、マーケティングについて、ここでは小売（リテール）に絞ってお話ししたいと思います。というのは、今回、コロナ禍で在宅勤務が拡大する中で一番感じたのは、「物流はあまり止まらなかった」ということだったからです。たとえば、多くの人は買い物を E コマースに切り替えましたが、コロナ禍においても大きな混乱もなく物流がきちんと動き、物がきちんと届くという状態が保たれていました。

　また、タイミングよく、コトラーがイタリア人のスティリアーノとの共著で『コトラーのリテール4.0 デジタルトランスフォーメーション時代の10の法則』（朝日新聞出版）という本を出版しました。その本の中で、いわゆる DX では、これまで B to B、B to C という分け方をしていたのですが、現在はそういう区分けは不要だと指摘しています。つまり、**B to C でも B to B でも人と人とのつながりであることに変わりはないため、結局は H to H（Human to Human）である**とする考え方が述べられています。「今後は、B to B、B to C という分け方自体が古くなるのでは

ないか」という、過激なことまで述べています。「リテールというのは人間と人間との接点だよね」というメッセージもあります。確かに誰もが消費者となり得ます。

さて、下図をご覧ください。2020年5月に公開されていた情報です。グラフの横軸が「今後2週間以内の支出予定の増加と減少」について差分を取った値で、縦軸が「経済回復に楽観的」と答えた人の割合です。

経済回復について悲観的な日本

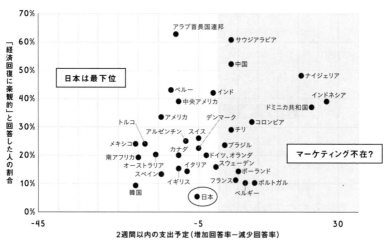

出典：マッキンゼー・アンド・カンパニーの調査をもとに作成

まず縦軸を見ると、見事に日本は10%未満です。多数の国の中でも最下位です。消費に関しては真ん中くらいなので、あまり悲観的になる必要はないと思われますが、意識レベルではとても悲観的です。

この理由はなぜかと考えると、やはり多くのメディアが世論を悲観的なほうへ導くようになってしまっていることに原因があるのではと考えています。

このような空気を、マーケティングのパワーで変えていけないものだ

ろうかと考えました。一人ひとりの力はそんなに大きくないかもしれません が、ぜひとも空気を変えていくようなことに取り組んでいただけたらいいなという思いも込めてお話をしております。

　下のグラフは、マクロミル（マーケティングリサーチ企業）に使用許諾をいただいた調査データです。5月末までの「週当たりの消費金額の変化」をまとめたもので、5月の連休あたりで前年の同月同週比で一人当たり最大7,500円ほど消費が減少しており、やはり冷え込んでいます。

週当たりの消費金額の変化（2019-2020）

前年同月同週比
最大¥7,500/人の減少

¥6,000~7,500/人ダウン

ゴールデンウィーク

¥19,900　¥19,900

¥13,900

¥12,400

前年同週比
1.20　1.10　1.01, 1.05　1.05　1.05　1.04　1.03　0.99　0.97　0.97　0.95　0.95　0.94　0.92　0.92　0.90　0.85　0.76　0.71　0.66

個人消費金額
¥25,000　¥20,000　¥15,000　¥10,000　¥5,000　¥0

--○-- 前年同週比*
―― 2019年
―― 2020年

1週 2週 3週 4週 5週｜1週 2週 3週 4週｜1週 2週 3週 4週｜1週 2週 3週 4週 5週｜1週 2週 3週 4週
1月　　　　　　2月　　　　3月　　　　4月　　　　　5月

*前年同週比は3週移動平均を用いて算出。ただし5月1週のみ直近の2週の平均値とした。
出典：Macromill Weekly Index（マクロミル）をもとに作成

　ここからは品目別に、もう少し詳しく見ていきましょう。
　まず、「食」分野からです。次ページのグラフを見ると、「お酒」が意外と減っていないことがわかります。料飲店では打撃を受けているのですが、消費の部分ではそれほど減っていないのです。「外食」は結構落ち込みが激しかったのが、5月に緊急事態宣言が明けると徐々に客足が戻り、急速に回復しています。やはりみなさん、外で食べたかったんだということがわかります。

過去を振り返ってみると、2019年1月頃に上がっているのが「自宅の特別な食事」です。やはりゴールデンウィークも「ステイホーム（家にいよう）」期間でしたから、「自宅で美味しいものを食べよう」ということが比較的多かったのだろう、とデータからもわかります。一方ですごく落ち込み、戻りもよくないのが、「食事会・飲み会」です。

「食」分野の状況

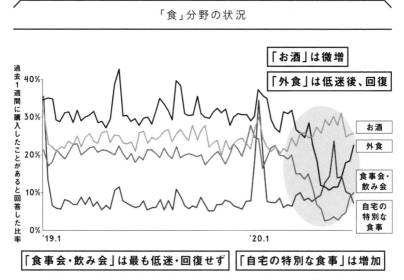

過去1週間に購入したことがあると回答した比率

「お酒」は微増
「外食」は低迷後、回復

お酒
外食
食事会・飲み会
自宅の特別な食事

'19.1　　　　'20.1

「食事会・飲み会」は最も低迷・回復せず　　「自宅の特別な食事」は増加

出典：Macromill Weekly Index（マクロミル）をもとに作成

　さらに、品目別に見て、「何がよく売れたか」を調べてみましょう。これから見ていくグラフは日経POS情報・POS EYESのデータで、かなり細かく売上状況を見ることができます。売れたもので興味深かったのは、まず「ゼラチン」です。ゼラチンは基本的に夏場に売れる商品ですが、このデータでは夏でもないのに売れ、しかも夏のピークの売上をはるかに超えるという面白いデータが出てきています。

　もっと面白いのは「ドライイースト」です。本来、まったくピークが存在しない商品ですが、突然需要が増大しています。在宅ワークで、家でパンなどを焼く方が多かったのでしょう。

　次は、「みりん」と「料理酒」を見てみましょう。下のグラフにある
売上（販売金額）は、それぞれの全メーカーの合計値です。どちらもだい
たい例年、年末年始に売れるもので、2019年は10月1日に消費税が10％
に上がる前には駆け込み需要がありました。こちらも例年の同時期に比
べると、巣ごもり需要でかなり売れていたことがわかります。

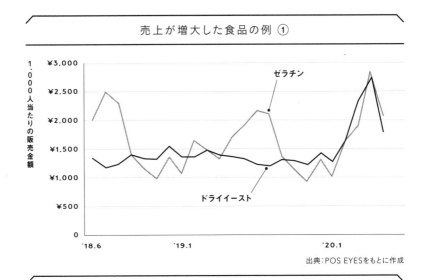

売上が増大した食品の例 ①

出典：POS EYESをもとに作成

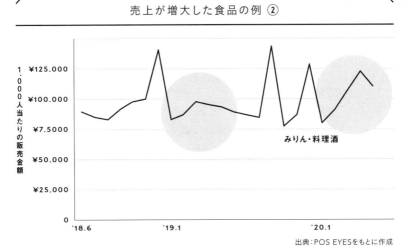

売上が増大した食品の例 ②

出典：POS EYESをもとに作成

次に、衣食住の「衣・ファッション」について見てみましょう（下の
グラフ）。インパクトは「食」よりも「衣・ファッション」のほうが少な
いですが、中でも「洋服」は早く回復する結果となりました。

　コロナ禍で外出しないことなどから「化粧品は売れなくなった」とい
われていましたが、データを見ると大きな影響は受けていないように見
えます。これは化粧品全般のデータなので、スキンケア商品（基礎化粧品）
などは変わらず売れていたと考えられます。一方、メイク関連の商品は
「売れ行きが落ちた」というデータもあります。日焼け止めについては
この時期に売れる商品ではないため、ここで考慮する必要はないでしょ
う。「バッグ・くつ・雑貨」なども少し回復基調が見られました。

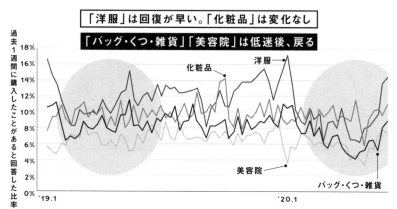

「衣・ファッション」分野の状況

出典: Macromill Weekly Index（マクロミル）をもとに作成

　次ページのグラフは「趣味・娯楽」関連の売れ行きです。
「書籍・雑誌」は、この時期に家で過ごす時間が長くなったことなどか
ら「読書ブーム」であるような様子がSNSの投稿などで見られました
が、実際のデータで検証してみると、実はそこまで増加したというデー
タはなく、例年通りの売れ行きだったといえます。「ギフト・プレゼント」
については、ゴールデンウィークや母の日など、例年と比べて大きく変

わった要素はありません。「映画・スポーツ観戦」、「国内旅行」といった娯楽分野は激しく落ち込み、きわめて厳しい数字となりました。

　そして、コロナ禍でEC・オンラインでの購入が増えていることが、238ページのグラフからわかります。

　たとえば、ネットオークションでの高騰で話題になったゲーム機販売台数では、Nintendo Switchがゲームソフト『あつまれ どうぶつの森』の発売にともない、大幅に伸びています。一方で、2000年に発売されたPlayStation 2の累積台数が1億5千万台だったことと比較すると、3分の1程度との見方もできます。

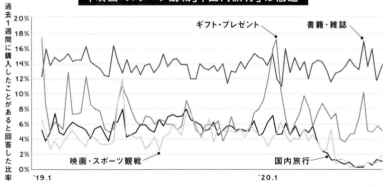

「趣味・娯楽」分野の状況

出典: Macromill Weekly Index（マクロミル）をもとに作成

世界の消費動向を比較する

　ここまで日本について見てきましたが、今度は世界各国の比較について見てみましょう。238ページの下の図は、マッキンゼー・アンド・カンパニーが公開した「世界の消費動向」から抜粋したものです。

　これを見ると、日本の消費動向は、前述の傾向とほぼ変わりありません。「旅行」と「外食」は、どの国でもかなり大きな打撃を受けています。

日本と似た傾向を示しているのは韓国で、中国はやはり回復が早くなっています。一方、ヨーロッパ、中でもイギリスはかなりダメージを受けています。アメリカと日本は傾向が似ているかもしれません。

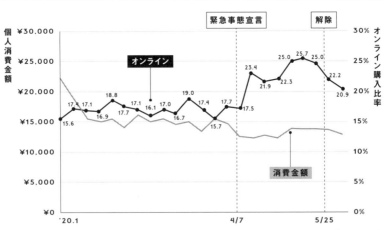

オンライン購入比率

出典：Macromill Weekly Index（マクロミル）をもとに作成

世界の消費動向

2週間以内の支出予定の増減（2020年5月調査）

	日本	韓国	中国	アメリカ	イギリス	フランス
食料品						
在宅娯楽						
酒						
化粧品						
服						
靴						
外食						
旅行						

中国の回復が早い

(%)
-50	
-50〜-30	
-30〜-15	
-15〜0	
0〜15	
15〜30	
30〜50	
50+	

出典：https://www.mckinsey.comをもとに作成

海外のリテールについて見てみると、もともと EC シフトが早かったところは、こういう状況でもうまく対応できたようです。

今後、小売業はどう進むべきか?

ここからは、**小売業はこれからどう進むべきか**について、私なりの提案をしていきたいと思います。

まず、2020年6月のマッキンゼー・アンド・カンパニーのデータ(下のグラフ)が面白かったので紹介しましょう。

たとえば、日本の小売業では「三密(密集、密接、密閉)を避けよう」などをテーマに工夫されていましたが、国によって「何を気にするか」には違いがあります。日本で小売店を選ぶときに最も重視されるのは「清潔」「殺菌」などで、たとえば消毒液が入り口に設置されているかなどを重視しているようです。

一方、韓国では「マスク」をしているか、ドイツやフランスでは「距離(ディスタンス)」、アメリカではまんべんなく重視されるという具合で、着眼する対策が違っていました。

コロナシフトについてはいろいろなメディアで報道されていましたが、データで見ると、特に DX では、日本は大きく遅れていました。

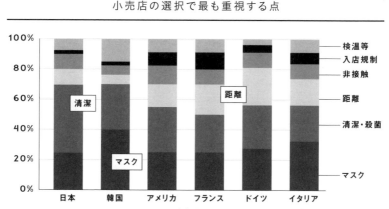

小売店の選択で最も重視する点

出典: https://www.mckinsey.com (2020.06) をもとに作成

たとえば、下図でも明らかなように、アメリカやイギリスではストリーミングが非常に盛んに行われていますが、日本は密度・濃度ともにすべて進んでいないという結果が出ています。とりわけ、後ほど紹介するBOPIS（Buy Online Pick-up In Store）という「ネットで注文して店舗で受け取る」方式については、データすらない状況でした。オンライン医療についても同様です。

世界におけるコロナシフトの状況

日本は遅い　2週間以内の支出予定の増減　（%）

	日本	韓国	中国	アメリカ	イギリス	フランス
ストリーミング						
レストランの配達						
食料品の配達						
レストランの受け取り						
店舗の受け取り						
ネット注文・店舗受け取り	—					
オンラインフィットネス						
オンライン医療	—	—				

凡例：1-9／10-19／20-29／30-39／40+　— ＝データなし

BOPIS

出典：https://www.mckinsey.com（2020.06）をもとに作成

日本はすべての項目において、各国と比べると相対的に遅れが目立つ状況となっています。私はこの**最大の理由は、経営者視点のマーケティングの欠如にある**と考えています。

「マーケティングの4P」はマッカーシーが1960年に書いた本で紹介されたコンセプトです。彼の本を見ると、実は次のページの図に示したように、4P（Product 製品、Place 流通、Price 価格、Promotion プロモーション）は単独ではなく、みなさんおなじみのSWOT（Strength 強み、Weakness 弱み、Opportunity 機会、Threat 脅威）が4Pの周りを囲んでいます。マーケティングではSWOTは分析するだけでなく、働きかけて変えていく、新たに創出していく対象です。同時に、4Pの真ん中にはC、すなわち「Customer

顧客」が位置付けられています。つまり、**マーケティングの4Pは顧客起点で戦略を構築し、実行するための手段**なのです。

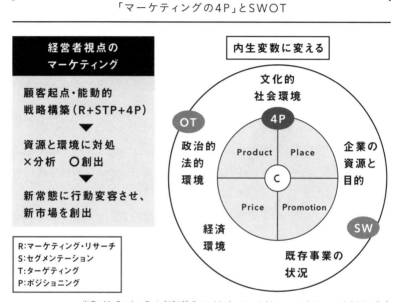

「マーケティングの4P」とSWOT

出典: MaCarthy, E. J.（1960）Basic Marketing: A Managerial Approachをもとに作成

　マーケットを相手にする際には、実行して修正していくしかありません。新しい環境をつくり出す、新しい資源を動員するという働きかけが非常に重要です。

　たとえ、世の中全体は変えられなくても、少なくとも自分の関わる市場に関しては、行動変容をつくり出せる働きかけを行うのが、経営者視点のマーケティングであると考えています。

アフターコロナのマーケティング

　次に、コロナ禍における**「コロナシフト・マーケティング」**については、**「三密」を分解して考える**ことをおすすめします。ポイントは、三密が「同時に起きないようにすること」です。この3つをすべて徹底的

にやろうとすると、非常に大変です。そこで、まず「密閉」「密集」「密接」と分け、それらを「Less（できるだけ少なく）」していくのです。

① **Less Closed**　　**密閉性**を減らす　　→　**開放**する
② **Less Crowded**　**密集**を減らす　　　→　**距離**を置く
③ **Less Contact**　　**密接状況**を減らす　→　**個別化**する

　まず、①「開放」のソリューションは、「換気を強化する」というのがよくある解決手段ですが、発想を転換して「別の魅力的な方法でできないか」を考えるのです。たとえばオープンカフェのように、「室内から、外に出せばいい」という解決法もあるでしょう。リモート化や配信サービスも、狭い限られた場所から解放されるという、開放の手段になります。

　次は、②「距離」の変更です。これには「分け方」を変更するという方法が考えられます。たとえば BOPIS のように、「店舗は、顧客が受け取るだけの場所にする」という形で、タスクの分け方を変えることで、密集を減らすことができます。

　普通に発想すると、たとえば「店内で顧客の間隔を空ける」といった解決策となりますが、あまりクリエイティブとはいえません。マーケティングで解決策を考えるにあたって、クリエイティビティは重要な要素です。たとえば、浜松町にパナソニックが出したおにぎり専門店「ONIGIRI GO」が BOPIS の例です。ここはアプリで事前に注文しておき、できたてを取りに行くシステムです。

　最後に、③「個別化」ではアイソレーション（孤独）が生じがちですが、だからこそ新たな結びつき方を考え、クリエイティブなソリューションを探すことが大切です。たとえば、今まではオンラインで一般の人同士がつながることが多かったのに対し、コロナ禍では著名人を消費者とダイレクトに結びつける試みが増えました。たとえば、オンワードホールディングスでは以前から EC シフトが進んでいましたが、コロナ禍で加速し、「ファッションの力で世界を一緒に明るくしよう」をテーマに、

著名人の協力を得て "#StayStylish" プロジェクトを始めました。

【提案】コロナシフト・マーケティングの3LCs

三密	3 LESS (3LCs)	3 Ks		ソリューション	
① 密閉 ≫	Less Closed	開放 ≫	開け方	△ 換気	○ 戸外
② 密集 ≫	Less Crowded	距離 ≫	分け方	△ 2m?	○ 遠隔
③ 密接 ≫	Less Contact	個別 ≫	結び方	△ 無名	○ 著名

① Less Closed	② Less Crowded	③ Less Contact
例：オープンカフェ リモート化 配信サービス	例：テイクアウト BOPIS	例：EC＋SNS

文脈を変え、社会価値を生むマーケティングの必要性

　私は「コロナがマーケティングをどう変えるのか」から、「マーケティングがコロナの文脈をどう変えるのか」と主客を転倒させていく発想が必要だと考えています。コロナに関わる消費の文脈を変え、新たな価値も生み出していくクリエイティブな発想で、マーケティングを行うことが大切です。

　2019年に来日し、共演の機会をいただいた現代マーケティングの父、フィリップ・コトラーはSDGsバッジをつけていました。彼の著書で非常に感銘を受けた本があります。2015年刊行の『資本主義に希望はある──私たちが直視すべき14の課題』（ダイヤモンド社）という本で、「どのようにして社会性と経済性を両立させるか」が書かれています。

　コロナで人間が経済活動を止めていたときが、地球にとっては一番いい状態だったという見方もあります。これから**コロナシフトの資本主義下で、どういうマーケティングでサステナビリティを実現し、新たな社会価値を提案していけるかが、ますます重要になる**と感じています。

02

リテールの未来
ポストコロナに伸びる企業・つまずく企業

ゲスト：足立 光　ナイアンティック　アジア・パシフィック プロダクト
マーケティング統括責任者（当時）

川上　ここからは、ゲストとの対談形式で進めます。

　最初のゲストは、ナイアンティックのアジア・パシフィック統括責任者をされている足立光さんです。『マクドナルド、P&G、ヘンケルで学んだ 圧倒的な成果を生み出す「劇薬」の仕事術』（ダイヤモンド社）という素晴らしい本も書かれています。リーダシップのあり方、マーケティングのやり方など、いろいろと示唆をいただくことが多いと思います。

　今日は「リテール」がテーマということで、よろしくお願いします。

足立　リテールという面では、今回のコロナ禍でわかったことが1つあって。これはみなさん、いわずもがなだと思いますが、**一点集中型のビジネスはすごくリスクが高い**ということです。先ほど外食の話が出ましたが、同じ外食でもコロナ禍で売上が前年比20%以上伸びて過去最高売上を記録したKFC（日本ケンタッキー・フライド・チキン）から、前年比98%ダウンの居酒屋チェーンまであります。実は同じような製品を提供していても、提供の仕方に大きな違いがあります。今回のコロナ禍ではデリバリーやテイクアウトという提供方法が差を生みました。そうした複数に分散した手法があるかないかで大きく違います。

　コンビニエンスストアも、セブンイレブンは売上が前年比95%ほどで推移していましたが、都心に店が多いファミリーマートは85%くらいになってしまいました。ロケーションというポートフォリオも大事なこと、つまり特定の場所でしか提供できない商品やサービスはリスクが高いということもわかりました。

　ただ、普通の小売だと、提供する物自体のポートフォリオ、提供の仕

方のポートフォリオ、場所のポートフォリオなど、すべてのリスクをカバーするのは無理です。となると、どんなことが起きても比較的早く対応できる社内にしておくこと、これが大事だと思います。

川上 業態のポートフォリオという意味でいうと、OMO（Online Merges with Offline ／オンラインとオフラインを融合したマーケティング）や O2O（Online to Offline ／実店舗への来客などを促すオンライン活動）といったオンライン・オフラインの組み合わせなどについて、店舗フォーマットも含めてバランスを考えていかなくてはいけないということですね。

アフターコロナでも、そういうことがより重要になってくるのでしょうか。

人の根源的な欲求や心理に注目する

足立 アフターコロナでもバランスを考えなくてはいけません。ぼくはアフターコロナで何が変わるかというと、実は変わらないことのほうが多いと思っています。実際、外出が自粛されていたときでも、都心の恵比寿や新橋は相変わらずすごい人出のままでした。「三密」という表現では足りないような居酒屋も非常に多く見かけました。人はもとに戻ります。

買う理由にしても、経済的に支援するために、産地直送品や地方のものを買うなど新しい動きが出てきましたが、大半は長続きしないでしょう。間違いなく**人は、ロジックではなく感情で物を買う生きもの**だからです。ロジックで「こういうことが必要だ」ということでいくらやっても結局、欲望に基づいた消費に戻っていくんです。

もう1つデジタルの話をしておくと、EC は間違いなく今回伸びたし、今後も伸びていくでしょう。しかし、EC がすべてかというと、まったくそんなことはありません。大手 EC サイトでも、人口の5〜6割の使用率しかないはずです。残りの人たちは、この時点で EC を使わなければ、一生使わないかもしれない。

後の世代が増えていけばそれだけ EC が伸びていくのは間違いありません。しかし、EC が今後、小売の世界を完全に支配するかといえば、そうではないでしょう。デジタルも同じです。コロナ後の数カ月は、デ

ジタル広告がすごく効果があったのですが、実はそれ以上に**テレビ広告もよかった。テレビはすごく有効なメディアだということが今回、改めてわかってしまった。**日本の人口の約3割は65歳以上なので、その少なからぬ人たちにデジタルでは届かないわけです。

「コロナ禍でデジタル化が進んだ、浸透してきた」といわれていますが、むしろ明確になったのは**デジタルの分断が起きていて、「デジタルを使う人」と「まったく使わない人」に、スパッと分かれている**ということです。今後デジタル広告・ECは伸びていくでしょう。でも、それだけでは間違いなく全体をカバーすることはできないことが明確になりました。

　日々の生活からすぐわかることが2つあって、1つは、家の近所にコンビニがあってよく行くんですが、「みなさん、どうやって支払っているのかな」と見ていると、7〜8割は現金です。実は、現金で払うのは、高くつく。クレジットカードで払えばポイントが付くし、いろいろあるpayで払えばキャッシュバックなどの特典があるかもしれない。

　思っている以上に、デジタルはまだそんなに浸透していません。事実、日本はまだあまり変わっていないというデータも出ています。マジョリティという意味では、だれでもスマートフォンは持っているけれど、そこまで生活は変わっておらず、今後も流れはそんなにドラスティックには進まないんじゃないかと思います。

　変わることもあるけれど、そうでもないことのほうが多いんじゃないかと。バランスを見きわめながら展開していくことになるでしょうね。

川上　マクドナルドは動きが早かったですよね。

足立　早かったのではなくて、そういうビジネスモデルをたまたま持っていたという話です。これには2つ要因があるんです。もともとデリバリーを強く推進してきていて、テイクアウトやドライブスルーがビジネスの大きな部分を占めていた。これは、ほかの外食にはあまりない特徴でした。消費者がテイクアウトやデリバリーを考える際、頭の中でマクドナルドが選択肢として上りやすかったというのがあるでしょう。

　コロナによる非常事態宣言下では、多くの飲食店が休業したり閉まっ

たりしましたよね。その結果、消費者にとって選択肢が少なくなっている中から選ばれた。そういう相乗効果もあって、業績が上がったのではないかと思うんです。

マクドナルドがコロナ対策のマーケティングとして、すぐに意図的に何かを変えたから成功したかというと、そうではないでしょう。

店舗のフォーマットはどうなる?

川上 なるほど。では、今後も店舗フォーマットとしては今のまま行く可能性が高いのでしょうか。

足立 高いと思います。マクドナルドとしては、1つはデリバリーを伸ばしたい。もう1つはプレオーダー、スマホからの電子オーダーを伸ばしたいというのがあるんですが、それはお店の生産設備としてのキャパシティを最大限、使いたいからなんです。

お店のキャパシティは一定ですが、事前に注文がわかっていれば、それをどこかの空き時間でつくることもできるし、お客さんがお店に来なくてもデリバリーが増えればお店のキャパシティをより有効に使えます。ただ、いかんせんデリバリーというのは、人口が密集していないとまったくペイできないビジネスです。

実際には、**デリバリーが売上に影響を与えられる地域というのは、そんなに多くない**というのが事実です。どの店で、あるいはどの地域でやっても有効なわけではない。

たとえば、目黒区の中心地から離れた地域でデリバリーをやってみたんですが、結構できないんです。KFC などでは、目黒区の一部はデリバリー可能地域に入っていません。マクドナルドも杉並区の一部ではできませんでした。少し都心から離れると、デリバリーは採算が合いにくいビジネスなんです。

川上 一方で、「店舗の中では、座席を減らしていかないといけない」という問題があるわけですね。席数を減らすと、今度は単価を上げないとやっていけなくなるでしょう。今物価も上がりつつあるんじゃないかという肌感覚があるんですが、どうでしょうか。どこかでペイオフさせて

いく必要が出てくるんじゃないかと思いますが。

足立 デリバリーやテイクアウトという形は、そんなにドラスティックに今後増えていくわけではないと思います。通常のサービスで「三密」回避を考えて席数が半分になるというのは、売上がピーク時の半分になることを意味するわけですから、結構つらいと思います。

　和食店や居酒屋は明確に席数を減らした分、値段を上げるお店もあります。そうでないとやっていけないから。これは比較的、許容できる理由だと思います。美容院も同様ですね。都心の美容院を予約しようとすると、席数が半分になるので週末では予約がとれません。感染対策を取りつつペイするためには、全体的に単価を上げていかなくてはなりません。

川上 そうすると、どうしても値上げするしかない。単価を上げていく方向に、全体が動いていくことは、おそらく確実に起きるでしょうね。

足立 確実に起こるだろうと思います。今回のコロナ禍で一番確実なことは、景気は明らかに悪化していて、すでに起こっていますが、失業者が増えていくということです。先日、沖縄の友人が洋服屋を開くのでバイトを募集したら、すごい数の応募が来たといっていました。やはり今、職がなくなってきているんです。

　ぼくの娘が「飲食店でアルバイトしたい」といい出したので、飲食店の知人に連絡してみたところ、「今はバイトを切らざるをえないくらいだから無理」と、はっきりいわれました。職がそもそもない状態になっているんですね。

　この不景気な状態と、値上げをしなくちゃいけない判断をどのタイミングでどうやるか。「値上げします！」と一気に断行する場合もあるし、少しずつ上げていく方法もある。みなさん、知恵を絞るところだろうと思います。「値上げします」と宣言しても、よいことはないですから。

川上 私も一消費者ですから、あまり値上げしてほしくはありませんが、そうしないと経済が回復しない現実があるわけですよね。

なぜ小売はアフターコロナでもあまり変わらないのか？

川上 先ほど、「小売はドラスティックには変わらない」とお話しされ

ていましたが、どうしてなのでしょうか。

足立 確かに、2020年上半期から数カ月で状況は大きく変わり、「会社に行かなくていい」という人が大きく増えました。その一方で、それ以外の部分として、商品を買う理由といったものは、あまり変わっていません。何も制約がなければ、美味しいものを食べたいですよね。コロナ対策が万全の店でなければ行きたくない、マスク着用など安全な装備をしてなかったら行かないかというと、そういう人ばかりではありません。

高級寿司店などは、いまだにぎゅうぎゅう詰めで営業したりしています。それでもいつも満席の店もあります。**人間の「物を買う欲望」というのはもう何千年も変わっていないものなので、これを機に変わるかというと、なかなか変わらないし、いったん変わったように見えても戻るんじゃないかと思っています。**

確かに今回、働き方を含めていろいろなことが変わりそうですが、マジョリティを見た場合、欲望という意味では変わらないことのほうが多いでしょう。

コロナ禍でいろいろなことが、社会が変わったとよくいわれますが、変わらないことも結構あるのが現実だと思います。

川上 論調として「これから変わるんだ。ニューノーマルの時代なんだ」という意見が多い中で、足立さんははっきり「起きない可能性が高い」という立場ということでしょうか。

足立 そういう発言をするために呼ばれたと思っていまして（笑）、そういう話をしました。

川上 変わるも変わらないも、ある種、個人の「選択」ですよね。昨日、ユニクロの店舗でも、レジにすごく人が並んでいました。やっぱり、ほしいものがあったら、人は並ぶ。「欲望」という言葉については、確かにおっしゃるとおりだと感じます。

「どう変わるか」よりも「どう変えるか」を考える

川上 一方で、責任を負わなければいけない人たちは安全のほうに意識が向くと思うんです。保守的に意思決定せざるを得ない。組織で変わり

たくても変われないところを、どうやったら変えられるのか。変えるべき人は変えなくてはいけないと思うので。そのあたりについては、どうお考えでしょうか。

足立 多くの方は「今後、ドラスティックに変わる」と信じていると思います。それを利用することが一番いいんじゃないでしょうか。データはありませんが、今、みんな変わることに比較的寛容だと思います。

　一方で、「マネジメントがそれを許容するか」という話もあります。今回2020年6月初旬からの動きをずっと見ていたのですが、全員出社している一部上場企業が結構あります。信じられないかもしれませんが、実際にあるんです。

　実はマネジメントが「働き方をもとに戻す」と発表した会社から、100％テレワークを続けている会社まで、すごく差がついている。今変わろうとしている会社にとってはすごく変えやすい状況ですから、これをぜひ利用していただきたい。

川上 私たちは予言者ではないので、予言する必要もないのかもしれないけれど、「どう変えていくか」を考えるということですよね。

足立 出社に関しては、間違いなく出社する人は減っています。出社率は100％から0％まであるんですけど、平均すると（2020年）7月からは40～50％ほど出勤している感じでしょう。今回、多くの人が「出勤って、こんなにつらいことだったんだ」と身に染みてわかったと思います。「なぜ毎日、満員電車に乗っていられたんだろう」と。まわりでも、コロナ禍を機に、郊外に引っ越した知人が何人かいます。

　そうすると、明らかに都心の密度、ビジネス需要は減ってくるし、オフィスの規模を半減した企業なども結構見られます。

　今回のコロナ禍は特殊な状況だと思われているかもしれませんが、新型の感染症自体は毎年、世界で起きていて、たまたま今回は特に感染力の強いウイルスが広がったということにすぎません。おそらく**台風や地震といった災害に備えることと同様に、大規模な感染症というのも何年かに1回は必ず来るものとして考えておく**必要があるでしょう。日頃から、そのための準備だけはしておくことが、私たちが確実にできること

だと思います。

川上　資金面でも、**これから統廃合が進んでいく**可能性がありますね。

足立　いろいろな業界で統廃合、少なくとも合併が起こっていくと思います。

アパレル市場は明暗が分かれる

川上　コロナ禍の消費動向については、エンゲル係数との関係もいわれていて、贅沢品や娯楽関連の消費が減ってきています。このあたりの回復は、食のように身近で日常的な消費とは違う部分ですが、どう考えていらっしゃいますか。

足立　今回の**コロナ禍で、「(不)要でも(不)急でもないビジネス」というのが結構あるってわかってしまった。**これは先ほど話が出たアパレルの一部もそうかもしれないし、プレミアムやラグジュアリーといわれるものかもしれない。人に会わなければメイクしなくていいし、会社の会議も Zoom だったら下半身は適当な服を着ていてもわからない。

　ただ、これらのビジネスが今後なくなるとは思いません。「贅沢したい」、「人からよく見られたい」というのは明確に3000年以上変わらない人間の欲望だからです。ただ、それをあまり気にしない人が出てきてもおかしくはない。ステータスのために青山や麻布に住んでいた人が、郊外に引越していくことはあるかもしれない。

　同じように、地方では不可欠ですが、都心住まいであれば自動車はなくても問題ないかもしれない。

　ラグジュアリーはなくならないと思いますが、内容が変わるかもしれないし、ターゲットになる人は減るかもしれない。より強い差別化が必要なんじゃないでしょうか。

川上　何かしら新しい戦略的な工夫が必要だということですね。アパレルについてはいかがでしょうか。

足立　正直、今後、アパレルは難しいと思っています。そんなに服を買わなくても生きていけることがわかったと思うんです。人に会わないんだから、そんなにいいもの、高価なものでなくてもいいし、テレワーク

が普及すると着やすいカジュアルなものの需要が増えていくでしょう。つまりスニーカー、ジーンズ、シャツなどですから、単価が落ちていきます。そのため、理論上は**今後、アパレルのマーケットが大きくなることはない**と思います。

　また、在庫が大量にあるという問題があります。中国の市場でいうと5年分ほどの在庫がある、つまり5年間つくらなくても物がある状態です。そこで、**少なくなったニーズをどう取り込んでいくかは、差別化に尽きる**と思います。

川上　統廃合が進むであろう業界の1つですね。今までファストファッションはじめ、大量生産・大量廃棄という消費文化を先導してきたのも、ある種マーケティングだったのかもしれませんが、消費マインドも変わっていくということですね。ファッションでは良質なものを少し買うなど、店頭にたくさん在庫があるものを買うのとは違う買い方をしていく。場合によっては受注生産のような、昔の形に戻るのかもしれません。

足立　「人によいところを見せたい」という欲求は絶対変わらないので、「人よりもいいものを身につけたい」、「人とは違う服を着たい」というのは変わらないと思いますが、今後カジュアルなものが主流になっていくと、そうした需要は減っていくと思います。

川上　それは何年くらい先のイメージですか。たとえばワクチンができるまでとか？

足立　大多数がワクチン接種を完了したとしても、全体的にテレワークが中心になっていれば、「みんな、オフィスへ来なさい」とはならないと思います。おそらく、多くの会社で家と会社を半分ずつくらい、またはサテライトオフィスに行くというのが多くなりそうな気がします。そうすると、ワクチン接種の有無で、その市場はそんなに変わらないと思いますね。

　ユニクロは中国での生産量が大きかったので、感染が拡大し始めた頃はボロボロでしたが、消費者の「ファッション性よりも機能性で十分」という理由で、ユニクロの株価時価総額がZARAを抜くという事態になったのだと思います。そういう意味では世界的に評価されています。

　ただ、ユニクロがファッションかといわれると、ぼくの中では微妙だったりします。ユニクロの大半の商品は、いわば日用品。洗剤やシャンプーに近いと思います。だって、みんなと同じものを着ているんです。みんなが着ているとわかっているもの、わざわざ同じものを着るというのは、ファッションとは逆の方向性だと思う。もしかしたら、「ファッションというカテゴリではないのかも」と思いながら、今後も継続だろうと考えています。

川上　1つひとつ丁寧に考えていくのが大事なのかなと思いました。次に、外食についてはいかがでしょうか。

足立　Zoom飲み会が普通になったというのはもちろんわかりますが、リアルの飲み会より楽しいですか?　ぼくはそこは微妙だと思っていて。

　確かに家の中で安くすむというのはそのとおりなんですが、「やっぱり人と直接会って触れ合うことって必要だな」と思った人も多いでしょう。たぶん、人と会えないというコロナ鬱は、Zoom飲み会では解決しないと思っています。

「ずっとZoomだったけど、そろそろ会おうか」となって、実際にみんなで会うとすごくうれしいですよね。Zoom飲み会は今後もあると思いますが、定番にはならないと思います。リアルで会ったほうが間違いなく楽しいですからね。

川上　確かにそうです。実際に会うのとZoomとでは、情報量が違いますよね。ご著書で、「感情が大事だ」と書いていらっしゃいましたが、共感性などはリアルに会ったほうが大きいですね。

インバウンドとコンビニエンスストアの今後

川上　最後にインバウンド需要とコンビニについてもお聞かせください。

足立　**グローバルな人の動きは、間違いなく今後も引き続き制限されます。**今回「移動制限」という言葉を使いましたが、実際に起こったのは「鎖国」です。鎖国が世界中で起きた。こんなこと本当に起こるんだと衝撃でしたよね。そうした中で、グローバルなことより自分の国、自分の国より自分の都市、自分の都市より自分の家、自分の家より自分自身

が重要、ということが比較的、明確になったと思います。

　ただ、グローバルな人の動きは今後も制限されていくかもしれませんが、一方で旅行というのはファンダメンタルな欲求で、「新しいところを見てみたい」「新しさに会いたい」というのは昔から重要な欲求なわけです。マルコ・ポーロが東方見聞をしたのは正しかった。

　いずれ、移動してもよいとなったら、「海外に行きたい。でも行けないから、ほかのところ（国内）に行く」という状況になると思います。インバウンドも、当たり前ですが、「陽性の人は入国できない」とするなど、安全性の制限は付いてきますが、根本的な問題として、今後旅行の需要がまったくなくなるかといえば、なくならない。徐々に戻るでしょう。

川上　店舗では透明のビニールシート越しに店員さんとやり取りすることが増えてきましたね。

足立　あれはなんの不自由もないですし、本当に接触を避けたければ、どんどんタッチレス・キャッシュレス化していくでしょう。

川上　本当は、毎回シート自体の消毒もしなくてはいけないですよね。

足立　今あれがスタンダードで、誰もそこに不自由を感じていないはず。対面シートをしながら、普通に品出しをして、普通に現金の受け渡しをしている。ただし、誰が触ったかわからない現金で。そこに根本的な矛盾があるとは思いますけどね。

川上　本当に意味を考えて、緩和すべきところはしていきながら、進んでいくということですね。みんな、感染源になるのは怖いので。

　もっとお聞きしたいのですが、お約束のお時間になってしまいました。

　僭越ながら話をまとめると、**人間の欲望がすべての根源にあるので、食についてはあまり変わらないが、アパレル業界は厳しい。インバウンド、旅行、娯楽は人間の欲望がある限りは戻る**というふうに、それぞれの業界によって違う将来が見えそうだなと教えていただきました。

足立　あえてエクストリームなほうに話を振ってみました。

川上　すごく刺激的で、勉強になりました。ありがとうございます。

03

AI時代の
グローバル・マーケティング

ゲスト：三木アリッサ　Misaky.Tokyo代表

スーツケース2つで渡米、和菓子店を起業する

川上　おはようございます。アリッサさん、今日はよろしくお願いします。今ロサンゼルスですか。

アリッサ　おはようございます。はい、ロサンゼルスです。

川上　こんなふうにオンラインで対談ができるようになったのも、テレワークやリモート、強制的に進んだデジタル化のおかげです。今日はアリッサさんにご自身のビジネスのことや、今回のコロナ禍で感じられているビジネスに対する思いを共有していただきたいと思っています。自己紹介をお願いしてもよろしいでしょうか。

アリッサ　三木アリッサと申します。ロサンゼルスで和菓子製造販売のスタートアップ、「Misaky.Tokyo」を2019年11月に創業しました。和菓子といっても、みなさんが考えているようなオーソドックスなものではなく、宝石みたいなデザインのオリジナル和菓子をつくっています。ヴィーガン、グルテンフリー、無着色無添加と、多国籍国家のアメリカでさまざまな食文化に適応できるような和菓子です。

　ちなみに、今みなさんにお見せしているこの和菓子は、海藻と、フルーツやお花などからできています。すごくヘルシーで、アカデミー賞前夜祭では全米から30社しか招待されないベンダーの中で唯一、アジア人オーナーのベンダーとして和菓子を提供したり、映画「シュレック」などを手掛けるドリームワークス本社でも販売させていただいたりしています。

　海外で、スタートアップが日本の伝統工芸品をビジネスにするのはま

だまだ少ないですが、今日は、私の知見がみなさんのお役に立てればと思っています。よろしくお願いします。

川上 素敵な和菓子で、私もさっそくウェブサイトから注文しました。届くのを楽しみに待っています。本当に、宝石みたいですよね。

アリッサ コロナ禍で、アメリカではクリスタルがブームといいますか、ヒーリングとかを求める背景が強くなりました。特に、体によいものを食べようというムーブメントが起こっています。そのニーズを受けて無着色無添加で、全部手づくりしています。

川上 それもびっくり。200回くらい試作されたそうですね。

アリッサ そうなんです。私はイスラエルのテクノロジー系専門商社で働いていたので、AI などの最先端テクノロジーには精通しているほうですが、和菓子はまったくの門外漢で。最初は、YouTube の動画を見て試作しました。

川上 それでもやってしまう。常に「ゼロ→イチ」の精神で挑戦するバイタリティがすごい。どうして和菓子を選んだのか、その思いを語っていただけますか。

アリッサ 原体験としては2つあります。まず1つは、母がアーティストであることです。いろいろな賞もいただいて活躍してきたのですが、残念ながらマネタイズに苦労していました。子どもながらにそれが悔しくて。その後、伝統工芸の職人さんたちも経済的に大変な思いをされていることを知り、さらに驚愕しました。

　彼らが育んできた文化を守ることこそが、日本の未来につながるだろうと子どもながらに思った経験をもとに、大学生のときにお花屋さんの立ち上げに参画しました。当時、あるコンテストで日本3位になったフローリストが母と同じような悩みを抱えていたので、彼女のためにブランドを立ち上げ、お陰様で楽天市場で売上 No.1 にもなりました。

　その後、もっと大きい規模のマーケティングを勉強する必要を感じ、外資系食品メーカーでマーケティングに従事したのですが、「もっと職人さんを助けたい」という思いから日本酒のベンチャー企業に移り、その後、藤巻百貨店という伝統工芸品に特化した EC 事業の会社でオーク

ションの開発責任者をやりました。

　ただ、こうした国内マーケットでの経験を通して思ったのは、日本は少子高齢化で全体的にマーケットがシュリンクし続けていること、その中で、はたして職人さんたちの商品がずっと生き残れるのかという疑問でした。今はよくても長期的に、10 〜 20年後を見たときに、国内だけではやっていけない、フィールドをもっとグローバルに広げて外貨を獲得しなくては、と思ったのです。

AI時代のマーケットで最重要となるもの

アリッサ　もう1点は、その後イスラエルの専門商社で新規事業マネージャーとして働き、グローバル・ローカライゼイションを勉強させてもらって思ったことです。彼らは AI など、ハイテクなものに強い。そんな技術大国を見て、「これからの社会で何が大事か」と考えると、**クリエイティビティの高い人こそ価値が高くなる社会がすぐ来る**だろうと思ったんです。

　スマートフォンに優秀な AI が入ってくる時代がすぐ側に来ていて、この AI たちに「Hey！　川上先生とのアポイントを取っておいて」といったら勝手にスケジュールをまとめる時代が来ると。どんどんみんな、機械がやってくれるようになって、楽になっていく。そうすると、**これまで人間が「生産のために使っていた時間」よりも、「新しいものをつくる時間」のほうがますます必要になってくる。**

　だけど、今の日本は、特に文化を育んでいる者に対する補助が全然ない。芸術、音楽、スポーツなど、人間の気持ちを豊かにする文化育成になかなか投資がされていない。これはどういう未来を考えたとしても、20年後に絶対響いてくるだろうなと思ったんです。

　だから、今から職人さんたちを海外で雇用し、かつあこがれるような職業にして若い担い手がどんどん生まれる状況にしてあげたいと思いました。まったく人脈がなかったんですけど、半年前にスーツケース2つ持って単身渡米し、起業しました。

川上　すごいです。スティーブ・ジョブズじゃないですけど、振り返る

と点が線になってきている。これまでのキャリアが今につながっていますね。

　私のマーケティングの必修の授業にもお招きしたんですけど、西口一希さんの『たった一人の分析から事業は成長する　実践　顧客起点マーケティング』（翔泳社）で書かれていた、「N=1」という考え方があります。サンプル1で「この人は何をやりたいのか」という、**その1人の目線で考えることがマーケティングの原点**だという話です。まさにアリッサさんの場合はお母さまであったりフローリストの方だったり。そこを起点に考え始めていらっしゃるんだなというのを感じました。

　一方で、後半でご指摘されたように日本の文化に関する問題があります。私も音楽のプロデューサーみたいな真似事をやっているわけなんですが、今回も延期になりましたし、損害が非常に大きいんです。コロナ禍の対策も、まず機能的なところから着手される。経済復興というときに、芸術は後回しにされる。

　芸能プロダクションのホリプロの堀義貴社長がいわれていたんですが、「人として生きていく上で、生活必需品で人生は変わらないけど、音楽・芸術なら人生は変わる」と。そういうことを感じることがこの何カ月か多くて。そういうこともあって、アーティストや職人さんを支援するというところからビジネスを考えていらっしゃるアリッサさんとぜひお会いしたかったんです。

スモールビジネスと支援

川上　ネットニュースで拝見したんですけど、アーティストや職人さんだけでなく、生産者支援のあり方についても、赤字覚悟となりがちなことをどうお考えなのか、お聞かせいただけますか。

アリッサ　私の発言に対して、いろいろなご意見をものすごくたくさんいただきました。それでも私は「NO」といいたいことがあります。「支援をするなら、定価で買いましょう」と。このコロナ禍で、飲食店が軒並みクローズしたことで、一次産業ではいろいろな在庫が余りました。だからみんな、「安くてもいいから、ぜひ買ってください」と。す

ぐキャッシュに換えたいから。

お考えはわかるのですが、ただ、それで買っても本当に支援になるのかというと、そういうわけじゃないですよね。生産者が無理して安く売って、それで買うというのは、結局、悪気はなくても買い叩いてしまう構造になってしまう。それをどうか忘れないでほしい。

結局、一次産業を守らなければ、私たちは生きていけないわけです。その一次産業に十分なリスペクトをはらわないで、ほかの企業が存続しても全然健全じゃないということは、今後も声を上げ続けたいと思といます。

特にロサンゼルスに来てそれを感じています。こちらではインスタグラム上で「#supportsmallbusiness」というハッシュタグやスタンプなどを使って、「自分が好きなスモールビジネスをどんどん紹介し合いましょう」というムーブメントができたのです。私はすごく安心しました。なぜみんながスモールビジネスを支援したいと思うかというと、多様性を生むよいきっかけになると理解しているからだと感じたんです。

日本でスモールビジネスを応援しましょうというムーブメントがあったかというと、あまり聞かなかったんですが、先生はいかがですか。

川上 それぞれの地域、ローカルではあったと思います。SNS 上でも断片的にはあるのかもしれない。でも、ムーブメントと呼べるほどのものは私も知らないです。確かに、文化・ムーブメントにしていくというのは重要です。

アリッサ 文化というのはなかなかすぐには変わらないもので、実際、コロナ禍だからといってすぐにリモートワークを導入した会社がどれくらいあったかというと、なかなか変わらなかったというのが現実問題としてありましたよね。

ただ少なくとも私の友達や家族、身近な人には気づいてほしいし、**気づいた人が「労働に対して相応の対価を払う」という意識を持つだけで、どんどんよい影響が広がって社会が変わっていく**と思うんです。泥くさいやり方かもしれませんが、**買い叩きをすることは結局、貧困を生むだけ**だと思います。そうじゃなくて、デフレから脱却するためにも、よ

りよい社会を実現するためにも、みんなで意識を変えて、「よいものは安く買わない」「よいものにはきちんとお金を払う」という動きをして、少しでも改善していけたらいいなと思います。

川上　私も同感で、**サステナブルかどうかということがポイント**だと思うんです。先ほどのような買い方は、「売れないよりはいい」ということで、一次的な救済支援にはなるのかもしれない。でも、サステナブルでないという点がアリッサさんのおっしゃりたいところですね。

　では、何がサステナブルなのか。コロナ禍で少し変わっていくかもしれないと思っているのは、二極化して「何事もなかったかのように戻るグループ」と「前からうすうす気づいていたけれど、コロナ禍で確認して大きく変われるグループ」の2つに分かれていくのではないかということです。コロナはピンチですが、捉え方によってはチャンスなので、後者に参加していただきたい。アリッサさんもその中で声を上げているわけです。ただ、孤軍奮闘でやるとバッシングされて誹謗中傷の的になってしまうことがある。

アリッサ　今、正直すごくて！

川上　そう。これがSNSの問題でもあり、言論の自由と裏腹のダークな部分です。ムーブメントや文化に変えていくために、一人ひとりが意識を変えていくことから始めるということで、アリッサさんが記事で書かれていた、自分のまわりに働きかけ、「10m以内の人」から変えていくという言葉が心に刺さりました。

　今日はマーケティングの中でもリテールを中心に話を進めています。アリッサさんも「製造小売」なわけですけど、ダイレクトに消費者とつながれるチャンネルを選んでいるということが素晴らしいと思うんです。しかもアメリカから。**私たちみんなが「消費者としてどういう行動を取っていくか」は、「社会をどう見てどう変えていくか」につながる**と思います。

　アリッサさん、最後にメッセージをいただけますでしょうか。

アリッサ　コロナの影響で多くの方々が苦労されたと思います。ただこれはとってもいいチャンスで、こうした状況になったから明らかになっ

た課題やよくないものにふたをするのではなく、そこを少しでものぞいてみて、関心を持つことから始めていただければと思います。

　私自身は伝統工芸のビジネスを世界に広げていって、次なるルイ・ヴィトングループを目指して頑張りたいと思います。夢は大きく！　夢を大きくすることで、私の活動に共感してくれる人が一人でも増えたらいいなと思っています。とはいえ、現状は誹謗中傷も多く、脅迫的なメッセージを受け取ることもあるんです。

　そういうマイナスなところに目がいかないくらい、頑張っている人にエールを送る文化もあればいいなと思っています。応援していただけると、明日もまた頑張れますので、どうか引き続きよろしくお願いいたします。遠いロサンゼルスから、日本のことをお祈りしていますし、新しい日本の幕開けを信じています。

　今日はお時間をいただき、本当にありがとうございました。

川上　アリッサさん、ありがとうございました。私はずっと応援団でいますし、日本から注文が殺到することを期待しています。読者のみなさんも、ぜひご自身のいる場所で、持ち場で声を上げていっていただけたらと思います。直接的ではなくても、それが一番の応援になると思います。今日はありがとうございました。

これからの
リーダーシップ

これからの時代に求められるリーダーシップとは、
具体的にどういうもので、
どのように発揮されるべきなのか？
2部構成で明らかにしていく。

大滝令嗣

東北大学工学部卒業、カリフォルニア大学電子工学科博士課程修了。東芝半導体技術研究所、1988年にマーサージャパン代表取締役社長、2000年より代表取締役会長兼アジア地域代表。2005年にヘイコンサルティング・アジア地域代表、2008年にエーオンヒューイットジャパン代表取締役社長。

堀江 徹

早稲田ビジネススクール非常勤講師。住友商事、マーサー、ヘイコンサルティング、エーオンヒューイットジャパン代表取締役社長、EYパートナー歴任。グローバルリーダー育成、エグゼクティブコーチングに従事。早稲田大学商学部卒業、シンガポール南洋理工大学（NTU）MBA取得。

あらゆる場で求められる
エッセンシャル・リーダーシップとは?

コロナ禍におけるリーダーシップ

　リーダーシップの話というと、みなさんは著名で偉大なリーダーたちの話を期待されるかもしれません。本稿の話はよくメディアに登場するようなリーダーの話ではありません。また、少々情けない日本の政治家リーダーの批判でもありません。

　今回のコロナ禍のように、平穏な日常とは異なるさまざまな挑戦課題に直面したとき、**私たち一人ひとりがどのようにリーダーシップを発揮し、正しい行動をとっていったらよいのか**という話です。「エッセンシャル・リーダーシップ」と名づけたのは、誰にでも気づいた問題に対処するために発揮できるリーダーシップスキルが、本質的（essential）なものとして備わっているからです。誰もが生まれつきリーダーシップを発揮する能力を持ち合わせている、すべての人にリーダーの素地があるのです。

　問題は実行するかしないかだけの話なのです。そういうことで、まず、「よし、やってみよう」と思い立った人のために参考になるリーダーシップ理論についてお話ししたいと思います。

ビジネススクールのリーダーシップ教育

　まずリーダーシップ教育の現状について少しお話しします。現在、世界中のビジネススクールで、リーダーシップ教育を行っています。WBSでもリーダーシップ教育を積極的に進めています。中でもグローバルなビジネス環境でリーダーシップを発揮したい人たちのための授業は、私がこの11年担当しており、毎年、英語と日本語で授業を実施して

います。

　なぜ、ビジネススクールがリーダーシップ教育に熱心に取り組んでいるのでしょうか。これまでのマネジメント教育ではいけないのでしょうか。

　これを理解するためには、まずリーダーシップ教育とマネジメント教育の違いを明らかにするのがよいでしょう。

　これまで長年に渡って企業の中で行われてきたマネジメント教育は、管理職に対し、会社の方針に従って、与えられたヒト、モノ、カネ、情報などの経営資源を有効に使うことで、PDCAサイクルをしっかり回し、問題解決をしながら結果を出していくための技術を教えるものでした。大手企業の多くで、マネジメント教育のプログラムが自社のノウハウとして内製化されており、将来の管理職を育てるプロセスが確立されています。

　ところがVUCAの時代に突入し、「一寸先は闇」というようなビジネス環境になると、**多くの管理職を育てて組織の中に配置して効率の高い組織運営を行うことが、逆に企業に必要となっている変革の足かせになる**事態が見られるようになってきました。

　管理職が足もとばかり見ていて、確立されたビジネスモデルに従ってKPI（重要業績評価指標）を設定し、問題解決をしながら組織と人を動かし、PDCAサイクルをしっかり回していくというやり方がくせになってしまい、時代の変化やトレンドを読み取り、過去を否定してでも大きく舵を切るような人財がいなくなってしまったのです。

　実際、**管理職が大勢いる組織ではイノベーションが起きにくい、新しい価値創造が起きにくい**ことがわかっています。日本企業がその典型的な例です。欧米企業の場合、組織が成長しなければ、管理職のポストの数は大きく変わったりしません。一方、日本企業では高齢化が進んでおり、メンバーシップ型雇用の中、年功序列で昇進昇格が行われるので、管理職が必要以上に多くなってしまいがちです。

　「あの人もそろそろ45歳だし、マネージャーにしなきゃいけない」といった理由で昇進させてしまうため、管理職が増え、必要以上に管理職

層が厚くなっていく傾向があるのです。これを、組織が**「オーバーマネージ（過剰に管理）されている」**状態といいます。

　実際に一部上場企業に対するアンケートを見ても、**4割以上の企業が「うちの会社は管理職が多すぎる」と感じている**という結果が出ています（下図）。

　このような"人ありき"の組織運営を行うと、何が起きるか。管理職になった人の立場になって考えてみればわかるでしょう。「自分もマネージャーになったのだから、価値を示さなくては」と、部下たちから上がってくる案件に対して「何かひと言、いわないといけない」と考え、それをまるで自分の管理職やマネージャーとしての価値のように思い込んでしまうところが出てくるのです。管理職が多いと、どうしても下から上がってくるいろいろな面白い意見やアイデアが通りにくくなっていきます。

　奇抜なアイデアを持っている若手が手をあげても、管理職の「もっといいアイデアはないのかね」というなにげないひと言が、イノベーションを起こそうというマインドに冷や水をあびせます。

「管理職が多すぎる」と感じている企業が4割以上

Q「管理職と非管理職の人員比率は適正か?」

A「ほぼ適正である」42%
　「高すぎる」　　　41%
　「低すぎる」　　　17%

▼

管理職のだぶつき感を持っている企業が多い

従業員規模別で見ると…
　大手企業の回答＝「高すぎる」48%

※メーカーでは特に多く50%。メーカー大手で「低すぎる」と答えた企業は6%と、全カテゴリーの中で最も低い。
※中堅の非メーカーでは「高すぎる」と感じている企業が最も少なく、33%。「低すぎる」と答えたのは29%。中堅のメーカーでもほぼ同様の傾向が見られた。

管理職が
多すぎる

ほぼ適正
である　42%　41%

17%

管理職が
少なすぎる

出典：(株)トランストラクチャ調べ（2014年）をもとに作成

　管理職層があまりにも厚いがゆえに、日本企業の多くで「オーバーマネージ」現象が起き、「新しいことを始めよう」という組織風土ではなくなってしまっているのです。そんな風土の刷り込みを受けてしまうと、若いうちから忖度して批判やリスクを避ける行動が自然に身につきます。その結果、「昔は熱くてハミ出す若手がいたのに、最近の若手社員は何かのびのびしていない」、「若い人ほど、枠の中でものを考えている」といったコメントを聞くことになります。

　こういった組織風土の会社で、いくら新規事業の提案をプロモーションしてもダメです。単なるお遊びの空想大会で終わり、実際に実行に移す段になると腰が引けて、誰もリスクを取ろうとしません。

　この事態を引き起こしているのが、これまでのマネジメント教育の行きすぎであり、今こそリーダーシップ教育に変えていかなければならないということなのです。

　マネージャーとリーダーの違いとは、何でしょうか。

　マネージャーが足もとをしっかり見て現行のビジネスを回していく役割なのに対し、リーダーは次のような役割を担っているといえます。

①物事を長期的に見て、将来の方向性をしっかり示す

②部下をエンパワーして一人ひとりの力を最大限に出させ、かつ全員の力を結集（アライン）させる

③周りの利害関係者（ステークホルダー）の期待をよく理解した上で、彼らにとって正しいことを実行していく

　また、マネージャーと異なり、リーダーは役職に与えられている権限を必ずしも必要としないので、管理職の特権ではなく、組織のどのレベルにいる人でも実行することが可能です。つまり、入りたての新入社員でもリーダーシップを発揮することは可能なのです。

　VUCA の時代、多くの企業で変革が必要とされている中、リーダーシップ教育が注目されているのは、こういった背景があるからなのです。

マネージャーとリーダーの違いとは？

マネージャー	リーダー
財務目標を設定	ビジョン/方向性を決めて示す
視線は「足もと」に	視線は「地平線」に
短期的な焦点	中長期的な焦点
人をモチベートする	人をインスパイアする
権限を使って他者に影響を与える	必ずしも権限を必要としない
任命された役職	すべてのレベルに存在する
命令・指示で人を管理する	模範を示す
KPIを管理する	イノベーションを生み出す
組織をつくり人を配置する	人のベクトルを合わせる
「What」と「by When」を伝える	「Why」と「How」を伝える
Do Things Right（物ごとを正しく行う）	Do Right Things（正しいことをする）

出典：ジョン・P・コッターの提言に加筆

学ぶべきリーダーシップ理論は？

さて読者のみなさんも、これまでいくつかリーダーシップ理論について本などで勉強されたかもしれません。

リーダーシップ論としてよく挙げられるのは、以下のようなものでしょう。

- ・ビジョナリー・リーダーシップ（Visionary Leadership）
- ・トランスフォーメーショナル・リーダーシップ（Transformationl Leadership）
- ・アダプティブ・リーダーシップ（Adaptive Leadership）
- ・サーバント・リーダーシップ（Servant Leadership）
- ・オーセンティック・リーダーシップ（Authentic Leadership）
- ・シェアド・リーダーシップ（Shared Leadership）

すべて英語ですね。実際、こういった理論あるいはフレームワークはこの30〜40年間、アメリカを中心に出来上がったものです。経営学はやはりアメリカ主導で動いています。

もちろん日本でも中国でも、歴史の長短にかかわらず、すべての国に

その土地のリーダーたちの物語がたくさんあります。しかし、それを体系化し、モデル化したのはアメリカの研究者たちです。

さて PART 1の本題であるエッセンシャル・リーダーシップ、すなわちコロナ禍でこれまで経験したことのない非日常のさまざまな課題に立ち向かう上で、実践面で役立つリーダーシップ理論を3つ紹介したいと思います。

①ビジョナリー・リーダーシップ理論

リーダーシップを発揮する上で、リーダーはビジョンをしっかり打ち立て、さらにそのビジョンを周りにしっかりと伝えていかなくてはいけないという、ビジョンをベースとした理論です。ビジョンとはリーダーにとって看板みたいなもので、これはどんなレベルのリーダーであってもいえることです。ビジョンというと「そんな大げさな」と思われるかもしれませんが、思い出してください。マネージャーは足もと、リーダーはその先を見る役割であることを。

②アダプティブ・リーダーシップ理論

先が予測しにくくなった今日、フォロワー1人ひとりの声に耳を傾け、彼らの力を上手に引き出しながら環境に適応しつつチームを率いていくリーダーシップの取り方です（adaptive＝適応できる）。フォロワーとは「ついてきてくれる人たち」のことです。会社の場合、「部下」と訳されることが多いのですが、それだけではありません。プロジェクトによっては同僚や上司がフォロワーであることもあります。

会社でない場合は、一緒に課題に取り組もうとする仲間たちです。特に今のような大きな社会的な変革が起きつつある中で、「仲間たちにどう働きかけ、彼らをいかに動かしていくか」について、そのためのアイデアや方法に関して、後ほど事例を紹介したいと思います。

③オーセンティック・リーダーシップ理論

Authentic は「本物の」「真性の」といった意味で、「リーダーとしてどう本物になるか」が求められる理論です。本物になるのは非常に大変

なことです。しかし、本物にならなければ、リーダーとして続きません
し、大勢の人に影響を与えることはできません。本物のリーダーにな
るためには、自分をよく理解し、誰かの真似をするのではなく、自分に
合った、自分らしいリーダーになることです。

　この3つの理論について、順に詳しく見ていきましょう。

理論①　ビジョナリー・リーダーシップ

　ビジョンとは、そのリーダーが率いている**チームなり組織なりの理想
的な将来像を明確にして、それを伝えることで、周りの人たちがワクワ
クするような状態にする**、そんなメッセージのことです。
「これは面白い。このリーダーと一緒にやってみよう」というインスピ
レーションを湧かせるのがビジョンです。
　ビジョンがあると、一緒に目指すべき方向が明確になりますし、フォ
ロワーがインスパイアされて自然と彼らの中から力が湧いてきます。同
時に、目指すゴールに向かってどの程度進んでこられたかを判断できる
軸にもなります。
　リーダーとしてどうやってビジョンをつくるかというと、当たり前の
ことをするしかありません。まずリーダーとしての自分の能力、度量を

ビジョンとは何か？

ビジョンとは？
組織の理想的な将来像を明確にし、人をワクワクさせ、奮い立たせるメッセージ

ビジョンによって…
>> 目指すべき方向が明確になる
>> 人々のやる気が高まる
>> 「どのくらい進んだか」の判断軸となる

見きわめ、持ち合わせた時間内に、最大限頑張ってどのくらいできるか
という到達地点を自分の中でイメージしなくてはいけません。

ビジョンには「なぜ我々はこれを目指すのか」という、「Why」、つまり「大義」が含まれていないといけません。

気をつけなければならないのは、ビジョンを伝える際に、決して数字を振りかざさないことです。

たとえば、あるビジネスリーダーが「世界市場をターゲットにし、我が社独自のリモート教育事業で、2,000億円の売上、ROI 30％を目指すことをビジョンにします」といったとします。それを聞いたフォロワーたちは、果たしてインスパイアされるでしょうか。フォロワーたちが心を動かされるのは、「我々は貧困によって学校に行けない世界の児童を一人でも減らしたい。そのために、安価なリモート教育のプログラムを世の中に広げていくことをビジョンにします」という伝え方のほうでしょう。

ビジョンにはさらに、「なぜ私は貧困児童を教育面でサポートしたいと思っているのか」、すなわちリーダーとしての「Why（大義）」が必要です。この大義がなく、実は金儲けをしたいと思っているだけ、うわべだけのリーダーのウソはすぐに露見します。

このようにリーダーにとって、**ビジョンは看板となります。看板がないリーダーにフォロワーはついてきません**。なぜなら、今の時代、フォロワーにはリーダーを選ぶ権限があるからです。フォロワーはその選ぶ権限を行使する際にリーダーのどこを見るかというと、もちろん人柄もありますが、ビジョンが一番のポイントになるのです。

もう1つ重要なのは、ビジョンをうまく周りに伝えていくことです。これは「売り込む」といいかえてもいいかもしれません。

リーダーがビジョンを伝える上で一番効果的なのは、リーダーが経験してきたストーリーを用いることなのです。

つまり、リーダーはストーリーテラーでなくてはならないということです。自分が経験してきたことをベースに、「こういう背景があって、自分はこういうビジョンを持つようになりました」と、伝えられれば効

果的です。

この手法で有名なのが、『ストーリーテリングのリーダーシップ』（白桃書房）の著者、ステファン・デニングです。これは役に立つ本ですので、ぜひ一度手に取っていただければと思います。

有名な GE の元 CEO、ジャック・ウェルチは自らのリーダーシップを振り返り、「実は、私はアイルランド系でね、ストーリーの語り方を知っているというだけのことですよ」と語りました。

これはもちろん謙遜も含めてのコメントだと思いますが、彼がストーリーテラーだったのは紛れもない事実のようです。

リーダーを目指す人は、このように自分のストーリーのアーカイブをつくっておきましょう。私はこれを、コーチングしている企業のエグゼクティブ全員に勧めています。

理論② アダプティブ・リーダーシップ

2つ目は、フォロワーと強いコミュニティーをつくるアダプティブ・リーダーシップ理論です。

これは今から16〜17年ほど前にハーバード大学のロナルド・ハイフェッツが提唱し、"The Practice of Adaptive Leadership"（邦題『最難関のリーダーシップ』英治出版）という本にまとめています。

同書にはさまざまなケースが含まれていますが、たとえばコミュニティーの問題を解決する上で、このアダプティブ・リーダーシップを実験的に使ってみた事例などが紹介されています。アメリカの事例とはいえ、大変参考になります。

彼の主張は、リーダーが直面する課題というのは、これまでは比較的、原因を特定して既存の方法で解決できる「技術的問題」が多かったものの、現代では**「適応課題」、つまり解決するためには根本的にそこにいる人たちの価値観や行動の変容を必要とするものが多くなってきている**ということです。

いいかえると、現代においては解決すべき課題の難易度が上がってきているというわけです。中にはもちろん、技術的な課題と適応課題が混

ざったものもあります。これらの課題を解決すべくリーダーとしてどういう行動をとったらいいかを考え、ハイフェッツはアダプティブ・リーダーシップという方法を発案し、提唱しています。

その中で、ハイフェッツは、これまでのようなカリスマ的なリーダーシップによって、「おれの後をついてこい」というやり方ではダメだといっています。ハイフェッツはビジョナリー・リーダーシップを否定しているわけではありません。リーダーには、ビジョンが不可欠だとさえいっています。

彼が主張しているのは、適応課題においてリーダーが取るべき行動は「『おれについてこい』という、権限をひけらかしたカリスマ的な行動」ではなく、むしろフォロワーに影響を与え、彼らの自主的なやる気を引き出し、行動を動員する、すなわち「モビライズする」という行動なのです。mobilize には「動員する」「結集する」といった意味があります。

具体的にハイフェッツは、下図の①〜⑥に示したようなリーダーの行

アダプティブ・リーダーシップ

挑戦課題	リーダーの行動	目指す成果

権限によって、フォロワーを引っ張るのではなく、モビライズする

技術的課題	①頻繁にダンスフロアからバルコニーに出て全体の状況を観察する	コミュニティー内で自由な環境をつくり出す
技術的課題と適応課題	②適応課題を明確にし、気づかせる	
	③苦痛・ストレスを制御する	リーダー ↕ フォロワー
適応課題	④問題を直視し、あきらめずに取り組むよう促す	交流・コミュニケーション
	⑤自分ごとにするよう促す	
	⑥少数意見、提案に道を開く	

273

動を提唱しています。

図の「②適応課題を明確にし、気づかせる」から見てみましょう。

まずアダプティブ・リーダーシップにおいては、実際にリーダーもフォロワーと一緒になって問題解決に当たらなければなりません。それを彼は、ダンスフロアでフォロワーと一緒に踊る状態にたとえています。それを行う中で、フォロワーの人たちに「対応しなければいけないのは適応課題で、この解決をする上で、我々は根本的に考え方や行動を変えなければならないんだよ」と気づかせる行動をとる必要があるというのです。

しかし、多くのフォロワーにとって、行動を変えるのは苦痛を伴うことが多いのです。そこで、**図の③**にあるように、リーダーは「大丈夫だ。みんな、安心して挑戦しなさい」というように、**「心理的な安全性」を提供し、変革に挑戦するフォロワーの苦痛やストレスをきちんとケア**しなくてはいけません。

しかし、適応課題に挑むことは結構難しい仕事なので、多くのフォロワーが途中であきらめたくなったりします。「とても無理です。困難だらけですよ」とくじけそうになったり、一時的な解決策でお茶をにごしそうになったりします。そんなとき、リーダーが「あきらめちゃダメだ。これを乗り切れば、必ず先が見える。別の世界が待っている」と勇気づけるのです（**図の④**）。

また、適応課題に挑戦しているフォロワーを見る時、リーダーとしてはつい手助けをしたくなります。「自分がやってしまったほうが早い」と感じることもあります。ハイフェッツはそんな時、フォロワーに「自分ごとにするように促せ」といっています（**図の⑤**）。いいかえると、リーダーは、フォロワーの仕事を取り上げてはいけないのです。フォロワーたちが困難に直面して、自分たちで解決に挑むことでいろいろな気づきが生まれ、成長が促されるということをいっているのです。

また、**「少数意見、提案に道を開け」**（**図の⑥**）ともいっています。時と場合にもよりますが、フォロワーの中にはよい意見をもっていてもいい出せない人がいます。あるいは、いい出すタイミングを失ってしまっ

たケースもあります。そのような少数意見にもダイヤモンドの原石みたいな価値ある意見があるので、リーダーは常にアンテナを張っておこう、ということです。いいアイデアを持っているフォロワーに発言するように水を差し向けて、少数意見にも道を開いてあげなければいけません。ダンスフロアでは、**図の②〜⑥のこういったリーダーシップ行動を**推奨しています。

そして図の一番上に戻るのですが、**「リーダーは頻繁にバルコニー（高いところ）に出て、全体の状況を観察しなさい」**（図の①）といっています。ちょくちょくダンスフロアからバルコニーへ移り、上からダンスフロアの状況を俯瞰して見渡せということです。

バルコニーから見れば、「フォロワーたち、うまくやっているな」とか「全然違う方向に進み始めたぞ」といったことが確認できます。「このチームは完全にずれ始めたぞ」ということになれば、もう1回ダンスフロアに戻って影響を与え、進む方向性を修正するのです。

以上の6つの具体的なリーダーの行動を「アダプティブ・リーダーシップ」として、ハイフェッツは勧めています。

最終的にアダプティブ・リーダーシップが目指す成果というのは、コミュニティーの中でリーダーもフォロワーも隔たりなく意見交換ができ、リーダーに対してフォロワーが躊躇なく、「こういうところは考え直したほうがいいんじゃないですか」といったフィードバックができる、そういう自由なコミュニケーションが取れる「ホールディング・エンバイロンメント（子供が安心して存在していられるような環境）」をつくり出すことだといっています。

これは、私がPART 1の後半でお話しする「エッセンシャル・リーダーシップ」に通ずるところがあると考えています。

特に、VUCAの時代、社会の非常に難しい適応問題にリーダーが挑む上で、フォロワーの人たちとこのようなインタラクション、相互関係性を持っていく形というのは非常に参考になります。

理論③　オーセンティック・リーダーシップ

　3つ目のオーセンティック・リーダーシップ理論の主張は、「リーダーとして本物になりましょう」という、簡単ながら奥の深い話です。

　この理論の提唱者は、ビル・ジョージというハーバード大学では珍しい実業家出身の先生です。彼は長年、メドトロニックという心臓のペースメーカー大手の社長を務めた後、2001年頃、アメリカでトップによる不祥事が非常に多かった時代に、ハーバード大学が根本的にエグゼクティブ教育を見直そうと白羽の矢を立てて、招聘した先生です。

　ハーバード大学に着任後、本格的に始めたのがこの「本物の（オーセンティック・）リーダーとはどういうものなのか」という研究でした。ジョージはさまざまなリーダーにインタビューし、定性的な研究を通じて "Authentic Leadership" という本をまとめます。

　この本のタイトルを初めて見たとき、「オーセンティック・リーダーシップ？ これは一体何だ!?」と驚いたことを忘れません。

　その後、いろいろな研究者がオーセンティック・リーダーシップをさまざまな角度から深掘りするようになります。ジョージも研究を重ね、"True North" という本にまとめました。

　True North とは「北極星」という意味ですね。**リーダーは正しいことをするのが仕事なので、自分の北極星を持っていなくてはいけない**、ということです。北極星を持つとは、リーダーとしての正義感、倫理感、道徳感を持つということだけでなく、自分の利害関係者（ステークホルダー）の希望や期待をしっかり理解しておくということです。

　北極星を見ながら前進し、進むべき方向から自分が少し外れたら「少しずれたな」と、きちんと自分で判断していかなきゃいけない。あるいは道を外れたときにそれを周りからすぐ指摘してもらえるよう仕組みをつくっておかなければいけないといっています。

　ここで、ジョージの著書からオーセンティック・リーダーの定義を紹介しましょう。

オーセンティック・リーダーは、自らのリーダーシップを生かして他の人々の役に立ちたいと心から願っている。彼らは権力や金銭、名声を求めるよりも、自分がリードする人材をエンパワーして成果を出せるように導くことに関心を持つ。彼らは知性だけではなく、人並み以上に熱い情熱や他者への思いやりによって行動する。

オーセンティック・リーダーは生まれながらにその特性を身につけているわけではない。

もちろん中には生まれつきリーダーとしての資質を持った人もいるが、彼らの多くは努力することで優れたリーダーになっている。オーセンティック・リーダーは自分に備わった能力を活用するけれど、同時に自らの欠点を自覚しており、それを克服するための絶え間ない努力をしている。彼らは明確な目的意識と、意義、価値観に基づいてほかの人々を導いていく。彼らは辛抱強く人々との人間関係を築く。ほかの人々はオーセンティック・リーダーの立場と姿勢をよく理解しているので彼らを信頼する。オーセンティック・リーダーは言行が一致していて、自制力に優れている。時に彼らの信念が試されることがあるが、彼らは決して妥協しない。オーセンティック・リーダーは、真のリーダーになるためには一生かけなければならないことをよく理解しているので、絶えず自らを磨くことに熱心である。

これは名文だと思います。この定義は2001年に発表されたものですが、発表後、さまざまな人が「オーセンティック・リーダーシップ」という言葉を使用し始め、この研究に加わっています。

別の研究者は「**オーセンティシティとは、単なる小細工では生み出せない、リーダーの内面の様相を正確に映し出したもの**である」といっています。

つまり、リーダーシップとは、つくりものの演技では発揮できないということですね。もしも、自分ではない役を演じていたら、周りの人たちがこのリーダーは本物でない、とすぐに見破ってしまうと警告してい

るのです。

　一方で、人間とは単純な生き物ではないので、誰でも複数の顔を持っているものです。私だってみなさんだって、3つや4つくらい違う面を持っていますよね。オーセンティック・リーダーシップではそれら複数の自分の顔をうまくマネージしていくことで、状況に合わせて自分のオーセンティシティを管理することが大切だともいっています。

　これは意味深い提案なので、みなさん自身でよく考えてみてください。

　そのやり方をマスターしているリーダーこそ、自分に正直なリーダーであり、ゆえに持続可能でがんばれる、したがって結果も出せるから周りからも本物のリーダーとして見られるようになる、ということなのです。

　それでは、オーセンティック・リーダーになるためにはどうすればよいのでしょうか。

　ジョージらが勧めているのは、**リーダーとしての内省**です。自分自身とは何者か、何のために世の中に生まれてきたのか、何をしたいのかをしっかり見つめること。一見大げさですが、そういったことをしっかり内省することを勧めています。具体的には自分自身を知るための心理分析や定期的なメディテーション（瞑想）などが有効で、実際にオーセンティック・リーダーシップの開発プロセスで活用されています。

　以上、アカデミックなリーダーシップ理論の中で、実践的で役立ちそうなアイデアを3つ紹介しました。

日本が今必要としているリーダーとは？

　今まさに、コロナパンデミックというグローバルな危機の中で社会が必要としているのは、さまざまな日常場面で、ごく普通の人が社会や他の人のために勇気を持ってリーダーシップを発揮し、行動を起こしていくことだと私は思っています。それを私は**「エッセンシャル・リーダーシップ」**と呼んでいるのです。

　コロナ禍が原因で経済的、心理的ダメージを受けている人、逼迫する医療現場で疲れ切った医療従事者、コロナ禍で混乱する社会をしっかり

支えてくれているエッセンシャルワーカー、働き方が大きく変化する中で切り捨てられた人――。コロナショックで格段に不安定になっている我々の社会には、行政や民間企業の目が行き届かない課題・問題が山積みになっています。

これらはまさに適応課題だといえます。このような課題に立ち向かっていく上では、社会のあらゆる層において、ごく普通の人が本来自らに備わったリーダーシップスキルを発揮してリーダーとして立ち上がることが必要だと考えています。エッセンシャルなリーダーとは、**賢く柔軟で、スピード感を持って人を巻き込み、勇敢に社会課題に立ち向かっていくリーダー**です。

たとえば、多くの人が「これはおかしい」と思っているのに誰も何もしようとしていない問題は、身のまわりを見渡すとたくさんありますよね。

困っている人が大勢いるのに、既存の社会の仕組みでは助けが及ばない問題、声をあげられない人たちが静かに抱え続けざるをえない問題、「今の世の中の仕組みはおかしい」と思っていても、「おれがいっても何も始まらないし」とみんながあきらめている問題。こういった問題に対して我々一人ひとりが、社会のリーダーとして、エッセンシャル・リーダーシップを発揮していかないといけないと私は思っています。

特にポイントとなるのは、次ページの図の「人間の社会的営みの中で、重要だが緊急性が低いために、既存の社会の仕組みからは見落とされ、あるいは見過ごされ、十分なケアがされていない分野」という部分です。

こういった分野で行動を起こし、周りをインスパイアすることで、集団的な課題を解決していくような行動をとるリーダーが今、まさに必要なのです。

読者の中には、「リーダーの素質なんて、私にはありませんよ」という方がいるかもしれません。しかし、冒頭でも書きましたが、エッセンシャル・リーダーシップをとる能力というのは、本来、誰もが持っているものだと思います。

もっというと、長い人類の歴史の中で、我々の祖先はリーダーとして影響力が高かったからこそ生きのび、その結果として子孫が大勢存在す

る。だから我々が生きているわけです。つまり、今のこの世の中で生きている我々はリーダーの末裔だという可能性が大きい。性格や資質が遺伝するとすれば、我々の中にその種はあるといえそうです。まあ、これは確実な話ではないので、話半分に聞いておいてください。

　真面目な話に戻ると、「エッセンシャル・リーダーシップは誰でも発揮できる」と私が主張する理由の1つは、**マネジメントと違って、リーダーシップを実行するのに権限や権力は必要ない**からです。企業の役員とか省庁の課長とかといった肩書きは不要です。リーダーとしてのビジョンを持ち、フォロワーを引きつけることだけでリーダーシップを発揮していくための準備ができます。

エッセンシャル・リーダーシップ

人間の社会的営みの中で
重要だが緊急性が低いために
既存の社会の仕組みからは見落とされ、あるいは見過ごされ、
十分なケアがされていない分野において
自らの使命感と意思に基づいて行動を起こし
周りの人をインスパイアすることで
集団的な行動を喚起して、社会に貢献するリーダーシップ行動。

その活動から社会の課題解決を行ったり、
社会の新しいあり方を実験的に検証しながら提言していくリーダーシップ行動。

このリーダーシップ行動は、本来、人間に自然に備わっているものであり、
特に役割やポストは必要ではない。権限や権力が与えられていなくても実行できる。

人を導くうえで、権力や権限は必要ない

エッセンシャル・リーダーシップを実践する上で大切なこと

エッセンシャル・リーダーシップの定義の中で「重要だが緊急性が低

いために」という表現を使いました。このベースになっているのが、スティーブン・コヴィーの**重要度マトリックス**です。コヴィーは「緊急性」と「重要性」の二軸で複数の課題をトリアージ（重要度に基づく選別）をすると、優先順位1位が「緊急性が高く、重要性も高い課題」になったあと、2位が「緊急性が高く、重要でない課題」になりがちだと警告しています。普通に考えれば、「緊急性は低いが、重要な課題」が2位になりそうなものですが、**現実の社会では緊急性のほうが重視されやすい**ことに警鐘を鳴らしているのです。

　緊急性が高い問題は、企業や社会の既存の仕組みですでにいろいろと対処されていますが、一方で、緊急ではないために多くの重要な問題が置き去られている可能性を示唆しています。重要だとわかっていても、みんなが後回しにしている、あるいはあきらめている問題です。

　コロナ禍で、人々の関心はますます緊急性に偏ってきています。緊急でないために重要な問題が置き去りにされつつあります。まさにこのような問題に対処するために、エッセンシャル・リーダーシップが重要になっていると思います。

エッセンシャル・リーダーシップを実行するステップ

　エッセンシャル・リーダーシップを実行していくためには、普段の行動として、**ビッグピクチャーでものを見る**こと、しっかりアンテナを立てて自分の身のまわりを観察することです。いろいろな人の意見を聞いて自分の中で「何が正しいのか」と五感を研ぎ澄ますことが重要になってきます。これはオーセンティック・リーダーシップのところにも出てきましたが、内省行動です。**自分は何のために生まれてきたのか、本来何をしたいのだろうか**と考えてみましょう。

　また、**リーダーになる上でのリスクについても理解しておく**必要があります。アダプティブ・リーダーシップのロナルド・ハイフェッツも「リーダーシップにはリスクがもれなくついてくる」といっています。リーダーになるには相当の心構えや覚悟が必要なものなのですね。冷たい視線を浴びるだけならまだしも、リーダーは批判の矢面に立たされる

ことも珍しくありません。強い信念を持ち、失敗を恐れず、ブレずに正しいことをし続ける。批判されたり、落ち込んだりすることもあるが、覚悟を決めることが必要です。

少し脅かしすぎたかもしれませんが、勇気を持ってください。

実は**リーダーシップを実行する上で一番の敵は他者ではなく、自分**なのです。よく人には自身の内部に2つの壁があるといわれています。1つ目が「**コンフォートゾーンの壁**」、2つ目が「**セルフイメージの壁**」です。「コンフォートゾーンの壁」はわかりやすいです。「コンフォートゾーン」とは「居心地のいい領域」といった意味で、人間には失敗を恐れる習性があり、自分がうまくやれたことを繰り返し、新しいことを始めるのをためらう傾向がある、ということです。

「セルフイメージの壁」はあまり聞き慣れないかもしれませんね。セルフイメージとは、我々一人ひとりが「自分とはこういう人間だ」と思い込んでいる自分の姿です。人生の中で、周囲と折り合いをつけてきた自分の姿です。本当の自分は別にあるけれど、便宜的に日々演じている自分の姿といってもよいかもしれません。このセルフイメージと本来の自分にギャップがある場合がほとんどなのですが、セルフイメージが自分の行動を規定してしまうことがままあるのです。「やらなくては」と思っても、思い切ったことができないのは、このセルフイメージが壁になっている場合がよくあるのです。

この2つの壁をぶち壊さないとエッセンシャル・リーダーシップを発揮することは難しい人がほとんどではないかと思います。

どうすれば壊せるのでしょうか。

実は簡単です。

今、多くの方が普通にやっている発想法、「私はこれをしなければならない」から、「私は本当はこれをしたいんだ」という発想法に変えることです。To Do リストをつくるのではなく、深く内省することで「自分は本当は何をしたいんだっけ」という問いに対する答えに気づいて、そこから行動を起こすのです。まさにオーセンティック・リーダーシップで出てきたことですね。

「これをしたいんだ」という気持ちから行動を起こせるようになると、「セルフイメージの壁」も「コンフォートゾーンの壁」も簡単に突き破ることができます。周囲が唖然とするほど、困難を楽しんだりすることもできます。すなわち持続性のあるリーダーシップが発揮でき、フォロワーもあなたの本物度合いに惹きつけられることになります。

私の好きな言葉に、
「人間の真の価値は、主に自己からの解放の度合いによって決まる」
という、アインシュタインの言葉があります。
あなたが思い込んでいる「自分」から、あなた自身をどれだけ解放して行動できるかで、あなたの本当の価値が決まるということです。

「エッセンシャル・フォロワーシップ」も重要

エッセンシャル・リーダーシップに加えて、もう1つ社会が必要としているのが、「エッセンシャル・フォロワーシップ」です。
現時点で、「自分には、リーダーとしての行動を求められていないな」と感じる方は、「社会で必要とされているフォロワーシップ」を実践してみてはいかがでしょうか。傍観者や無責任な批判者ほど、世の中に必要とされていない人はいません。
よきフォロワーは、別の場面でよきリーダーにもなれるのです。いわば、フォロワーを経験していくことは、よきリーダーになるための学習ステップなのです。時と場合によって「プロのフォロワーを目指す」というのも、もう1つ重要なことだといえます。

フォロワーの権限と責任

リーダーとフォロワーの関係性にも変化が起きています。
先ほども述べましたが、現代の社会では、フォロワーにはリーダーを選ぶ権限があります。リーダーを選ぶときには人望といった要素だけでなく、リーダーの持っているビジョンなどを吟味し、納得した上でフォロワーになるというプロセスになってきています。

フォロワーにはリーダーを選ぶ権限がある

同時にフォロワーには

>> 困難でも、リーダーの示す方向に進む責任がある

>> リーダーの至らないところを助ける責任がある

>> リーダーにフィードバックを与える責任がある

>> 他のフォロワーと力を合わせる責任がある

もう1つお話ししておきたいのが、フォロワーの責任です。

いったんリーダーを選んだら、信頼してリーダーをサポートし、リーダーにチャンスを与えましょう。リーダーが進もうといった方向が困難だとしても、フォロワーにはそこに向かって進む努力をする責任があります。

リーダーの至らないところを助け、明らかにリーダーが誤っていたり、納得がいかないことがあったりしたときには、フィードバックを与えることが必要です。それもフォロワーの責任です。

また、フォロワー同士でベクトルがそろわなくては、チームとしての成果が上がりません。個人のエゴを通そうとせず、感情的な対立を避け、決まった方向性を受け入れて他のフォロワーと力を合わせる行動が重要になります。傍観者や批判家になるのなら、自ら別のリーダーを選択し、心底一緒に活動したいと思えるリーダーやコミュニティーを探すほうがずっとましです。

ところで、ここでお話ししたエッセンシャル・リーダーシップとエッセンシャル・フォロワーシップを実践することは、不安定化する社会のためになるだけではなく、実践するみなさんにも大きな利があります。

その経験がいずれ必ず企業体の中でリーダーシップをとるときに役に

立つのです。リーダーシップは、発揮する場が社会でも企業体でも、基本は同じです。社会でエッセンシャル・リーダーシップを経験した人は、**権限に頼らずにリーダーシップを発揮する方法が自然に身につきます**から、企業体の中でもさまざまな技法を使い分けるリーダーになれると思います。

　また、逆に会社の組織体の中でリーダーを務めた人も、これからは定期的に社会でのエッセンシャル・リーダーとして社会貢献をするという、双方向のリーダーの移動があってよいと思います。今の時代、SDGs が物語るように持続可能な社会は、行政の問題だけではなく、企業の問題でもあります。SDGs に関心を持たない企業は、投資家からも従業員からも見放されることになります。企業活動と社会活動の境目がなくなる中、リーダーの双方向の移動は、SDGs 活動に大きく貢献するでしょう。

地域のエッセンシャル・リーダーとして

　最後に、私のささやかなリーダーシップ・ストーリーをみなさんにご紹介したいと思います。

　2019年の9月と10月、観測史上最大風速をもたらした台風15号、大雨をもたらした19号が房総半島を立て続けに襲いました。私は千葉県在住なのですが、自宅で1週間の停電と10日間の断水を経験しました。

　私の家にはたいした被害はありませんでしたが、近所はあたり一面、屋根が飛ばされたり、窓が壊れたり、フェンスが吹き飛ばされたり、森林や田畑も大変な被害を受けました。

　これは緊急かつ重要な問題だったため、行政がすぐにさまざまなサポート体制を整えてくれました。また、自衛隊やボランティアのみなさんが来てくださり、屋根が吹き飛んだ家屋にブルーシートをかぶせるなど、助けていただきました。みなさんには本当に感謝しています。

　ただ、当初ブルーシートをかぶせる際には土嚢（どのう）を重りとして取り付けていたため、紫外線で袋がすぐに破れてしまい、屋根が砂だらけになったり、ブルーシートが強風であおられて飛ばされたりしてしまうといった問題が起きました。また、ブルーシート自体が完全防水ではないため、

館山市の布良港周辺は特に壊滅的な被害にあった

多くの被災住宅は雨漏りがひどく、住民の多くは家の修復をあきらめ、その後取り壊された

南房総市の鋸南町の民家。屋根だけでなく、海側は窓枠まで飛ばされてしまっている

ブルーシートは、いったん被せても強風ですぐにあおられてはがれてしまい、何度も張り直しを強いられた

雨漏り対策もできていませんでした。

　実際、2019年10月から12月にかけては風が強い日が大変多かったため、ブルーシートが飛ばされてしまい、被災家屋にはボランティアの人たちが平均3回もシートを掛け直す有様でした。その家の住民はその間、室内にテントを張って生活しているような状況で、大変な不便をしつつも「何度もボランティアのみなさんに助けてもらっては申し訳ない」と思うようになり、次第に救援を求める声をあげなくなってしまっていました。

　私は近所でそういう光景をたくさん目にしたため、「何かもっと工夫をしなくては」と、ブルーシートに代わる方法を模索していました。「日本は世界に名だたる先進国なのだから、何か優れたテクノロジーがあるに違いない」と考えたとき、Amazonから届く荷物などの梱包に使われている「熱収縮シート」が使えるのではないか、と思いついたのです。箱の中の商品が輸送中もずれないように、ピタッと固定するために使われている透明なシートで、目にしたことがある方も少なくないでしょう。

　私は、被災した家屋の屋根をこのシートでくるんでしまえばいいのではないかと思いつきました。

災害直後、ブルーシートで応急処置をした
屋根

熱収縮シートに換えた様子。その後、1年
以上たっても家屋を保護している。3年間
はもつといわれている

館山市の依頼で、若潮マラソン大会の前日
に同市営市民運動場の公衆トイレの屋根を
熱収縮シートで修理した

熱収縮シートプロジェクトのボランティア
たち

　そこで早速、WBS の卒業生で、辻建設という都内の建設会社で東京
支店長を務める辻恵理さんに連絡し、建設業界でこういう材料を使って
いるかと聞いてみました。

　辻さんはそういう材料や手法をご存知ないようでしたが、すぐにエッ
センシャル・リーダーとしての力を発揮して、世界各国の材料会社や建
設業者に問い合わせてくれました。そして、アメリカやイギリスでは、
船で列車や高級車を運ぶときに潮がかかるのを防いだりするために大き
な熱収縮シートを使うという情報を入手してくれたのです。また、アメ
リカではハリケーンで被災した家屋を丸ごとラッピングする業者がいる
ことまでわかりました。

　さらに辻さんは、中国のメーカーにコンタクトを取り、中国からシー
トのサンプルを仕入れてくれたのです。それだけでなく、なんと中国の
メーカーの副社長を日本に呼び、シートの使い方の技術指導を受ける機
会もアレンジしてくれました。

　そこで我々は、本格的に房総で熱収縮シートを被災家屋の屋根に張る
ボランティア・プロジェクトを始めました。

　熱収縮シート自体は、張った時点ではブルーシートとほとんど変わら

ないブカブカの状態ですが、ガスバーナーであぶると収縮し、屋根にピタッと張りつき、非常に防水性の高い補修ができるのです。

　張り終えた後の見栄えも大変よく、施工後、1年経ってもまったく雨漏りせず、「どんな風の日でも大丈夫で、快適に過ごしています」と住民の方々に喜ばれました。

　前ページに掲載した写真には、このプロジェクトのメンバーも写っています。辻恵理さんと辻建設のみなさん、地元の大工さん、私のサーファー仲間が無償で参加してくれました。

　こういった人たちが一緒に困難に立ち向かってくれ、プロジェクトを成功させることができました。

　プロジェクトはそれだけでは終わらず、この熱収縮シート技術を地元の人たちにも広く使ってもらえるように、技術指導や説明会も開催しました。

　近年の異常気象のため、南房総の住人は台風シーズンはいつも不安を覚えながら生活しています。万が一に備えて、こういうノウハウがあることをみなさんにお伝えしたかったのです。

　私のストーリーはここまでです。自慢話をしたつもりはありません。お伝えしたかったのは、誰でもその気になればエッセンシャル・リーダーやエッセンシャル・フォロワーとして困っている人たちの役に立てるということです。

　リーダーシップは、実学です。本を読んでわかった気になっていてはいけません。学んだリーダーシップを、現実の社会で生かしてこそリーダーとしての成長があります。コロナで不安定化する世界、日本社会にも課題が山積しています。それらの多くは適応課題です。ビジョナリー・リーダーシップ、アダプティブ・リーダーシップ、オーセンティック・リーダーシップなどの手法をぜひ、企業のリーダーとして、あるいはエッセンシャル・リーダーとして実践していっていただきたいと願います。

| 大滝令嗣×堀江 徹 |

PART 2 | 対談

今の時代にこそ注目されるべき日本史のリーダーたち

二宮金次郎　～2度にわたる未曾有の災害から復興を果たした創造力あふれるリーダー

大滝　リーダー論というと、海外の優れたリーダーについて語られることが多いのですが、今回は日本の優れたリーダーについて堀江先生と語ってみたいと思います。

　まずご紹介したいのは、二宮金次郎（尊徳）です。みなさんも、よく小学校にある銅像などでご存知かと思います。

　実は、この人は江戸の大飢饉という、とんでもなく大変な時代に生まれた人です。まず生まれる直前に天明の大飢饉が始まりました。冷害に加えて岩木山と浅間山が噴火し、津軽藩だけで推定20万人以上が餓死したといわれています。その後、さらに疫病も流行し、全国では92万人もの人口が減ったそうです。とてつもなく大変な時期を生きた人でした。

　金次郎は小田原出身で、16歳で両親を失い兄弟が離散するのですが、すごく勤勉に、まさに銅像にあるような勉学を続けるわけです。

　有名な逸話として、預けられた伯父の家で本を読む灯りに使う油がもったいないと怒られたため、自分でアブラナを植えて油をつくり、本を読み続けた、というストーリーがあります。

　昔は彼の像がどこの学校にもありました。堀江先生はご存知ですか。

堀江　私の小学校にもありました。銅像だと小さな少年ですが、成人した彼は180cmくらいある大柄な人だったそうですね。

大滝　そうなんですよ。当時としては、ものすごく大柄な人だったらしいですね。

　彼は、まずは二宮家の再興に20歳頃から着手して、非常にクリエイ

ティブな仕事を行います。自分でいろいろ考え、本で勉強し、地主とな
り農業経営を行って、なんと24歳で二宮家の復興を成し遂げるんです。

　その話は当然、大勢が知るところとなり、小田原藩主の大久保忠真に
認められます。これは今の栃木県ですが、下野国桜町領というところ
に大久保家の分家があって、飢饉で大変な状態になっているということ
で、復興を依頼されるんですね。そして、10年で復興を達成します。

　その間、当然ながらリーダーにはフォロワーたちから反対されるよう
な局面もあるわけですよね。そのときにはなんと、成田山で断食修行ま
でやっているんです。まさに内省プロセスです。修行の後、ガリガリに
やせた身体になって帰ってくると、その姿に村人たちが感動して「二宮
先生！」と強いフォロワーになるわけです。

　しかし、その後、今度は天保の大飢饉が起きてしまいます。その被害
も甚大で、全国で餓死、疫病死を合わせて30万人も出たそうです。想像
を絶する事態ですね。すると今度は小田原藩主から、本家本元の小田原

二宮金次郎（尊徳）（1787〜1856年）

天明の大飢饉 （1782〜1788年）

冷害、岩木山、浅間山の噴火などにより、津軽藩だけで推定20万人以上が餓死。
その後、疫病の流行もあり、全国で92万人もの人口が減少。

16歳	両親を亡くし、兄弟離散。伯父の家に預けられる。
20歳	独立し、二宮家の再興に着手。
24歳	田畑を買い戻し、地主に戻る。
35歳〜	小田原藩主・大久保忠真に認められ、小田原藩分家の下野桜町領の復興を依頼される。10年で復興達成。
	村人の大きな反対にあった際には、成田山で断食修行を行う。
	その姿に村人たちが感動。

天保の大飢饉 （1833〜1839年）

洪水、冷害による大凶作。全国で多くの餓死者を出し、人口は約30万人減少。
再び小田原藩主より小田原藩復興を依頼される。二宮尊徳のさまざまな施策により、
660の村を再建、小田原藩からは一人の餓死者も出さなかった。
この貢献に対し、自らは一切の褒美を受け取らなかった。

藩の復興を依頼されます。二宮金次郎はいろいろな施策を導入することで、なんと660もの村を再建し、この時期にもかかわらず、一人も餓死者を出さなかったという功績を残します。

堀江　すごいですね。

大滝　しかも、褒美も一切辞退したそうです。

　このように、多くの人にとって「勤勉な少年」というイメージしかない二宮金次郎ですが、実は大飢饉という未曾有の災害時に、多くの人を守った立派なリーダーだったんですね。

　二宮金次郎はいろいろな教えを残しています。たとえば、「心田開発」という教えには強く同感したのですが、新田、つまり「新しい田」を開発するんじゃなくて、「心の田」を耕して人々のやる気を引き出し、復興のドライブにするということなんです。すごくいい言葉だなと思いますね。

　彼の教えの中では「報徳思想」も有名です。すべてにいい点があるの

二宮金次郎の教え

せきしょういだい	
積小為大	小さな積み重ねが大切

しんでん	
心田開発	人々のやる気こそが復興の鍵

ほうとく	
報徳思想	「万物にはすべてよい点（徳）があり、それを活用し、 社会に役立てる（報いる）」

至誠：「まごころ」のこと。二宮尊徳の生き方の中心

勤労：物事をよく観察・認識し、社会の役立つ成果を考えながら働くこと

分度：身の丈に合った生活をすること

推譲：残ったら貯める、あるいは困っている人に譲る気持ちを持つ。
　　　　人を助ければ、いずれ返ってくる（レシプロシティ）

20代の使用人だった頃に、「五常講（互助会のような仕組み）」を発明。その後、天保の大飢饉の際には、その仕組みを集団による連帯保証を伴った基金のように運営した。儒学が定めた5つの徳、「仁・義・礼・智・信」を守ることを条件とする道徳心を担保とした。困窮度合いを3つに分け、最も困窮している家庭から優先的に貸し付けた。

で、それをちゃんと活用して世の中に役立てていくことが重要だということです。ダメな人なんていなくて人それぞれにいいところがあり、それを活かせば誰でも社会貢献できるとも解釈できますよね。

また、「推譲」という教えがあります。「身の丈に合った生活をして余ったら、家族や子孫のために貯めなさい」、あるいは「本当に困っている人がいたら、その人に譲りなさい。人を助ければ、いずれ返ってくる」といった内容です。これはよく我々が人に影響力を与える際のギブ＆テイクを利用したレシプロシティ（相互主義。互恵主義）という考え方と一緒ですよね。

相当にイノベーティブな人だったようで、20歳頃にすでに互助会のような仕組みをつくり、それを発展させて、小田原藩で災害補助の基金をつくったりもしています。困窮度合いを3段階に分けるトリアージ（重要度に基づく選別）をした上で、一番困窮している家庭に優先的に貸し付けたそうです。しかも、このときは担保を取っていない。担保は儒教の定めた、5つの徳を守ることを条件としたということで、これもこういう時代にすごく人々の心を打ったんだろうと思います。

堀江 どうやって勉強したんでしょうね。

大滝 子どもの頃から懸命に学問を積んだわけですが、基本的にクリエイティブな人だったんだと思います。

また、よくいわれるのは、村の復興を手がけた際には村に住んでいる人のことをよく調査し、「この家には何人家族が住んでいて、家の主人はどういう人間で」といったことまでしっかり把握したそうです。

データを積み上げ、それに基づいて戦略的に考え、先を読み、計画を立てるという論理的な面と、フォロワーたちの人心を掌握し、感情の面にもちゃんと働きかけるというバランス思考がすばらしくできた人だと思います。

また、二宮のエピソードでは、彼と衝突する豊田正作さんという悪者的な人物が登場します。しかし、実はこの方は二宮と衝突した後にお役御免になり家が没落するんですが、復興の手法に感銘を受けて、その後、非常に熱心なフォロワーとして支えたそうです。

堀江　PART 1でリーダーのビジョンにはHowとWhyがあるというお話をされていましたが、鷹山は、人心を惹きつけるWhy「なぜ、我々はこれを目指すのか」という大義の部分が特に優れていたんでしょうね。

上杉鷹山　～明確なビジョンを掲げ、率先垂範して大改革を成功させた有徳のリーダー

大滝　それでは、今度は堀江先生のお話に移りたいと思います。

堀江　はい。私からは、上杉鷹山（治憲）のお話をしたいと思います。江戸時代中期の出羽国米沢藩主です。実は私は毎年、米沢を訪問しています。

　多くの名言を残した上杉鷹山ですが、何といっても有名なのが、

「なせば成る　なさねば成らぬ　何事も

成らぬは人の　なさぬなりけり」

でしょう。「とにかくやらなければいけない。やればなんとかなる。なんとかするんだ」という、この言葉です。

　かのジョン・F・ケネディ大統領が「最も尊敬する日本人は誰ですか」と尋ねられた際、「上杉鷹山だ」と答えて、みんなが「誰だ、それは？」という話になったという逸話があります。

大滝　それは、内村鑑三が『代表的日本人』という英語で書いた本を出した影響ですね。その中で、上杉鷹山、二宮金次郎、日蓮上人、中江藤

上杉鷹山（治憲、1751～1822年）		
1751年		日向国高鍋（宮崎県）藩主・秋月種美の次男として誕生
1760年	9歳	婿養子として米沢藩（山形県）へ
1767年	17歳	米沢藩9代藩主となる
1785年	35歳	隠居する
1822年	72歳	死去

樹、西郷隆盛という5人をあげています。たまたま今日、紹介している二宮と上杉鷹山、2人が入っていますね。海外にもかなり早い時期に紹介されている本です。

堀江　そうですね。キャロライン・ケネディさんが駐日大使だったとき、2014年に米沢を訪問されています。

　鷹山は前の話で出た二宮金次郎と同じ頃、1751年に生まれ、1760年に9歳で親戚のところへ婿養子に入れられたのが米沢藩です。

　そしてなんと17歳で9代藩主になります。今でいえば知事です。隠居したのは意外と早いですが、18年間の改革は大変大規模なものでした。

大滝　35歳で隠居しちゃったんですか。

堀江　そうなんです。この後にも話しますが、上杉鷹山は後継者の育成をしっかり進めました。自分で成功させたところで終わるのではなく、次の人にちゃんと引き継ぎました。

「改革は、始めるよりも維持することのほうが大事だ」といっていて、これも見習うところが大きい点です。

　当時は飢饉——ここも二宮金次郎とかぶっていますが——などもあり、米沢藩は財政難で、現在価値にすると120億円の赤字があったといわれています。

　実はこの米沢藩は、栄えていた頃は藩士や武士たちが華やかな生活を送っていました。その後財政難になっても頻繁にお伊勢参りに行き、いい服を着るなどして生活を変えず、藩士の給与で藩の予算の90％を使っていたようです。

　だから藩民は困窮し、今さら藩の改革といわれてもあきらめていたようです。

　鷹山も、「また次の藩主が来て改革するとかいっているが、誰がやっても同じなんじゃないの？」という雰囲気の中で迎えられたようです。

　そして、鷹山はその時期に4つの大きな改革を行いました。

　現在よく行われている改革と似ていますが、まず**財政改革**。参勤交代や伊勢神宮参拝の見直し、費用削減、年間行事中止、建物修理中止、藩士の給与6分の1カット、女中を50名から9名に減員、着物は木綿に、贈

```
                          米沢藩の危機

    ┌──────────────────────┐
    │         財政難          │   借金 20万両≒現在価値120億円
    └──────────────────────┘

    ┌──────────────────────┐
    │  藩士(士農工商の士)の贅沢  │   藩の予算の90%が藩士の給与
    └──────────────────────┘

    ┌──────────────────────┐
    │   藩民の困窮・あきらめ    │   「誰がやっても同じじゃないの?」
    └──────────────────────┘
```

答品は禁止。今でいうと、出張を見直しして、イベントを中止して、設備投資をやめて給与カット、人員削減といったことを断行したわけです。

　抑えるだけではなく、**新規事業**を見つけて地場産業を復興させなくてはいけませんでした。そのために、藩民は当時、米をつくっていましたが、「この土地はもともと稲作に適さないので、桑や漆をつくろう」と発案します。

　ところが、「そのための技術がわかりません」ということになったので、隣の藩から高いお金を払って技術者を招聘しました。織物を特産品にしたり、水を活用して鯉を育てて売ったりしました。藩士の奥さんに「こんな仕事をしてみなさい」と桑つくりなどをすすめ、新たな労働力としたという話もあります。

大滝　まだ17歳のリーダーにそんなことをいわれたら、周りは大反発するんじゃないですか。

堀江　そうなんです。最初にこれを発表したときには、家臣から「もうやめましょう」、「うちは藩でなくなってもいいので、どこかの藩に吸収されるように幕府にお願いしましょう」という案まで出てきました。

　そこで鷹山は「それを判断するのはあなたじゃない」、「侍ではなく、藩民が決めることだ。しばらくやってから、藩民に決めさせよう」といったわけです。

そして、この時代に**働き方改革**までやっていたのには驚きます。勤務時間のフレックス制を導入しました。議論のための議論、文章の小さな誤りまで「ああでもない、こうでもない」と、それだけで一日を費やすような無駄はやめさせたそうです。

こういう話は、今でもどこかで聞くような話ですが（笑）。

それから、**人材育成**にも積極的に取り組みました。「興譲館」という学校をつくり、身分を問わず学習させました。また、借金120億円を完済して35歳で家督を譲る際に、藩主としての心構えを申し渡したのが「伝国の辞」です。これも後継者育成です。

このような大規模な改革を成し遂げた鷹山の成功の鍵を、私なりに3つにまとめてみました。

1つ目は**明確なビジョン**です。「民を富ませる」という大きなビジョンを発表しました。ビジョンを明確にした上で、合意尊重、活発な討議、現場重視、情報共有を掲げました。

2つ目は**人間力**です。メンバーの抵抗が大きい中で、自分がまず率先垂範して木綿の着物を着て、貧乏人のような格好で質素倹約を徹底しました。できたばかりの橋を渡るときは、馬を降りて歩きました。奥さんの幸姫が発育障害でしたが、彼女を大事にしてできる限り時間を使いました。

大滝　その話は私、昔、仙台にいたときに聞きました。もともと米沢藩は跡継ぎがいなくて、お取りつぶし寸前だった。それで鷹山と政略結婚したといったことですよね。

堀江　そうです。

大滝　その唯一の姫が発育障害だったということでしょう。その人と結婚されたわけですよね。その話は鮮明に覚えています。

堀江　はい。3つ目の成功の鍵は**チームづくり**です。

最初に今でいうプロジェクトチームに5人を選びました。この5人はどちらかというと、はみ出し者、"冷や飯食い組"でした。

ただ、それぞれが高い専門性を持っていて、彼らにまず改革の原案を「時間がかかってもいいから、つくれ」とつくらせました。鷹山自身

上杉鷹山の改革

① 財政改革

- 参勤交代・伊勢神宮参拝の見直し、費用削減
  （＝出張の見直し・コスト削減）
- 年間行事の中止（＝イベント中止）
- 建物修理の中止（＝什器備品・設備投資の中止）
- 藩士の給与減額（＝給与カット）
- 女中を50名から9名に削減（＝人員削減）
- 着物は木綿に、食事は一汁一菜に（＝倹約生活）
- 贈答品の禁止（＝接待の禁止）

② 新規事業開拓・地場産業復興

- 米作に適さない土地で漆・桑の栽培
- 特産品を蚕から織物に
- 水を活用して、鯉を育てる
- 城の中や藩士の家の敷地を活用
- 他の藩から技術者を高い報酬で招聘
- 藩士の妻も労働力にする

③ 働き方改革

- 勤務時間は各自好きなときに来て、好きなときに帰ってよい
- 議論のための議論、文章の小さな誤りについて、
  「ああでもない、こうでもない」と、
  それだけで1日を過ごすようなムダはしてはいけない

④ 人材育成・後継者育成

- 「興譲館」（藩校）を設立し、
  藩士・農民の区別なく農業や道徳の教育を施す
- 「伝国の辞」（藩主としての心得・後継者に託する言葉）を残す

▼

借金完済！

ビジョン

「藩政改革は、民を富ませるため」

人間力

・「政治の基本は徳」
・率先垂範：泥にまみれて田を耕す。
・謙虚、誠実、優しい、愛がある
　馬を下りて橋を渡る。藩民に気軽に声をかける。発育障害の妻が喜ぶ
　ようにと一緒に遊び、愛情をそそぐ。

チームづくり＝「火種チーム」

・高い専門性を持つ藩内のはみ出し者、"冷や飯食い組"5人を選ぶ

は多くの意見がありましたが、まず任せて、部下のやる気を燃えさせる
ことに努めました。ここは大きなポイントです。鷹山は5人組に「おま
えたちの胸に燃えているその火を、どうか心ある藩士の胸に移してほし
い」と伝えました。こうしてこの5人組が改革の最初の「火種」となって、
その後「火種」が燃え広がっていったのです。

　もう1つ、**フォロワーシップ**という点についてもお話しします。鷹山
のリーダーシップももちろんすばらしかったんですが、その5人組の中
に1人、血気さかんな若者がいました。

　佐藤文四郎という人物です。「損だとわかっていても、正しい生き方
だからやるんだ」と、文四郎ががむしゃらに始めると、最初はまわりか
ら「バカじゃないの」と冷たい目で見られていました。ところが、その
うち、「正しいことをやっているし、一所懸命だし、自分が恥ずかしく
なる」と、みんなが文四郎のことをロールモデルにしていくのです。そ
れで一人ひとりが変わっていくことになりました。彼らは「損だとわ

佐藤文四郎　〜初代「火種チーム」5人の中の若者

ロールモデル

・**そんぴん組**＝「一徹で、時の流れにのらず、みすみす損だとわかっていても、正しい生き方を貫く人たち」を表す米沢の方言

最高のサポーター

・**鷹山の不安**：いよいよ敗北感を強めた。心の中であきらめた。
➡そんなときはサポーターの応援で、鷹山は希望が持てた。
➡みんな、火種を持っていた。それぞれの胸に火がついた。

逆命利君

・「上司や主君、たとえ国家の命令であっても、それが上司や主君、国家のためにならなければ、あえて逆らうべし」

我々も異動・出向・転職のとき、若くて未経験のときに心掛けたい

かっていても正しい生き方を貫く人たち」を表す米沢の方言で、「そんぴん組」と呼ばれていました。

　こういう大きな改革は、強いリーダーシップに基づくトップダウンだけではなかなかできません。鷹山は素晴らしいとはいえ人間ですから、何回もくじけてしまいました。敗北感を強めたり、心の中であきらめたりした事態が何度もありました。そんなときに文四郎は最高のサポーターでした。文四郎のサポートのおかげで、鷹山は「私は改革を進めていてよかったんだ」と自信を取り戻すことができたといいます。

　文四郎は「逆命利君」を実践しました。中国の古典にある言葉で、私が以前、住友グループに勤めていたときに、住友グループのバリューの中に「逆命利君」ということばが入っていました。上司に対してただ「はい、はい」とイエスマンになるのは上司のためにならない、ということです。本当に上司のことを思うのなら、上司が間違っているときには「間違っている」といわなければならない、ということです。

文四郎もよく、鷹山に対して「違います。そんなことでどうするんですか」と意見を述べていたといいます。

　文四郎のような存在が貴重です。異動したり子会社に出向したり、あるいは転職したときなどに、新しい環境で「これは何かが間違っているのでは？」と思えることがあります。でも、「自分はまだ新参者なので黙っておこう」と思っていると、そのうちに自分も徐々に染まっていってしまい、おかしいと感じなくなってしまうことがあります。本当は、「逆命利君」が教えるように、「おかしいことはおかしい」といって「正しいことをする」という、文四郎のような行動が重要だと思います。

大滝　佐藤文四郎はまさにフォロワーとしてすごく立派な役目を果たした人だということですね。プロのフォロワーは逆にいうと、すぐれたリーダーでもあったんじゃないのかなと思います。調べてみたいですね。今日はどうもありがとうございました。

堀江　ありがとうございました。

アフターコロナ の キャリア開発

2020年を境に一気にテレワークが普及し、DXが加速し始めた。
社会がかつてないスピードで変化しているなかで、
キャリア開発のあり方はどのように変わっていくのか？
自身のキャリアを展開させていく上で、
どういった点に留意していけばよいのか？
変化を捉え、生かすためのフレームワークや
キーワードを紹介しながら解説する。

杉浦正和

京都大学を卒業後、日産自動車で海外マーケティングを担当。スタンフォード大学ビジネススクールにてMBAを取得。ベイン＆カンパニー、マーサーを経て、シティバンクでリーダーシップ開発責任者、シュローダーで人事部長等を歴任。国立音楽大学理事（経営戦略担当）、人材育成学会常任理事を兼務。

| 杉浦正和 |

鍵を握る
5つのキーワード

　本稿では、「アフターコロナのキャリア開発」というテーマで話します。

　最初に、簡単に私自身のキャリアについて紹介をさせていただきます。私はWBSで、人材・組織の授業とゼミを運営する実務家教員です。自動車会社の海外部門で9年、コンサルティング会社で4年、それから金融機関の人事部で9年、合計22年実務に携わりました。その後早稲田大学で教員となり、2020年で16年目になります。

　早稲田大学のコア科目では、人材・組織を15年担当してきました。その間、授業でお会いしたみなさんの数を数えてみると1,600人になります。ゼミは2008年から担当し、通称「人材ゼミ」の現役生、卒業生は160人になります。

　その他、人材育成学会の常任理事のほか、学内のプロジェクト研究所であるグローバル・ストラテジック・リーダーシップ研究所の所長を務めています。また、国立音楽大学の理事として大学の運営にかかわっています。

　本稿では、「案、因、運、縁、恩」というフレームワークにそってお話しします。

「案」は考えること。「キャリアとは何なのか」から始めます。

「因」は因果の連鎖。起きている変化の本質を考えます。

「運」はものごとの運び。キャリアと自己運営の関係です。

「縁」は関係性の構築。テレワークがもたらす人間関係の発展です。

「恩」は認識し感謝すること。キャリアの好循環についてお話しします。

「案」〜「キャリアとは何か」から考える

「案」にはいくつかの意味があります。1つは「〜とは何か」、つまり本質について思案することです。また、将来のプランといった意味もあります。たとえば企画書に「○○（案）」と書くときはその意味になり、「未来について考える」こととなります。

「〜とは何か」を考えるときには、1人で考えを深めてもよいのですが、仲間と考えを交わらせたり広げたりするのも効果的です。それが「議論する（discuss）」ということです。

私の授業では、「人材・組織」に関するさまざまなテーマについて、かつての人気テレビ番組になぞらえて、まず「○○のから騒ぎ」から始めるのが定番となっています。「○○」には、扱うテーマが入ります。

たとえば「キャリアのから騒ぎ」では、キャリアについてのさまざまな持論をシェアしてもらいます。つまり「アフターコロナのキャリア開発」を考えるにしても、そもそも「キャリア」の捉え方は人によって異なるので、そこを確認しておく必要があるからです。

たとえば、「キャリア」という言葉を、「仕事」に限定する人としない人がいます。また、「過去」に限定する人と、しない人がいます。それらを組み合わせると、次の4つのカテゴリーに分かれます。

仕事に限定し、過去に限定する人たちは **「履歴書」** と答えます。
仕事に限定せず、過去に限定する人たちは **「轍」**（わだち）。
仕事に限定し、過去には限定しない人たちは **「専門性」**。
仕事に限定せず、過去にも限定しない人たちは **「人生」**。

今回の主題は「アフターコロナのキャリア開発」ですが、「アフター」がついているこのタイトル自体、キャリアを過去に限定せず、むしろ未来中心で考えているということになります。

特に **「アフターコロナのキャリア」** について考えるときには、**働き方についての前提がまったく変わってしまっていることに注意を払う**必要があります。たとえばテレワークは、「人が集まっているのが職場であ

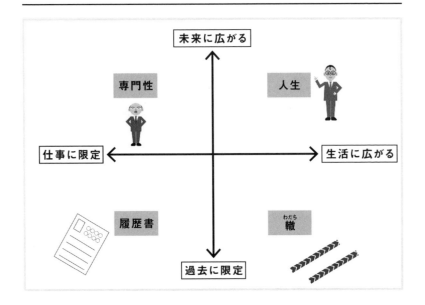

る」という、今まで当たり前であった概念を根底からひっくり返してしまいました。その意味では、キャリアについて考える際の大前提が変わったといえるでしょう。

さて、一般にキャリアを考える際にぜひ心にとめていただきたいことがあります。それは、**「考えるべきときに考えて、考えるべきではないときには考えずに仕事に邁進すること」**です。

「何を当たり前のことを言っているんだ？」と思われるかもしれませんが、多くの方はまったく逆のことをしてしまっています。

たとえば、日頃ずっとキャリアのことで悩み続けている人がいます。そのような人に限って、考えるべき節目のときに安易な判断をしてしまいがちです。悩み疲れてしまっているからです。

悩んでばかりいると、当然、仕事に身が入らず、周囲のサポートも得られません。そのため、今のキャリアからの発展もあまり望めません。

そしていざチャンスに見える機会があると、あわてて意思決定をしてしまいがちです。そしてまた悩んでしまう——。このようにして、悪循環に陥ってしまうのです。

しっかりとキャリアと向かい合うべきタイミングは、転機を迎えたときです。英語でいうとトランジション（transition）ですが、要するに質的な変化を迎えたときです。

コロナの拡大によって、働き方全体に本質的かつ抜本的な変化が訪れました。今はトランジションのときです。このような時期こそ、誰もがキャリアについて真剣に考えるべきときだと、私は思います。

就職先といった限定された意味だけでなく、**どのような形態で、どんな場所で、そして何のために働くか**。コロナ禍をきっかけに、キャリアについて考えざるを得ない状況になったのです。

キャリアを転機から捉えるという考え方を示したのは、ナンシー・シュロスバーグ（Nancy Schlossberg）で、日本語で翻訳されている書籍には『「選職社会」転機を活かせ——自己分析手法と転機成功事例33』（日本マンパワー出版、2000年）があります。

まず大切なことは、転機に直面したときには、まず変化を見定めることだとシュロスバーグはいいます。**変化に対して、逃げずに正面から落ち着いて対応する**ということです。

2つ目に重要なことは、**リソースの点検**です。シュロスバーグは「4つのS」で説明しています。1つめは、状況（Situation）の見立てです。2つ目は、自分自身（Self）。自分は何がしたいのか、何が得意なのか。3つ目が、支援（Support）をしてくれる人。そのうえで4つ目であるキャリアの戦略（Strategy）を考えるわけです。

3つ目は、**変化を受け止める**こと。

コロナ禍で世界中に同時に根本的な変化が訪れたということは、多くの人に転機が訪れたことにほかなりません。だから今は、キャリアを考えるのにふさわしいときだと私は思います。

日本では「ピンチはチャンス」とよくいいますが、英語では「チェンジはチャンス」と表現します。CHANGE と CHANCE の2つの単語

を見比べると、GとC、たった1文字が入れ替わっているだけであることに気づかれると思います。GをCに変える方法が、**変化を受け止め、その変化を味方につける、さらに変化をレバレッジする、つまり梃子にして生かす**ことです。

キャリアを転機から捉える

1. 変化を見定める
転機に直面したときには、変化に対して、逃げずに正面から落ち着いて対応する

2. リソースを点検する
「4つのS」を確認する

3. 変化を受け止める
CHAN**G**E（変化）を
CHAN**C**E（チャンス）に
変えよう

① Situation 状況
② Self 自分自身
③ Support 支援
④ Strategy キャリア戦略

CHAN**C**E **G**

　最後に、キャリアを考える際には今こそ「ライフ（life）」の意味を深く考えるときだと思います。

　英語の life には、3つの意味があります。

①**生命**　コロナに関しては、公衆衛生がこのライフです。
②**生活**　コロナに関しては、経済活動がこのライフです。
③**人生**　つまり、広義のキャリアです。

　コロナ禍の期間中ずっと、公衆衛生と経済活動という2つのライフの

バランスが問われ続けてきました。それらに、世界中の人たちの人生あるいはキャリアという意味のライフが関わっているのです。

「生命・生活・人生」——共通するのは「生」という漢字です。改めてその意味を考えるというのが、今、私たちにとっては大事なことだと思います。大きな変化のまっただなかにいる今こそ「キャリア」について、さらに「生」について、深く考えるときなのです。

「因」〜因果の連鎖とライフワーク

次に、これから職場や働き方はどのように変化していくのか、「因果関係」に注目しながらお話ししたいと思います。

コロナは、断層的でまったく予測できなかった変化をもたらしました。しかも、世界同時に。2019年に『大予測、2020年はこうなる！』といったタイトルの本があったとしたら、おそらく予測はことごとく外れてしまったことでしょう。

「予測できなかった」とは申し上げましたが、実は私自身はコロナ禍から12年前に似た状況を予測し、ある種の警告もしていました。2008年の『感染症学会誌』に、国立感染症研究所の先生方と外出自粛についての論文を共著する機会をいただいていたのです。

タイトルは『新型インフルエンザ流行時における一般住民の外出自粛に関する意識の検討』（菅原他、感染症学雑誌/82巻5号）です。この論文は、コロナ禍の初期に読まれることになったと聞いています。

コロナからさかのぼること12年前、この論文を出したときの私の周囲の反応はどんなものだったと思われるでしょうか。それは「なぜ、君は経営と関係ない論文を書いているんだ？」でした。

当時は感染症と外出自粛は「経営」には関係ないと信じられていました。しかし、2020年には、それこそが経営上の圧倒的に大きな課題になってしまったのです。

さて、そういった根本的な変化が来たときに、変化について頭を整理する方法として簡単なフレームワークがあります。それは「a、b、c、d、e」というものです。

a は「アフター変化」、b は「ビフォア変化」です。今の文脈では、「コロナ後」と「コロナ前」です。コロナが収束していったら、まったく異なるニューノーマルの時代が来るのでしょうか。それとも、何もなかったかのように元の世界に戻るのでしょうか。

　今は、a と b が綱引きをしている状況です。

　私は「どちらかのみになる」ということはないと思っています。変化を経験すると、たいていの場合には c、つまり「コンビネーション」になります。しかもどのような組み合わせになるかは、時と場合と人によります。あるいは、業界・業種・職種によります。つまり「〜次第」。英語でいえば "it depends" ですから、それが d です。しかも、組み合わせは時系列的に進化（evolution）していきます。e です。

　つまり、**どんなものであれ変化について考えるときには、a（変化後）、b（変化前）、c（組み合わせ）、d（条件）、e（時系列的進化）を考える**ことが現実的です。

変化を捉えるフレームワーク「a, b, c, d, e」

a（after）	変化の後はどうなるのか？
b（before）	変化の前に戻るのか？

結果は組み合わせで決まる

c（combination）	コンビネーション

何の組み合わせで決まるのか？

d（depends）	〜次第

しかも、組み合わせは時系列的に進化する

e（evolution）	進化

さて、この最後のeに関連して「**共進化（co-evolution）**」という概念を紹介したいと思います。

共進化とは、あちらが変わるとそれに応じてこちらも変わる、こちらが変わるとそれに応じてあちらも変わる、そして互いに進化の度合いを深め合っていくということです。

co-evolutionには、狭義の生物学的な意味合いと、広く解釈した意味合いがあります。狭義の共進化の典型的事例としてよくあげられるのは「ヤリハシハチドリ」という鳥と「パッシフローラ」という花の関係です。ヤリハシハチドリは長くて曲がったくちばしを持っていますが、パッシフローラも長くて曲がった花を咲かせます。鳥にとっては、自分たちだけが蜜を吸えるので好都合です。花のほうは、その鳥が花粉媒介者として自分たちに都合がよいようです。それで、お互いにこういう関係をつくってきたらしいのです。

共進化については、もう少し広く比喩的に捉えることも可能です。たとえば、「制度が変わると、技術が発展する」、「技術が生まれるから、制度が発展する」といった関係です。「需要があるから、供給が増える」、「供給があるから、需要が増える」といった関係も同様です。互いに刺激し合って一定の方向に進化の度合いを高めていきます。いわば今私たちが暮らしている特殊な社会は、そのようにしてできあがってきたといえます。

コロナ禍は、さまざまな働き方における共進化の引き金となりました。順に見ていきましょう。

共進化① 職場

テレワークが一般的となってオフィスに来る従業員の数が減ると、オフィスの必要性について議論が生まれ、同時に自宅にテレワーク用の部屋をつくる人も増えました。

一方で、在宅勤務の難しさを解決するサービスも登場しました。たとえば、カラオケ店の中にはテレワークのオフィスに業態を変更したところもあります。「今日はお父さんは、朝からカラオケ店に仕事に行き

ました」、といった冗談のような世界が出てきたわけです。個人向けの
レンタルオフィスや曜日貸しのオフィスなど、こんなに速く対応できる
ものなのか、というくらい、テレワークをターゲットにしたサービスが
次々と生まれてきています。逆にいえば、それらがあるから、さらにテ
レワークが可能となり定着していくのです。

共進化② 会議

　リモート会議が広がったのは、出張をはじめ、移動を伴う会議自体が
難しくなったことが根本的な理由でしたが、やってみればできることを
多くの人が体験し、日常の一部となりました。リモート会議をサポート
する技術も次々と登場してきました。みんなが顔を合わせて報告を聞く
だけの定例会議が本当に必要なのだろうかといった見直しも行われてき
ました。もちろん、face to face のミーティングには一定の価値がありま
すが、どのようなミーティングならリアルのほうが効果的なのか、どの
ような会議は遠隔でよいのか、あるいはむしろ遠隔のほうがよいのかな
ど、実践的な知見が蓄積されてきています。

共進化③ 通勤

　たとえば、無期限のテレワークを行うこととして、単身赴任は廃止、
通勤定期代も支給停止といった事例も報道されました。ちなみに、テレ
ワークについて肯定的な人があげる理由の1位は「通勤時間がなくなっ
たから」というものです。テレワークが定着していくと、今度はそもそ
も「どこに住むのか」といった、もっと大きな話にも影響が出てきます。

共進化④ 業務

　遠隔ツールを使った法人営業は、特に遠方の既存顧客を中心に定着し
ていくと考えられます。それを見越して、リモート営業のツールも進
化していくでしょう。設計部門の人たちは、今では当然のように Zoom
や Teams で図面を共有し合っています。

共進化⑤ 採用

　採用説明会や面接がオンライン化され、リモート対応力が企業の採用
力に直結していきました。ウェブ面接の感想としては、リクルートキャ
リアの2020年3月の調べでは、過半が肯定的で、4分の1くらいが否定的、

という結果でした。実際には、その後、次々とオンラインの合同説明会が行われるようになって、企業側も学生側も肯定的な意見に流れていったといえます。魚心あれば水心ありで、就活生にウェブ面接の環境（場所）を提供するサービスも生まれています。

共進化⑥ 研修

これは、リモート化が最も顕著に起きた分野の1つでした。参加者は全国から出張で参加する必要がなくなり、講師側もどこにいても対応できるようになりました。研修の場所を押さえる必要も、人数制限もなくなりました。

このように、あらゆる「働く場面」で同時並行的に変化が起き、それぞれの変化が他の変化を誘発し、後押ししていきました。まさに共進化があちこちで起きていったわけです。

共進化⑦ 家庭

変化のうちでも最も抜本的な変化は「家庭」で起こりました。

家庭には「いえ（house）」と「うち（home）」の2つの顔があります。リモートワーク部屋ができるのは「いえ」の概念、多くの夫婦がずっと家で一緒に仕事することを経験したのは「うち」の概念の大きな変化でした。

どこに住んで何をするか、ワークとライフの関係が改めて問い直されています。今までは「ワーク・ライフバランス」の重要性が喧伝されましたが、その前提は「ワークはライフとは別もの（バランスをとるべきもの）」でした。それが、**「ワークはライフの中にあるもの、共にあるもの」**となりました。

改めて「アフターコロナのキャリア」を考えてみると、ワークとライフが融合しているわけですから、「案」で述べた「仕事に限定するかしないか」の対立が溶解した状態といえるのです。

キャリアはワークであり、同時にライフです。しかも、副業・複業といった形でポートフォリオとして組み合わせることさえ可能になってきました。つまり、テレワークは、これまで分けて考えられていた「ライフとワークの関係」そのものに揺らぎを与えたことになります。

テレワークの本質とは、ライフとワークが混じり合ってしまうことにあります。ライフとワークは混ざって1つ。**"life"と"work"の2項対立を前提としたバランスではなく、"lifework"のワン・ワードとなった**のです。

そして、その「融合」のさせ方をどうするか、ライフとワークをどう組み合わせて、どのようなライフのタペストリーを織っていくのかということが、今後のキャリアを考える上で重要となってくるでしょう。そして、広い意味でのキャリアを紡いでいくことは、みなさんの「ライフワーク」となっていくと思います。

進化する「ワークライフバランス」の考え方

「運」〜キャリアと「運び」

ライフとワークの関係性が大きく変化する中で、自分のキャリアをどのように運んでいけばよいのでしょうか。

私は2020年に『幸運学』（日経BP）という書籍を上梓しました。副題は『不確実な世界を賢明に進む「今、ここ」の人生の運び方』です。

このようなタイトルだとスピリチュアルな本のような印象を持つ方がいるかもしれませんが、本書のコンセプトは次の通りです。

①運には自分でコントロールできない「運命・偶然」と、いくらか努力が及ぶ「機会と確率」がある。

②後者については、ビジネススクールで学ぶ内容を個人に応用できる。

　私はスタンフォード大学のビジネススクールを卒業して、今年でちょうど30年目、早稲田大学のビジネススクールでクラスを担当して15年目になります。経営戦略、ファイナンス、マーケティング、人材組織、その他さまざまな科目を履修し、また異なる業界で実務経験を積んできました。

　そういう中で改めて思うのは、**ビジネススクールとは「運をよくするための方法を学ぶ場所」**だということです。

　意外と盲点になっているのは、「運」は「運び」と書くということです。つまり、キャリアは運びだと思います。「単なる語呂合わせだろう」と思われる方もいらっしゃるかもしれませんが、これも真剣な議論です。「キャリア」には、つづりの異なる2つの英語があります。1つは「career」で、こちらは前述した通り、いわゆる「経歴」や「轍」、「専門性」、「人生」という意味があります。もう1つは、携帯するものという意味の「carrier」で、「運ぶ人」や「運ぶ道具」を意味します。

　つづりは違いますが、どちらにも「car（車）」という文字が入っています。違う言葉であっても、「運ぶ」にかかわる点においては同じです。

　運は運び。キャリアは運び。したがってキャリアは運です。

　運について、Wikipedia では「自分でコントロールできないものだ」と書かれていますが、私は大いに疑問を感じます。確かに、コントロールできない運はあります。宿命（destiny）のように自分ではどうにもならないもの、偶然（randomness）のようにたまたま起きるものなどです。一方で、自分の努力が及ぶものもあります。たとえば、「笑う門には福来る」という言葉があります。笑顔を絶やさずにいることは、自分でコントロールできるものです。そういう意味では、自分でコントロールできる運もあると考えられます。

　「コントロールできる運」の1つ目は、機会（opportunity）です。なぜならば、機会は自分次第で増やせるからです。たとえば、自分が動いて打席に立つ回数を増やせば、ヒットの数を増やすことができます。

自分の努力が影響する運の2つ目は、確率（probability）です。野球のたとえを続けると、打率です。練習を重ねて打率を上げていけば、運はよくできるといえるでしょう。

　たとえば、事業戦略の勉強をすれば、少なくとも勉強しない場合よりも勝てる確率は上がります。学ばないよりは、学んだ人のほうが勝つ確率、つまりうまくいく確率は上がるのです。また、その勉強を何度も繰り返すことで、50％未満の勝率を51％以上に高めることができます。

　まずは、打席に立つ回数を増やすこと、つまり機会を増やすこと。そして打率を上げるべく練習すること、つまり確率を高くすること。その組み合わせで、「コントロールできる運」はよくなっていくということができます。

　もちろん、「それを運というかどうか」という議論はあるでしょう。しかし、ここではそれをあえて「コントロールできる運」と定義します。

　機会は、自分で「開発（develop）」するものです。自分の未来（キャリア）を考えて開拓していくことや、関係構築を豊かにしていくことが含まれます。トランプの柄でいえば「仕事」のクローバー、「人間関係」のハートが該当します。

　確率は、ある程度、「管理（manage）」できます。よい意思決定を重ねていけば、当然のことながら運はよくなります。トランプでは「戦略」を意味するスペード、「お金」を表すダイヤで象徴することができます。

　そう考えると、**自分の努力の及ぶ運は「開発」と「管理」、つまり「運営」に似ている**ことがわかります。企業組織に対して行う開発と管理を、自分自身に対して行うこと、つまり自己運営すること、それが「自らを運ぶ」という意味での「キャリア」となります。**「キャリア・ディベロップメント」とは基本的に自己開発であり、「キャリア・マネジメント」は自己管理**です。

「人材・組織」はいうまでもなく「戦略」「財務」「起業」「マーケティング」など、ビジネススクールで学ぶ内容は、企業組織の「運び」をよくすることにかかわります。

　ビジネススクールで学んでいる科目群の多くがヒントになるのは、そ

のためです。

　キャリアは「運び」。その意味でキャリアは運です。コントロールできる機会と確率については、自分で開発して管理する、一方で自分の力の及ばない運命と偶然については天に任せればよいのです。

　変化を受け止め、変化を味方につけ、そして変化をレバレッジするためには、チェンジをチャンスと受け止め、チャンスが来たら成功する確率を高めることが大切だと、改めて思います。

「縁」〜テレワークがつなぐ人間関係

　次は、「縁」についてお話しします。

「変化に対応し、変化をレバレッジする」と前述しましたが、どうすればレバレッジできるでしょうか。

　私は、**レバレッジは具体的にはテレワークを活用して「縁」を広げ、つないで可能性を広げることで可能になる**と考えています。

　テレワークについて話す前に、「在宅勤務」、「リモートワーク」、「テレワーク」という用語について整理しておきましょう。

「リモートワーク」は、「在宅勤務」の一例です。在宅勤務がすべてオンラインとは限りません。在宅・リモート・オンライン——これらの重なり合う概念を包括的に含むのが「テレワーク」です。

　そもそも、「テレ」とは何でしょうか。たとえば、「テレスコープ」は望遠鏡のことです。ガリレオ・ガリレイは、望遠鏡があったから地動説を発見することができました。

「テレグラフ」は電報です。これによって、遠方に情報を伝えられるようになりました。「テレフォン」は電話で、遠方の人と話ができるようになりました。そして、「テレビジョン」は遠くを見るということです。

　テレスコープ、テレグラフ、テレフォン、テレビジョン ——「テレ」は、世界にコペルニクス的変化をもたらしてきました。同様に、経営の歴史を何十年後かに振り返ってみると、2020年に一般化したテレワークがそれらと並ぶ大きなインパクトを持つものだったことがわかると思い

ます。

　これほどの規模でテレワークが始まったことは、鉄砲伝来にも匹敵すると個人的には思っています。チャンバラの接近戦をやっていたところに遠くから撃つことができれば、圧倒的に強い。それと同じくらいのインパクトがあると思います。

　あるいは、ドラえもんの「どこでもドア」です。いろいろなところに、ひょいひょいと行くことができます。あるいは、リモート会議中に話の内容を同時翻訳すれば、画面の向こうで英語や中国語など、相手に合わせた言語に直してもらえるようになるかもしれません。

　人間は、空間の隔たりを超えてつながりたい生き物です。「テレ」は世界を小さくして、一気に「縁つなぎ」をしていきます。

　ある村に若者がいました。彼は毎日、遠くに水を汲みに行っていました。村の長（おさ）がいいました。

「おまえは働き者だ」

　もう1人、若者がいました。

　彼は一念発起して水道を引きました。

　すると、村の長はいいました。

「おまえは怠け者だ」

「そんな話、聞いたことがない」といわれると思いますが、当然です。私が自分で創作した昔話ですので。

「テレ」でできたことをやめて、従来のやり方に戻るというのは、水道を使わずに水を汲みに行くのと同じことだと私には思えます。もちろん、「テレ」は、あくまで1つのオプションです。しかしながら、強力な選択肢です。

　そうであれば、「テレ（a）」の世界と「元（b）」の世界をいいところどりで組み合わせる方法（c）がベストです。どのように組み合わせるかは、「目的・環境・技術次第（d）」です。そして、それは時系列的に相互に影響し合いながら進化（e）していくでしょう。

　つまり、コロナ禍をきっかけとして始まったテレワークは、単なる感染症対策にとどまらず、「働くこと」についての根本的な世界観の違いをもたらしたといえます。

「テレを受け止め、テレを味方につけ、テレをレバレッジする」

　——そうできる人がもっとも効果的に縁を広げ、そこからキャリアを展開していくのだと思います。

「恩」〜「認識」と「感謝」がもたらすキャリアの好循環

　キャリアについて考えを巡らせ（案）、因果を考察し（因）、うまく運び（運）、人間関係を広げていく（縁）流れの最後となるのが、5つ目の「恩」です。

　キャリア開発とは、「自分自身をどのように運んでいくか」ということです。その意味において、キャリアは運だといえます。

　運には、自分の力の及ぶこともあれば、及ばないこともあります。そのことについて深く考える（think）と、私たちがいかにほかの人たちによって生かされているか認識することができます。それが、感謝（thank）です。ですから、アフターコロナのキャリアの話は、「think（案）で始まり thank（恩）で終わる」ということになります。

「ありがとう」とは、あるものごとが自分にとって「当たり前」ではなく「有り難い」ことを改めて認識するということです。英語においてthink と thank は単に響きやつづりが似ているのではなく、根は1つの言葉です。

　考えてみると、恩知らずの人にキャリアが開けるはずがありません。キャリアが展開していく人は、無数の人たちから陰に陽にサポートされる「恩」を得ていることをよく理解しています。そして、そのことをよく認識し感謝すればするほど、さらなるサポートを得て次のキャリアが開く——つまり、ポジティブ・フィードバックが働いていくのです。

「働き方改革を推進するための関係法律の整備に関する法律」、いわゆる「働き方改革関連法」による改正後の労働基準法が順次施行されたの

は、2019年4月です。コロナ禍が世界を襲ったのは、それから10カ月後のことでした。

　はからずもコロナ禍は「働き方改革」を、法案成立時の想定をはるかに上回る力で後押しすることとなりました。「アフターコロナのキャリア開発」は、コロナ禍をきっかけとして始まった働き方改革を含む、一人ひとりの「ライフの変革」なのです。

　最後に、改めてフレームワークに沿ってまとめ、本章を終えたいと思います。

「案」 「キャリアとは何か」を未来思考で考えることが大切。
　　　 特に転機の今は、ライフの関係において捉え直すことが重要。
「因」 「これからどうなる」ということを考えるときには、因果の連鎖
　　　 と共進化について考えることが有効。
「運」 キャリアは運びであり、自己運営である。
　　　 機会を増やす自己開発と確率を上げる自己管理が柱。
「縁」 距離があった人同士が縁をつなぐ強力なメソッドは「テレ」。
　　　 テレを上手に使うことで縁が広がり、キャリアが展開する。
「恩」 自分は「有り難い」状況にいることを改めて認識し、感謝する
　　　 ことが、キャリアの好循環をもたらす。

「アフターコロナのキャリア開発」というテーマをいただいて、今回の特別講義でお話しできたこと、意見交換できたことも、まさに「案・因・運・縁・恩」そのものでした。貴重な機会をいただけましたことに、心から感謝します。